Peter Nasmyth

Georgien – Wanderführer

Zum Andenken an Zaliko Kikodze

Impressum

Peter Nasmyth
Reise Know-How Georgien – Wanderführer

erschienen im
Reise Know-How Verlag Peter Rump GmbH
Osnabrücker Str. 79, 33649 Bielefeld

1. Auflage 2020
Mit freundlicher Abdruckgenehmigung des Autors

Englische Originalausgabe:
„Walking in the Caucasus – Georgia"

Gestaltung
Umschlag: G. Pawlak (Layout und Realisierung)
Inhalt: G. Pawlak (Layout), Svenja Lutterbeck (Realisierung)
Karten: siehe Seite 20
Fotonachweis: Peter Nasmyth (sofern nicht anders vermerkt)
Titelfoto: Peter Nasmyth
(Motiv: „Khati", heidnischer Schrein in Dano, Region Tuschetien)

Übersetzung: Daniela Tannebaum
Lektorat: Svenja Lutterbeck

Druck und Bindung: mediaprint solutions, Paderborn

Printed in Germany

ISBN 978-3-8317-3273-9

Reise Know-How Bücher finden Sie in allen gut sortierten Buchhandlungen.
Falls nicht, kann Ihre Buchhandlung unsere Bücher hier bestellen:
D: Prolit, prolit.de und alle Barsortimente
CH: AVA Verlagsauslieferung AG, ava.ch
A, Südtirol: Mohr Morawa Buchvertrieb, mohrmorawa.at
B, LUX, NL: Willems Adventure, willemsadventure.nl
oder direkt über den Verlag: www.reise-know-how.de

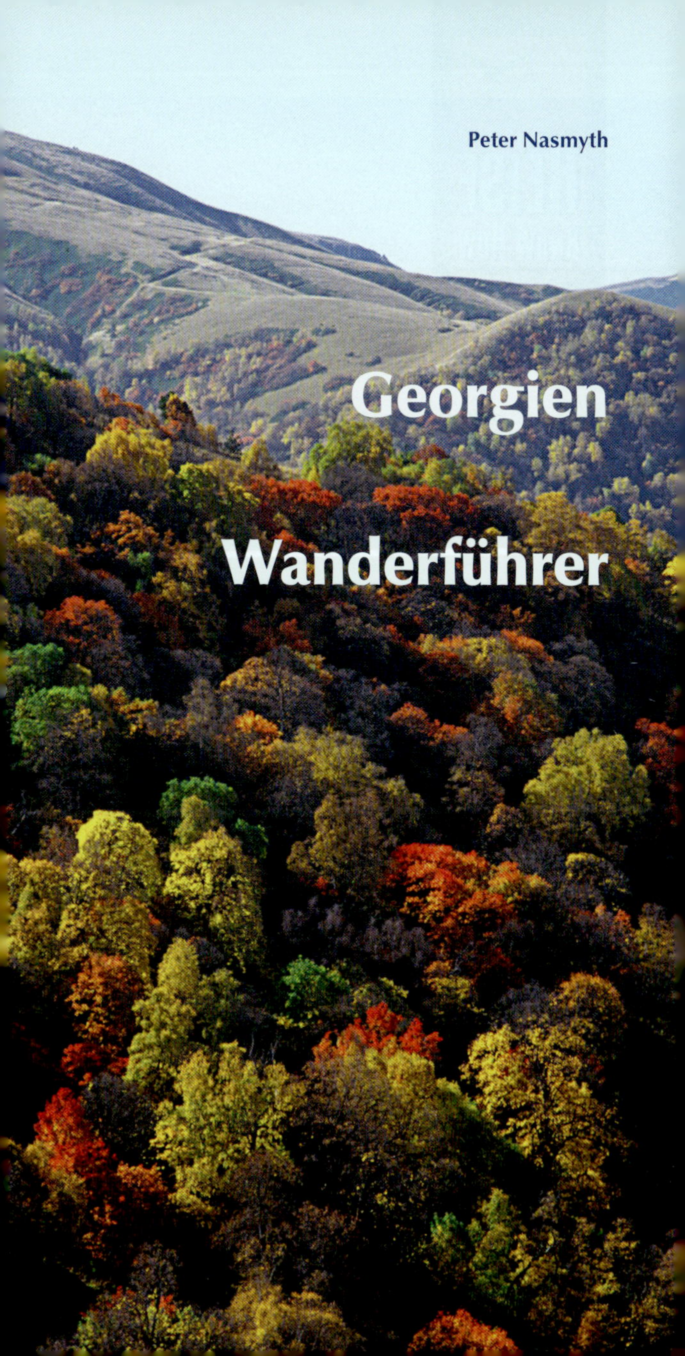

Peter Nasmyth

Georgien

Wanderführer

Vorwort

Als ich vor dreizehn Jahren die erste Ausgabe dieses Buches schrieb, glaubte ich, die Welt würde Georgien bald als das **Wanderparadies** entdecken, das es ist. Dann aber sorgten politische Umstände dafür, dass die prachtvollen Berge größtenteils unter dem Mantel des Verborgenen blieben.

Der **Große Kaukasus** gilt immer noch als ein **wundervolles Geheimnis** und er bildet das Herzstück dieses kleinen, aber feinen Landes. Seine physische Präsenz ist wohl beeindruckender als die der Alpen, insbesondere für all jene, die sich für Landschaften, Natur und die Tierwelt interessieren. Sicherlich liegen die Gipfel höher – sechs davon überschreiten 5000 Meter – und die Kette ist länger; sie erstreckt sich 1200 Kilometer zwischen dem Schwarzen und dem Kaspischen Meer.

Von größerer Bedeutung aber sind die **Hochtäler** mit ihren antiken Steintürmen, hochgelegenen Kirchen und zahlreichen seit Langem bewohnten Dörfern. In diesen sagenhaften abgelegenen Orten leben die Nachfahren von 2000 Jahren Eroberung und Selbstbehauptung – berühmt für ihre **Gastfreundlichkeit.** Mit solchen Landschaften, Menschen und dieser Geschichte wäre es verwunderlich, wenn der Kaukasus keine ausgezeichnete Wandergegend wäre.

Blickt man in das geografische Herz Georgiens, findet man dort mehr heimische **Flora, Fauna und endemische Vögel** als irgendwo sonst in Europa (ausgenommen Russland, das größte Land der Welt). Dies liegt an der **außergewöhnlichen landschaftlichen Vielfalt Georgiens,** die sich unter den Top 12 der Welt befindet. Ein bemerkenswerter Fakt, wenn man die Größe des Landes bedenkt – gerade mal **69.700 km²,** eine Fläche, so groß wie Irland. Doch Georgien kann sich mit der Küste des Schwarzen Meers rühmen, subtropischen Feuchtbiotopen, einer Halbwüste, vulkanischen Hochgebieten (nicht aktiv), großen Flächen Urwald sowie sub- und hochalpinen Zonen, gekrönt von drei 5000 Meter hohen Gipfeln.

Und diese landschaftlichen Merkmale passen gut zu der **Kultur,** die sich unter den Menschen dort entwickelt hat. Die Berge des Kaukasus erleben Bevölkerung und Kultivierung schon seit prähistorischen Zeiten. Auf der bedeutenden Landenge zwischen dem heutigen Europa und Asien bildet die gigantische Bergkette nicht nur eine natürliche Grenze, sondern auch eine schützende Wand für die dort lebenden Gemeinschaften. Georgien wurde etliche Male eingenommen und beherbergte Armeen von Griechen, Römern, Wikingern, Mongolen, Persern, Ottomanen, Türken, Russen, Armeniern und sogar Briten (die 1919 20.000 Truppen in Batumi stationierten). Dieses ständige Bombardieren von außen trieb oft ganze Gemeinschaften in die sicheren Hochtäler, sodass sich dort eine einzigartige Kultur entwickelte. **Brauchtümer** wurden im Gebirge beibehalten, bis sich die im Tiefland eingedrungenen Armeen zurückzogen – dann kehrten sie dorthin zurück. Vor der Ankunft der Bolschewiken im Jahr 1921 lebten 50 % der Bevölkerung Georgiens noch immer in den Bergen. Nach der Umsiedlung der Sowjets verringerte sich die Zahl bis heute auf weniger als 15 %, doch jede Region besitzt noch immer einen **unverwechselbaren Charakter** und pflegt ihre **eigene Lebensart.** Aus diesem Grund werden Wanderer an den entlegensten Orten Georgiens außergewöhnliche Steindörfer vorfinden, Türme, Begräbnisstätten – einige davon mit uralter Tradition.

Wer in Georgien wandert, dem liegt all dies zu Füßen – wortwörtlich. Einige der schönsten Wanderungen in diesem Buch befinden sich nur anderthalb Stunden von der Hauptstadt Tiflis (georgisch: Tbilissi) entfernt. Sie alle liegen in Landschaften, die von der Freizeitindustrie weitgehend ungestört sind. Ob entlang einer Talflanke oder auf dem Weg hinauf zum ewigen Schnee, der Wanderer schreitet größtenteils durch eine Landschaft ohne Schilder, Markierungen, Warnungen oder erhobenen Zeigefinger. Ein Ort, der sich mehr im Einklang mit den Gesetzen der Natur befindet als mit dem Menschen.

Berg Kazbek, auf 5033 Metern, ist der beliebteste unter Bergsteigern und als einfacher 2B-Aufstieg gewertet (nach dem russischen System - 6 ist der höchste). Zum ersten Mal bestiegen wurde er 1868 von Douglas Freshfield, Mitglied des London Alpine Clubs. Die Einheimischen behaupteten, dass ein heiliger Baum seinen Gipfel ziert und sich um seinen Fuß herum ein Schatz verbirgt. Sehen aber könnten ihn nur diejenigen, die reinen Herzens sind. Unnötig zu erwähnen, dass die Truppe vom Alpine Club mit leeren Händen zurückkehrte. Der Aufstieg zum Gipfel dauert vier Tage, erfordert Akklimatisierung, einen Bergführer, Klettereisen, Überqueren von Eispassagen und echte Fitness.

Viele der **Pfade** - gut ausgetreten, aber nur selten als Wanderweg gekennzeichnet - werden von Schafhirten, Kühen und Schafen benutzt. Seit dem Anstieg des Tourismus' im Jahr 2017 sind einige der Hauptwege inzwischen mit Markierungen versehen. Die Tiere werden im Sommer zu den Weiden hinaufgetrieben und im Herbst wieder nach unten begleitet. Selten geht es um die Frage, ob ein Pfad existiert, sondern eher darum, welcher eingeschlagen werden sollte. Antworten gibt dieses Buch.

Wandern ist für viele Georgier noch eine neuartige Beschäftigung - „Warum laufen, wenn man fahren kann?“, werde ich oft gefragt. Die höchste Tour dieses Buches führt auf 3200 Meter (die meisten befinden sich zwischen 1000 und 2500 Meter), doch anders als in anderen Wandergegenden können einige **nach oben hin erweitert** werden, je nach Wunsch des Wanderers, zu noch fantastischeren Aussichten.

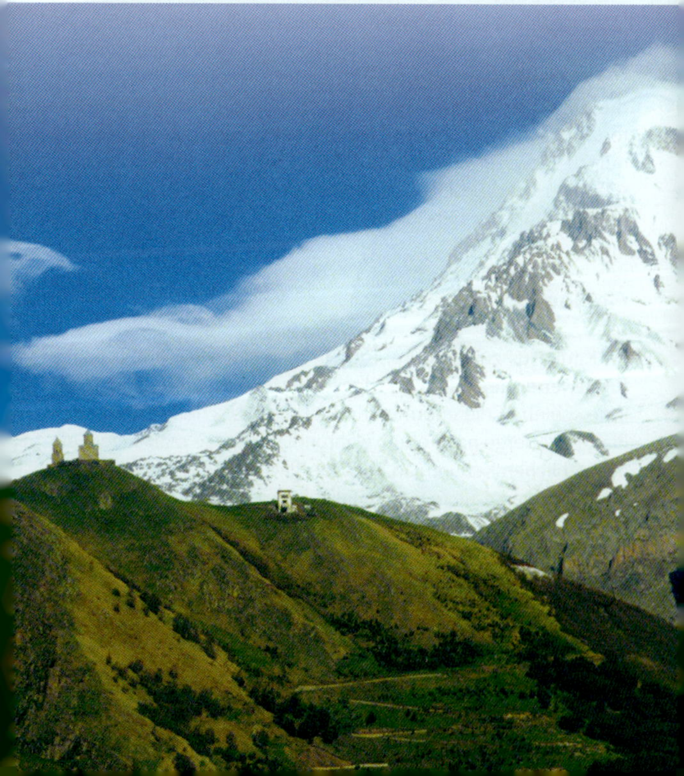

Einsame Hügel

Ein Grund dafür, dass es in Georgien relativ wenige Wanderer gibt, ist ein **Wandel seines Rufs** zu Beginn der 1990er Jahre vom einstigen sowjetischen Paradies hin zu „gefährlich" – eine unglückliche, aber doch **effektive Taktik, um die Natur zu erhalten.** Der Zerfall der Sowjetunion im Jahre 1991 führte zu einem Bürgerkrieg, der andauernde ungelöste Konflikte in Abchasien, Südossetien und dem benachbarten Tschetschenien auslöste. Und gerade als alle dachten, das Trauma sei endlich vorbei, ließ der Fünftagekrieg mit Russland im Jahr 2008 die Uhr wieder rückwärts laufen. Georgiens öffentliches Ansehen hat diverse 180-Grad-Wendungen erlebt. Was eigentlich Europas gepriesenes Wanderparadies sein sollte, muss sich ständig aufs Neue seinen Weg auf die internationale Wanderkarte zurückerobern.

Dieses Buch ist für all jene, die hinter schlecht recherchierte Schlagzeilen blicken können („Georgien am Rande des Bürgerkriegs" war z.B. eine beliebte während der unblutigen Rosenrevolution von 2003 und dem Regierungswechsel). **Diejenigen, die die Reise wagen,** werden mit einigen der atemberaubendsten Landschaften Europas belohnt, welche die folgenden Seiten nur ansatzweise vorstellen können. Für jede Tour, die hier beschrieben wird, gibt es ein Dutzend noch unerforschter Wanderungen ähnlicher Qualität und Intensität.

Geologie

Im Kaukasus zu wandern, ist, wie mit seinen Füßen ein Stück **junge, energiegeladene Erdgeschichte** zu betreten. Unter der Erde schieben die enormen Kräfte der arabischen tektonischen Platte die Berge nach oben, während, so könnte man sagen, die menschlichen Kulturen an der Oberfläche eine Reihe vergleichbarer Dramen, Kriege und Feierlichkeiten veranstalten.

Vor nur 25 Millionen Jahren entstand die Berggegend des Großen Kaukasus. Zunächst war sie eine subtropische Insel, ehe sie durch die Bewegung der Platten mit dem Land oben und unten verbunden und schließlich zusammengedrückt wurde. Die höheren Berge (wie der Ushba, Tetnuldi oder Schchara) wurden durch Erosion geschliffen und geformt – durch Gletscher,

Schnee, Wind und Flüsse. Doch der höchste Gipfel (der **Elbrus** mit 5642 Metern, etwas nördlich der georgischen Grenze zu Russland) ist älter und ein ehemals aktiver Vulkan (ebenso der 5033 Meter hohe **Kazbek**). Diese zwei Giganten stehen wie Markierungspfähle zwischen ihren drei geologischen Teilregionen – **Westkaukasus, Zentral- und Ostkaukasus.** Die beiden Letzteren beheimaten zahlreiche der hier aufgeführten Wanderungen und der Zentralkaukasus die meisten der 2000 Gletscher. Die westliche Hälfte des Zentralkaukasus besteht überwiegend aus Granit und Schiefer und hat die höchsten Gipfel, darunter den **Schchara** – Georgiens höchsten überhaupt mit 5200 Metern. Im Osten finden sich hauptsächlich Andesite und Diabas sowie einige Granitformationen. Der Ostkaukasus ist etwas niedriger und trockener und besteht aus Tonschiefer, Sandstein, Diabas und Porphyrit. Unten liegen Georgiens fruchtbare Täler, die sich von der subtropischen Kolchischen Tiefebene im Westen zu dem etwas höher gelegenen Tal Kachetien, in dem Wein angebaut wird, im Osten Georgiens erstrecken.

Das Land wird durch den Kamm des **Surami-Gebirges** in zwei Hälften geteilt, ungefähr auf halbem Wege durch Georgiens 800 Kilometer lange Landfläche. Darunter beginnt der **Kleine Kaukasus** seinen Anstieg (selten über 3000 Meter) und fällt dann wieder ab auf ungefähr 2000 Meter ins **Hochland von Samzche-Dschawachetien** entlang der südlichen Grenze zu Armenien und der Türkei.

Persönliche Anmerkung

Ich werde oft gefragt, warum ich einen Wanderführer geschrieben habe statt einer eingehenden kulturellen Untersuchung. Die Antwort ist: nicht nur, weil wandern an sich bereits eine **kulturelle Studie** ist, sondern auch, weil es mir – je länger ich mich in Georgien aufhalte, desto mehr – so erscheint, als fließe alles von den Bergen hinab, auch die Kultur. 40 % von Georgiens Landfläche befindet sich über 900 Meter Höhe, sodass sich das Erbe des Landes häufig in die Hochebenen zurückgezogen hat, um immer wieder hinab ins Tal zurückzukommen. Um Georgien zu verstehen, reicht es nicht aus, durch die bedeutendsten Städte und Kirchen zu spazieren. Man muss die anderen großen Kathedralen betreten: die **Schluchten und Gipfel** des Großen Kaukasus. Man muss seinen Tieren begegnen, den Vögeln und der

Geschichte seiner Erde, die Farben der Blumen wahrnehmen, die rauschenden Flüsse und drastischen Gipfel, die Atmosphäre der Dringlichkeit spüren und die plötzlichen Ausbrüche von Schönheit und Unheil – aus denen all die Kulturen der Täler entstehen.

Die Menschen sind oft beeindruckt von der Anzahl an **Türmen** aus dem 11. und 12. Jahrhundert, die noch immer existieren, und das an unglaublich abgelegenen Orten. Für mich aber sind sie essentieller Bestandteil der modernen georgischen Kultur. Angriff und Verteidigung, Widerstand gegen Schnee, Sonne, plötzliche Ströme und Fehden: Die so gut verflochtenen Steine leben fort wie eine Botschaft dessen, was hinter ihren nun bröckelnden Fassaden liegt.

Die herzliche und einnehmende **„Georgische Gastfreundschaft"**, die wir dort alle genießen, entwickelte sich aus einer langen Geschichte aus Unterwerfung, Angriff und Verteidigung. Die Georgier lernten bereits vor Jahrhunderten, dass die beste Methode zur Verteidigung die ist, sich seinen Feind zum Freund zu machen. Dies gehört so fundamental zum georgischen Charakter wie die Türme zu Swanetien. Und möge, so die Hoffnung, noch lang fortbestehen.

Ein swanetischer Gastgeber begrüßt seinen Gast

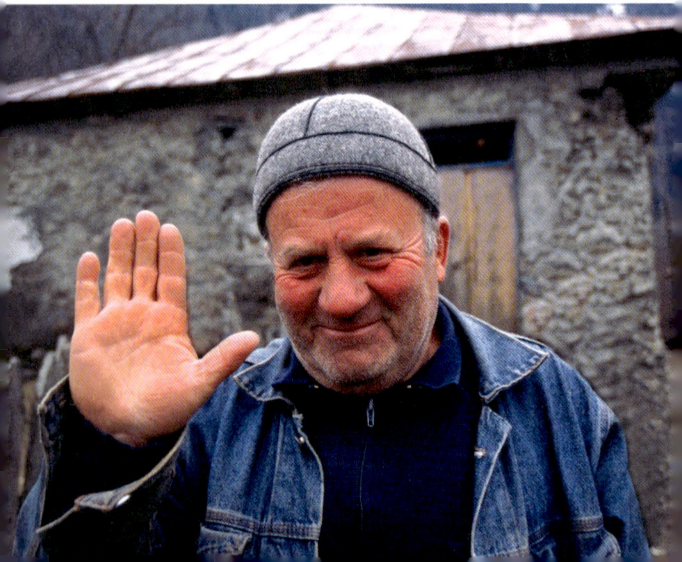

Inhalt

Exkurse

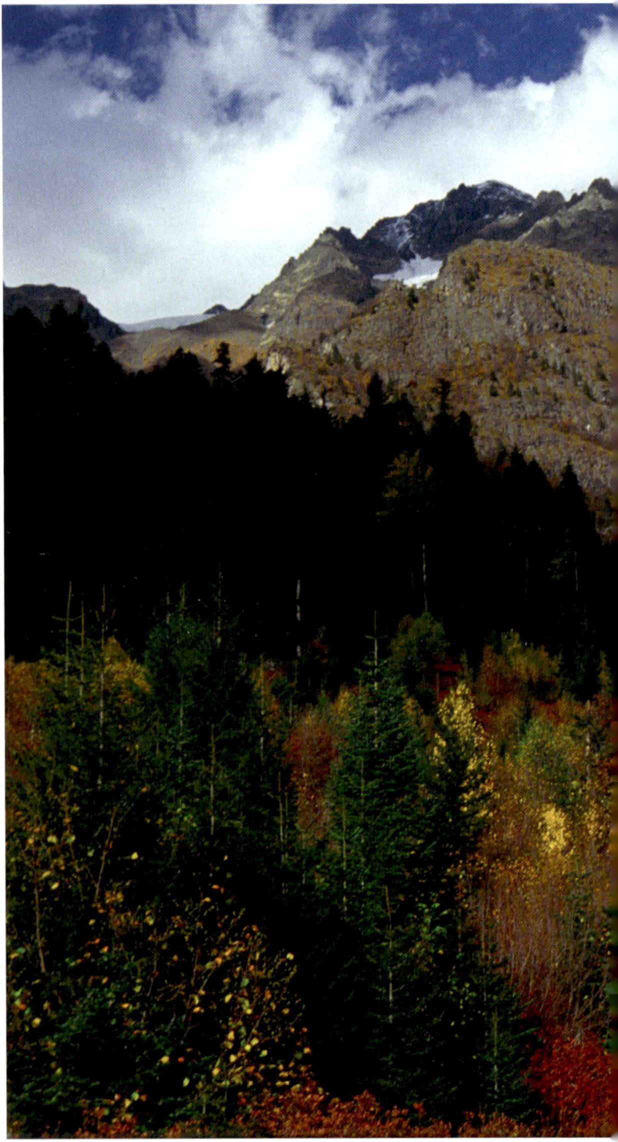

Wandern im Kaukasus

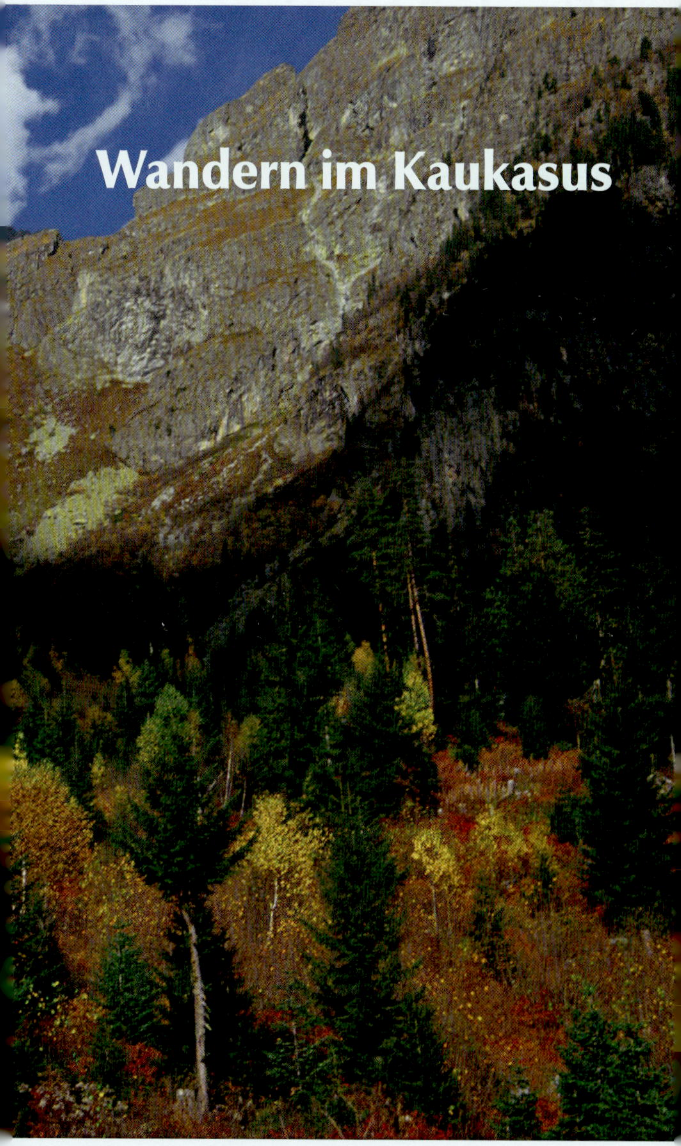

Wanderhinweise für den Kaukasus

Wanderzeiten

Immer wieder klagen Leser von Wanderführern, dass die angegebenen Zeiten nicht mit ihrer eigenen Geschwindigkeit übereinstimmen. Dennoch ist die Angabe von Zeiten, die auf dem Weg verbracht wurden, ein guter Indikator in Berggegenden, wo Kilometerangaben nicht funktionieren – wenn sie erklärt werden. Also, um es deutlich zu sagen: **Alle genannten Zeiten sind meine Zeiten.** Ich halte mich selbst für einen **Durchschnittswanderer** mit drei verschiedenen Geschwindigkeiten; „normal", „nachdenkend" und „schleppend". Alle Zeitangaben sind „normal" und man kann sie einige Stunden „aufwärts" durchhalten, bevor man eine ausgedehnte Pause einlegt – mit Ausnahme von Höhen über 2500 Meter („schleppend").

Allerdings mache ich heimliche **Pausen** für Fotostopps – der eifrige Wanderer mag diese also für langsam halten. Sie versuchen jedoch realistische kaukasische Zeiten zu sein und **berücksichtigen Unterbrechungen** für Snacks, zahlreiche Fotostopps und die Möglichkeit, unterwegs jemand Interessantem zu begegnen. Wenn Sie ein schneller Wanderer sind, können Sie sicherlich pro vier Stunden eine abziehen, da ich schönen Aussichten nur schwer widerstehen kann.

Einen Fremdenführer nehmen?

Fremdenführer eignen sich ebenso gut als **Gesprächspartner** wie auch als **Wegweiser.** Für einige längere Touren bietet es sich an, neben diesem Buch einen Einheimischen mitzunehmen. Oft führen verschiedene Routen zum selben Pass hinauf (wie beim Guli in Swanetien). Manche Pfade werden im Frühling unter Erd-

Kapitelstartseite: Herbst in Bakuriani

rutschen begraben, doch Rinder finden schnell neue Wege, sodass die Pfade sozusagen wiederauftauchen. Die zweifelnde Frage nach der Tauglichkeit der Karten und Markierungspunkte in diesem Buch kann mit dem gesunden Menschenverstand beantwortet werden: **Ein Weg lässt sich immer finden.** Früher habe ich für **Swanetien** immer geraten, einen einheimischen (Swanisch sprechenden) Führer mitzunehmen, den man über die **Touristeninformation** in Mestia finden kann. Heute aber ist Sicherheit kein Problem mehr. Einen **Führer nur für den ersten Tag** zu buchen, ist dennoch eine gute Idee und eine gesellige Art der Akklimatisierung.

Allgemeine Informationen zum Finden von Wanderführern und Unterkünften

Websites sind für aktuelle Reiseinformationen besser geeignet, erweisen sich jedoch manchmal als kurzlebig. **Einheimische Tourismusunternehmen** erscheinen da häufig beständiger. Meistens sind sie klein und die Mitarbeiter sind freundlich und können schnell und einfach Führer, Transport und Unterkünfte in einem organisieren. Einige finden Sie nachfolgend aufgelistet. Airbnb ist kürzlich auch in Georgien angekommen.

Sie können praktisch jede Straße im Zentrum von Tiflis entlanglaufen (insbesondere Kala und Sololaki) und werden von einem umfangreichen Angebot vielversprechender **Gästehäuser und Hostels** überschwemmt – alle zu hervorragenden Preisen. Das Gleiche gilt für Mestia, Stepanzminda, Omalo und die meisten anderen interessanten Ziele für Wanderer, die in diesem Buch genannt werden. Tiflis hat inzwischen ein gutes **Touristeninformationszentrum**, das sich am Freiheitsplatz (Freedom Square) befindet und sehr zu empfehlen ist.

- **Caucasus Travel,** www.caucasustravel.com
- **Living Roots,** www.travellivingroots.com
- **Explore Georgia,** www.exploregeorgia.org
- **Georgica Travel,** www.georgicatravel.ge
- **Visit Georgia,** www.visitgeorgia.ge
- **Georgian Holidays,** www.georgianholidays.com

Die **Georgian National Tourism Administration** verfügt über eine gute Website mit Karten, Informationen zur Geschichte des Landes und bevorstehenden Events in ganz Georgien: www.gnta.ge

Besuchen Sie in Tiflis unbedingt das Café mit Buchhandlung, das ich mitgegründet habe: **Prospero's Books,** unweit der Oper. Dort finden Sie WLAN, Kaffee, Informationen, Veranstaltungen, Wandergenossen und natürlich das beste Sortiment internationaler Bücher in Georgien: 34 Rustaveli Av, Tiflis, www.prosperosbookshop.com.

Karten

Die hervorragenden Karten in diesem Wanderführer wurden von Irakli Ugulava von Geoland zur Verfügung gestellt (und von Nino angefertigt).

Anmerkung: Auf manchen Karten befinden sich **malvenfarbene Wanderwege.** Diese können leicht von den skizzierten abweichen, da sich das Terrain durch Erdrutsche und Lawinen gelegentlich verändert. Georgien hat zudem seine **eigenen GPS-Karten.** Die Erfahrung hat mich allerdings gelehrt, mich niemals nur auf diese zu verlassen. Gutes Papier ist einfach nicht zu ersetzen.

Landkarte Georgien

Georgien/Georgia (1:350.000), die hochreißfeste und 100 % wasserfeste Landkarte aus der Serie world mapping project, erschienen im Reise Know-How Verlag. Die kartografische Darstellung konzentriert sich auf die wichtigsten Informationen für Reisende und ist besonders gut lesbar. Statt einer Schummerung werden farbige Höhenschichten verwendet.

Khinkali (Fleisch- oder Käseklöße) warten darauf gekocht zu werden, in Shenakho, Tusheti

Wegbeschreibungen und Gastfreundschaft

Im Kaukasus finden Sie die Uhren der Wanderer oft um einige Jahrzehnte zurückgedreht. Abgesehen von den wenigen gut ausgeschilderten, international geförderten Pfaden (wie in Borjomi und Swanetien) **ist Ihr Verstand Ihr bester Führer** und wird nicht selten Unerwartetem begegnen (siehe die nachfolgende „Geschichte"). Sie werden dort nicht mit Schildern, Sicherheitshinweisen, Parkrangern und Wandergruppen bombardiert.

Wenn Sie **im Kaukasus nach dem Weg fragen,** seien Sie darauf vorbereitet, dass die Menschen dort höchstwahrscheinlich zunächst behaupten, ihn selbst nicht zu kennen. Fast immer zeigen sie irgendwohin und geben ein paar Hinweise, auch wenn sie nicht mal sicher sind, Sie verstanden zu haben. Sie möchten Gästen behilflich sein – noch immer eine starke Tradition, vor allem in den Bergen. Achten Sie also auf die Augen Ihres Gegenübers. Wirken sie zögerlich, seien Sie vorsichtig. In abgelegeneren Gegenden werden Sie **womöglich ins Haus des Einheimischen eingeladen,** „auf ein Glas", das sich auf mysteriöse Weise in eine ausgewachsene Trinkrunde verwandelt (manchmal sogar

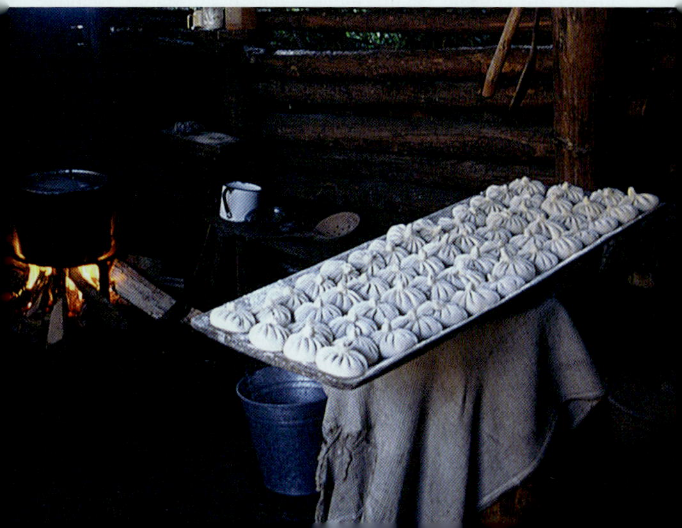

mit Speisen) und über eine Stunde dauert. Dies ist mir schon viele Male passiert. Es kann ein Vergnügen sein und Ihren Ausflug bereichern (wenn Sie nicht in Eile sind), aber auch ein Risiko darstellen – insbesondere am Beginn einer Wanderung, wenn Sie noch nicht gut einschätzen können, wie viel Zeit Sie brauchen. Seien Sie in diesen Situationen stets **freundlich, aber bestimmt.** Lächeln Sie liebenswürdig, entschuldigen Sie sich mehrere Male, sagen Sie, was auch immer nötig ist, um Ihren Gastgeber davon zu überzeugen, dass es nur die äußeren Umstände sind, die Sie davon abhalten, die traumhafte Einladung anzunehmen. Dies ist wegen der **kaukasischen Kultur der Gastfreundschaft** von enormer Bedeutung. Mehrere Male schon traf ich auf Einheimische, von denen ich keine Wegbeschreibung bekam, ohne zuerst ein Glas mitzutrinken. **Wenn Sie in eine solche Situation geraten, trinken Sie ein Glas mit.** Fragen Sie am besten nach Wein statt nach Spirituosen (meistens gibt es beides). Halten Sie Ihr Glas hoch, sprechen Sie mutig einen kurzen Toast, wie schön *(„lamazi")* ihr Dorf sei *(„sopeli")* und Georgien *(„Sakartvelo"),* dass sie nun gute Freunde seien *(„kargi megobari")* und danken Sie ihnen von Herzen *(„didi maadloba")* für die Wegbeschreibung (die sie Ihnen noch zu geben haben). Dann trinken Sie das Glas in einem Zug leer. Sollten Ihre Gastgeber Ihr Glas erneut füllen und Ihnen zurückreichen, lächeln Sie einfach und lehnen Sie höflich ab. Zeigen Sie auf Ihre Uhr, legen Sie Ihre Hand auf Ihr Herz und fragen Sie erneut nach dem Weg. Das funktioniert immer. Im **Glossar** (siehe Anhang) finden Sie weitere wichtige Wörter für solche Situationen.

Höhe und Krankheit

Die **Höhenkrankheit** ist extrem selten in Höhen, wie sie bei diesen Touren erreicht werden. Offiziell tauchen Symptome dieser Krankheit erst **ab 2500 Meter** auf – der höchste Punkt der meisten Wanderungen in diesem Buch. Dennoch ist die Höhe immer ein wichtiger Faktor, wenn es um die **Zeitberechnung** geht, insbesondere wenn Sie sich zum ersten Mal so hoch begeben. Wenn Sie hohe Touren planen, wie zum Beispiel um Kazbegi herum oder in Swanetien, sollten die weniger Fitten mit den niedrigeren Wanderungen beginnen oder sich darauf einstellen, das Tempo im Fall der Fälle zu drosseln, wenn es höher geht.

Ich benötige ungefähr drei Tage für die **Akklimatisierung.** Die ersten **Anzeichen für eine akute Höhenkrankheit** (AHK oder AMS) sind Atemlosigkeit, Kopfschmerzen und Übelkeit (tauchen häufig sowieso auf!). Halten Sie dann an und machen Sie eine Pause. Sollten die Beschwerden nach zehn Minuten nicht verschwunden sein, sind Sie womöglich von der Krankheit betroffen. In dem Fall sollten Sie wieder absteigen, was die Symptome sogleich lindern wird. Bitte berücksichtigen Sie, dass Akklimatisierung in Bezug auf Dauer und Höhe bei jedem anders erfolgt; Fitness ist nur ein Faktor für Anfälligkeit. Bei Unsicherheit gibt es ein Medikament - Acetazolamid (Diamox) -, das mitgenommen werden kann.

Fitness

Nicht wenige Wanderer verlassen ihre Büros mit einer **falschen Vorstellung von der eigenen Fitness** - bis sie in eine Situation geraten, in der sie kaum noch mithalten können. Sie glauben, sie seien fit, weil sie zwei Mal pro Woche ins Fitnessstudio gehen. Viele laufen einfach, um fit zu werden. Wenn Sie dazu gehören - laufen Sie los, aber mit Bedacht. Sie müssen nicht gleich am ersten Tag sämtliche Rekorde brechen. Ihr Körper muss sich akklimatisieren, Muskeln aufbauen, und das in seinem eigenen Tempo. Darüber hinaus kann Überanstrengung gefährlich sein für Knie, Knöchel und Herz.

Sicherheit

Sehr zum Nachteil für die Wandergemeinschaft wurde Georgien schon oft mit dem übertriebenen Ruf „gefährlich" behaftet, da es von kleinen Ländern meistens nur schlechte Nachrichten in die internationalen Medien schaffen. Der gesamte Kaukasus gilt als Brennpunkt, und dieses Image loszuwerden ist schwierig, vor allem mit den Problemen betreffend Tschetschenien, Bergkarabach, Abchasien und Ossetien. Die gesamte Gegend wurde über einen Kamm geschert und so ein **beinahe bedrohliches Image** kreiert. Besucht man sie jedoch, löst sich dieses bald vollständig in Luft auf und wird durch das **einer der schönsten Wandergegenden der Welt** ersetzt.

Beachten Sie aber, dass Sie **zwei Gegenden Georgiens auf keinen Fall besuchen sollten – Abchasien und Ossetien,** deren Grenzen von der georgischen Seite her noch immer geschlossen sind.

Swanetien hatte früher einen schlechten Ruf, ist aber heute **eines der freundlichsten Touristenziele** – dank des gemeinschaftlichen Versuchs, den Tourismus voranzutreiben, unter anderem mit Hilfe von Englischunterrichtsprogrammen. Georgiens Städte und Gemeinden schneiden inzwischen gleich oder sogar besser ab als viele europäische Hauptstädte. Nachfolgend finden Sie ein paar Punkte, die es grundsätzlich zu beachten gilt, wenn Sie in Georgien wandern:

Menschen, die **Waffen** tragen, sind kein ungewöhnlicher Anblick; meistens handelt es sich dabei um Jäger oder Schafhirten, die ihre Herde beschützen.

In **Swanetien** wurde früher die Mitnahme eines Fremdenführers empfohlen, inzwischen sind es die Menschen dort gewohnt, Fremde allein durch die Gegend wandern zu sehen. Seien Sie einfach freundlich.

Wenn Sie bei **Zufallsbegegnungen** zwiegespalten sind, wie sich diese entwickeln könnten, gilt die Regel: **Öffnen Sie Ihr Herz und gewinnen Sie einen Freund.** Misstrauen erweckenden oder unfreundlichen Menschen reiche ich oft die ausgestreckte Hand. Und das hat schon häufig funktioniert (Beispiele dazu finden Sie in meinem Buch „Georgia, in the Mountains of Poetry").

Wasser

Aktive Wanderer benötigen in kühlen Wetterlagen **bis zu drei Liter Wasser** am Tag und **fünf bei heißen Temperaturen oder in großen Höhen.** Auf den meisten der hier beschriebenen Wanderrouten befinden sich **Quellen.** Diese ersparen Ihnen das Tragen schwerer Wasserflaschen – sind aber leicht zu übersehen. Prüfen Sie immer, ob ihre vermeintliche Quelle kein Bach ist – unter etwa 3100 Meter sollten Bäche gemieden werden, da sich Tiere im Kaukasus zum Grasen noch weit hinaufwagen und so Verunreinigungen durch Exkremente oder verendete Tiere ins Wasser gelangen können. Wasser direkt aus dem Gletscher ist normalerweise gut trinkbar.

Ausrüstung

Keine der in diesem Buch beschriebenen Routen erfordert das Mitbringen von Zelten und Campingausrüstung. **Sie setzen eine Unterkunft voraus** – meist am Startpunkt. Schweres Gepäck ist hinderlich und erfordert eine andere Haltung zum Wandern. Hinweise zu längeren Wanderrouten werden jedoch gegeben und einige der hier beschriebenen Touren sind recht anspruchsvoll. Geeignete **Wanderschuhe** sind also essentiell. Nicht vergessen: Sobald Sie sich in gewisser Höhe im Kaukasus befinden, werden Sie nur wenig zur Verfügung haben – keine bequemen Outdoor-Geschäfte mit Karten, Schuhen, GPS und Regen- oder Schnee-Ausrüstungen.

Die Natur ist beinahe unberührt, was mit gewissen Gefahren, die eine große Bergkette mit sich bringt, einhergeht. Gehen Sie nicht davon aus, dass ein Anruf mit Ihrem Handy genügt, damit ein Helikopter über den Kamm geflogen kommt. Trotz der Gefahr, das Offensichtliche aufzulisten, finden Sie nachfolgend ein paar persönliche Tipps.

Regenausrüstung

In Berggegenden kann das Wetter schnell wechseln. Auch wenn der Himmel zu Beginn Ihrer Tour blau ist, sollten Sie eine **Lampe** und **Regenbekleidung** mit sich führen, einschließlich Beinbekleidung.

Gamaschen

Wenn Sie planen, in die Höhe zu gehen, seien Sie auf stellenweise **Neuschnee** vorbereitet – zu jeder Jahreszeit. Die Einheimischen tragen häufig **Gummistiefel,** was auf den ersten Blick merkwürdig wirkt. Dies relativiert sich aber, wenn man auf 3000 Meter durch Schnee stapft. Gamaschen sind leicht und darüber hinaus praktische und wasserabweisende Sitzgelegenheiten.

Sonnencreme, Sonnenschutz, Hut, Brille

Umso höher Sie gehen, desto mehr Kraft hat die **Sonne.** Besonders relevant ist das für Menschen mit heller Haut. In den Bergen kann man das ganze Jahr über einen Sonnenbrand bekommen. Und bedenken Sie, **dass der Schnee die Sonne reflektiert,** also schützen Sie ebenfalls das untere Kinn, Nase und Ohrläppchen. Eine Sonnenbrille hilft gegen blendendes Licht.

Mobiltelefon (und Funksignal)

Nicht notwendig – aber beruhigend. Die **Netzabdeckung in den Bergen Georgiens ist überraschend gut,** auch an abgelegeneren Orten (Festnetzverbindungen sind hingegen unzuverlässig). Die meisten Bergführer tragen Mobiltelefone bei sich. Betreiber des Mobilfunksignals ist das Unternehmen MagtiCom.

Wasserflasche

Für die vielen Quellen im Kaukasus ist eine **kleine, leichte, wiederbefüllbare Wasserflasche** am besten geeignet.

Mini-Fernglas

Hervorragend nicht nur zum Beobachten von Vögeln und anderen Tieren: Mit einem kleinen Fernglas lässt sich der vor einem liegende Weg vorab erkunden, sodass man nicht Gefahr läuft, einem Pfad zu folgen, der plötzlich abrupt erdrutschbedingt endet.

Gefährliche Tiere und Pflanzen

Der Kaukasus ist ziemlich sicher. In einigen der großen Waldgebiete leben bis heute **vereinzelt Bären.** Durch übermäßiges Jagen sind diese jedoch menschenscheu (ganz im Gegensatz zu den amerikanischen Bären, die Touristen gewohnt sind). In Georgien gibt es, wie in vielen anderen warmen Ländern, **Giftschlangen** (siehe Kapitel „Fauna“) und **Skorpione,** zu sehen sind sie aber selten. Die einzige Ausnahme ist die sandige Hochwüste im Frühling. Ich habe jedoch schon mehrere Male im Mai/Juni das Kloster Dawit Garedscha (Kloster in Kachetien) besucht und bislang nur eine (nicht giftige) Schlange gesehen. Gifteteu und Gifteichen gibt es im Kaukasus nicht, aber der Saft des **Riesen-Bärenklaus** enthält einen Reizerreger.

Hunde

Hunde sind die größte Belästigung der Wanderer im Kaukasus. Fernab der Städte werden die großen kaukasischen Hunde mit kupierten Ohren darauf trainiert, Herden und Heime zu verteidigen. Alles, was sich ihnen nähert, wird sofort angebellt. Nicht angenehm, auch wenn sie nur selten beißen (Tollwut gibt es in Georgien, mitbekommen habe ich einen solchen Fall aber nie). Der beste Weg, mit großen Tierherden umzugehen, ist, sie zu meiden. Wenn Sie **Schafherden** sehen, schlagen Sie einen Bogen oder machen Sie den Hirten auf sich aufmerksam, damit er die Tiere zur Seite scheuchen kann. Seien Sie aber auch dann vorsichtig: Schafe sind nicht immer nett. Wenn ich von aggressiven Hunden verfolgt werde, laufe ich zügig weiter – mit einem Stock in der Hand – und vermeide jeden Blickkontakt. Manche werfen Steine, denen die Hunde nachjagen, sie aber zurückbringen; andere nehmen Pfefferspray mit oder Ultraschall-Abwehrmittel. Geraten Sie jedenfalls nicht in Panik und laufen Sie nicht davon. Wenn die Hunde zu schnappen beginnen, wenden Sie sich ihnen zu und treten Sie ihnen standhaft gegenüber. Erheben Sie den Stock und ziehen Sie sich langsam zurück. Hunde haben ein unsichtbares Revier, sobald Sie dieses verlassen haben, werden Sie gehen gelassen und die Hunde kehren in ihr Reich und zu ihren Schafen zurück, glücklich über die sportliche Betätigung.

Lawinen, Gletscher, Brücken und Flussübergänge

Beim Wandern in den Bergen ist es nicht ungewöhnlich, auf **abgegangene Lawinen und Muren** zu stoßen (wie im Tal des Devdoraki-Gletschers). Übersteigen Sie diese am besten einzeln – in dem unwahrscheinlichen Fall, dass sich der Schutt in Bewegung setzt, können die anderen Hilfe holen. **Gletscher** sind gefährlicher; sie sind lebendig, unvorhersehbar und die meisten erfordern Seile. **Stellen Sie sich niemals bewundernd unter eine Gletscherzunge** – Gestein kann hinuntersausen und gar Köpfe abreißen. Viele der selbstgebauten **Brücken** über Flüsse werden im Frühling fortgerissen. Sind sie in einem Jahr an dieser Stelle, muss das nicht für das nächste gelten (oder sie tauchen ein

Stück weiter oben oder unten wieder auf). Achten Sie beim **Waten durch Flüsse** darauf, ob das Wasser schnell fließt. Dann ist es nämlich schier unmöglich, den Fluss zu durchqueren, ohne knietief im Wasser stecken zu bleiben. Unerfahrene Wanderer werden schnell von ihren Rucksäcken hinuntergezogen und können ertrinken. Ich verwende einen Stock für bessere Stabilität, auch auf Schutt und Geröll.

Verhaltenskodex

Waldbrände gibt es im Kaukasus nur selten – was auch an den verhältnismäßig wenigen Touristen liegen kann. In dem unwahrscheinlichen Fall, dass Sie ein Feuer entfachen (nicht zu empfehlen!), stellen Sie sicher, dass sämtliche Glut vor dem Verlassen der Feuerstelle erloschen ist – plötzlich aufkommende Winde könnten die Funken mitnehmen und so Waldbrände verursachen. Bedenken Sie stets, dass Ihr Wanderparadies so mancher Leute Garten ist. Nehmen Sie Ihren **Müll** mit, schließen Sie die **Gatter** und pflücken Sie keine **Blumen/Orchideen** (auch wenn die Einheimischen dies tun sollten).

Weitere Informationen zum kulturellen Erbe und den Landschaften finden Sie auf **www.nationaltrustofgeorgia.org.ge.**

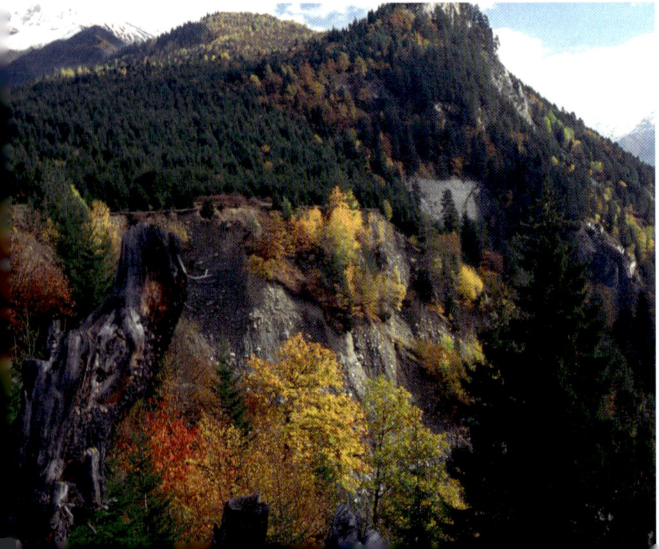

Flora und Fauna

Fauna (mit Insekten und Reptilien)

Georgien hat **mehr einheimische Tiere als jedes andere Land in Europa** – ausgenommen Russland (das größte Land der Welt). Ein bemerkenswerter Fakt für eine so kleine Nation, der sich durch die große landschaftliche Vielfalt und die weitflächigen, unberührten Urwälder erklärt. Bis heute sind über 90 % von Georgiens Wäldern natürlich gewachsen. Wölfe, Braunbären, Schakale, Luchse und andere Raubtiere sind dort zu finden – anders als in den meisten anderen Ländern Europas. Die Berge sind auch zahlreichen Huftieren ein Zuhause: Rehen, Rothirschen, Gämsen, Wildschweinen, Wild- oder Bezoarziegen – doch die größte Entdeckung ist der dort beheimatete **Kaukasische Steinbock** oder *„jikhvi"* (verwandt mit dem europäischen Alpensteinbock). Seine zwei Arten leben noch immer in Herden hoch oben im Großen Kaukasus.

Die atemberaubende Enguri-Schlucht in Swanetien

Ein ausgewachsener, männlicher „jikhvi", westliches Kaukasien

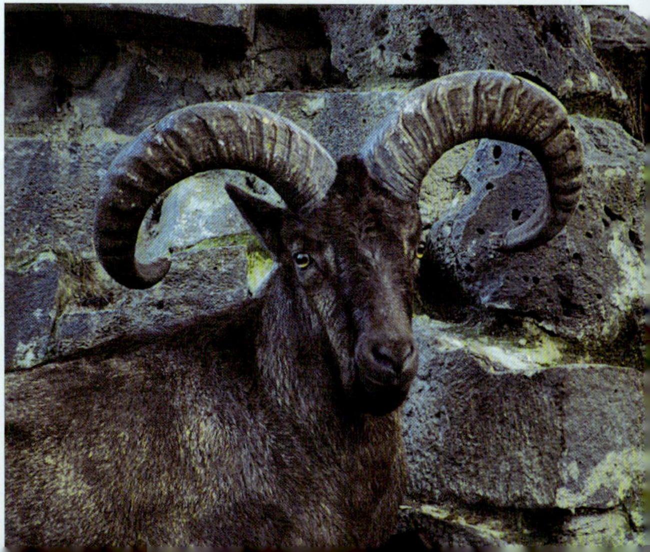

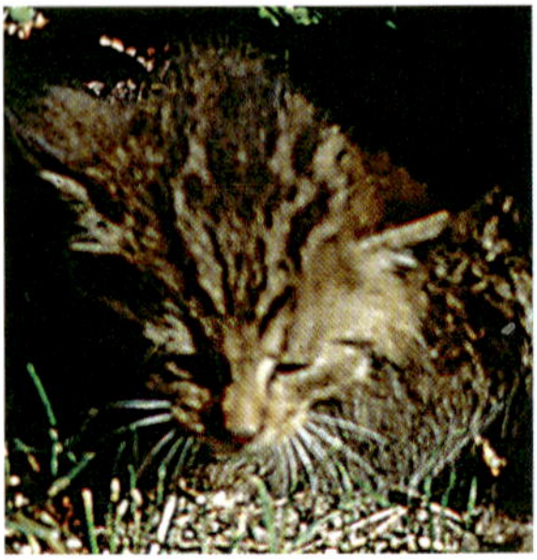

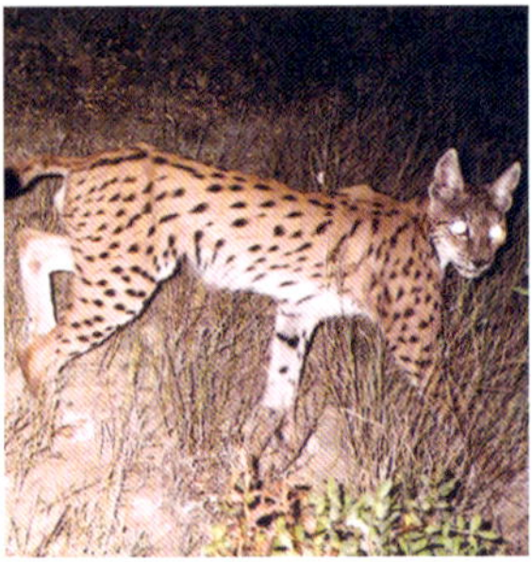

Gerüchten zufolge kehrt der **Anatolische Leopard** womöglich zurück – ein erwachsenes Männchen wurde im Vashlovani-Nationalpark von entlegenen Kameras aufgezeichnet. Dieses schöne, aber vom Aussterben bedrohte Tier wurde lange Zeit in Georgien für ausgestorben gehalten. Früher war es im gesamten Kaukasus zu finden und Hauptfigur zahlreicher Legenden und Gedichte.

Wildkatze *(„tkis kata")*. Sie sieht wie eine gewöhnliche Hauskatze aus, nur größer und stärker (5 bis 8 Kilo). Grau-braun mit gepunktetem Fell und einem geringelten Schwanz. Bevorzugt Tieflandwälder. Sie ist schwierig zu finden, ihre Fußspuren aber sind es nicht, und manchmal kann man ihr „Miau" hören.

Rothirsch *(„ketilshobili iremi")*. Ein prachtvolles Tier, die Hirsche haben ein großes fünfzweigiges Geweih (Hirschkühe haben keines), wiegen bis zu 400 Kilo und sind bis auf 3100 Meter zu finden. Wegen übermäßigen Jagens sind sie in Georgien inzwischen jedoch selten – nur noch etwa 200 sind verblieben. Geschützt.

Reh *(„shveli")*. Halb so groß wie der Rothirsch. Gewöhnlich in Wäldern anzutreffen. Sie zu jagen ist nur in Wildreservaten erlaubt (in Georgien gibt es 20 davon).

Luchs *(„potskhveri")*. Eine seltene, aber prächtige große Katze (bis zu 24 Kilo), im gesamten Kaukasus zu finden bis auf etwa 2500 Meter. Einen Luchs zu sehen, auch aus der Distanz, ist etwas ganz Besonderes und extrem schwierig. Die Population in Georgien sinkt – inzwischen leben dort noch etwa 150 Exemplare. Am häufigsten in Wäldern und halbtrockenen Landschaften anzutreffen. Geschützt.

Gams *(„archvi“)*. Wegen Wilderei inzwischen sehr selten geworden. Die Population schrumpfte in den letzten 20 Jahren um 75 %. Einfach zu erkennen an ihrem kurzen, schwarzen Gehörn, das an den Spitzen etwas abgerundet ist. Ein anmutiges Tier, das bis auf 4000 Meter angetroffen werden kann. Ausgewachsene Gämse wiegen 25 bis 50 Kilo. Geschützt.

Wolf *(„mgeli“)*. Noch immer weit verbreitet, bis auf 3500 Meter zu finden, aber in vielen Tieflandgebieten ausgerottet. Er reißt Schafe, weshalb der Kaukasische Hund zu deren Schutz eingesetzt wird (er ist größer und stärker). Menschen gegenüber ist der Wolf schüchtern und ein Angriff ist sehr unwahrscheinlich.

Kaukasische Wildziege *(„niamori“)*. Der Bezoarziege sehr ähnlich. Inzwischen sind nur noch wenige dieser schönen, bärtigen Ziegen übrig, die meisten leben in Tuschetien, bis auf 3500 Me-

Wildkatze und Luchs (©Nacres.org)

Wolf (©Nacres.org)

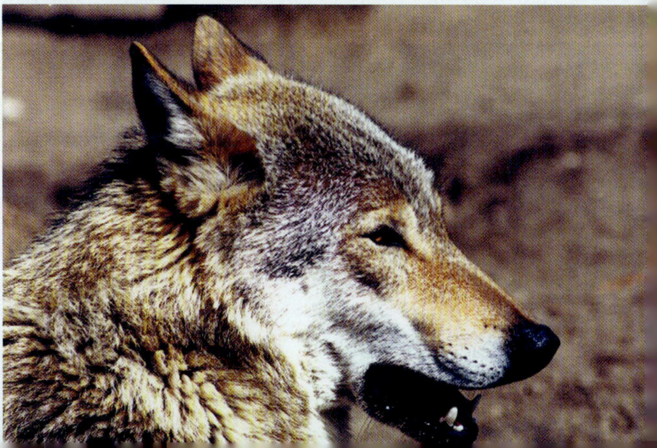

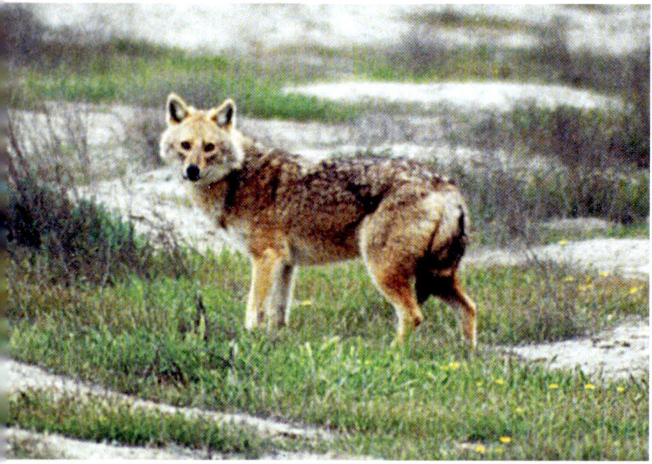

ter zu finden. Sie wiegen 50 bis 80 Kilo. Geschützt, aber wegen Wilderei vom Aussterben bedroht.

Schakal *(„tura")*. Er taucht überall auf, einschließlich an Stadträndern, hat die Größe eines mittelgroßen Hundes (bis zu 12 Kilo) und bewegt sich trabend. In ganz Georgien geläufig, wird aber selten über 1000 Meter gesehen. Bellt nicht, sondern heult.

Kaukasischer Steinbock *(„jikhvi")*. Von diesem edlen Höhentier (bis auf 4000 Meter) gibt es zwei Arten – den West- und den Ostkaukasischen Steinbock – in Georgien leben beide. Bis zu 80 Kilo. Der *Capra Caucasica* (Westkaukasischer Steinbock) hat längere, extrem gebogene Hörner (sehr viel länger und tiefer gebogen als der Alpensteinbock). Der *Capra Cylindricornis* (Ostkaukasischer Steinbock) hat kürzere, geradere Hörner. Es gibt sie nirgendwo anders auf der Welt. Bedroht wegen exzessiven

Braunbär (©Nacres.org)

Schakal (©Nacres.org)

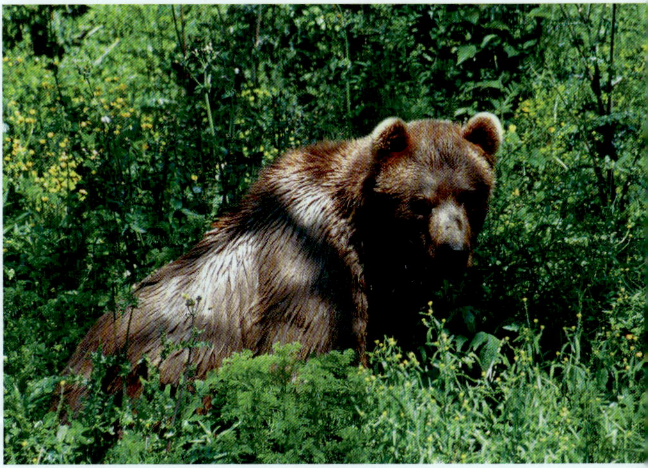

Jagens. Seit den 1980er Jahren hat sich die Population auf etwa 2500 halbiert. Auf der Roten Liste gefährdeter Arten. Geschützt.

Wildschwein *(„greuli khori")*. Zu finden in Wäldern und Halbtrockengebieten bis auf 1500 Meter. Ziemlich häufig. Groß, bis zu 150 Kilo. Alleinstehende Männchen können aggressiv sein, sind aber selten gefährlich.

Braunbär *(„dartvi")*. Stark verfolgt, aber noch gibt es ein paar – zu finden in Waldgebieten bis auf 3500 Meter. Sehr menschenscheu und recht groß (bis zu 300 Kilo). Bewegt sich meist gehend fort, kann schnell laufen und auf Bäume klettern. Sollten Sie einem begegnen, entfernen Sie sich langsam (bitte nicht rennen). Fast immer aber wird der Braunbär Sie zuerst sehen und selbst den Rückzug antreten. Hat ein Braunbär Junge, begeben Sie sich niemals zwischen diese und die Mutter. Geschützt.

Reptilien/Amphibien

Levanteotter *(„giusa")*. Am häufigsten vorkommende Giftschlange. Nur in Ostgeorgien zu finden und meistens in Sand- und steinigen Halbwüsten (wie z.B. Dawit Garedscha).

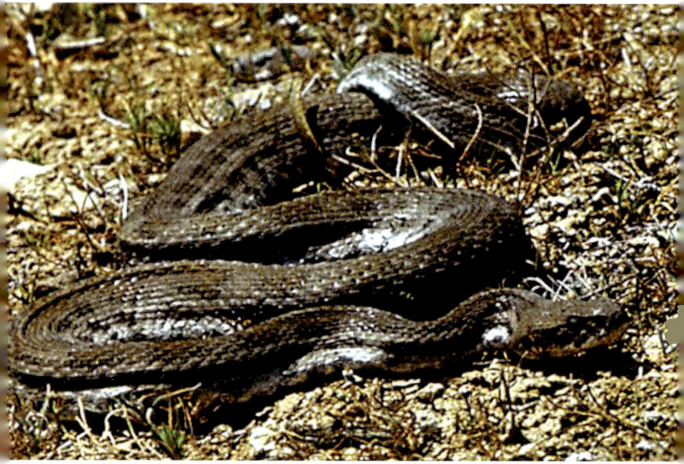

Kaukasusotter *(„kavkasiuri gvelgesla")*. Giftig, nur im Kaukasus vorkommend und selten. Bis zu 75 cm lang. Lebt nahe hochalpiner Wälder. Wenn Sie eine sehen, fühlen Sie sich privilegiert!

Ringelnatter *(„chveulebrivi ankara")*. Georgiens verbreitetste Schlange. Einfach zu erkennen an ihren hellweißen oder gelben Streifen am Kopf. Nicht giftig.

Kaukasus-Salamander *(„kavkasiuri salamandra")*. Eine schöne schwarz-gelb gepunktete, kleine Wassereidechse, einzigartig im

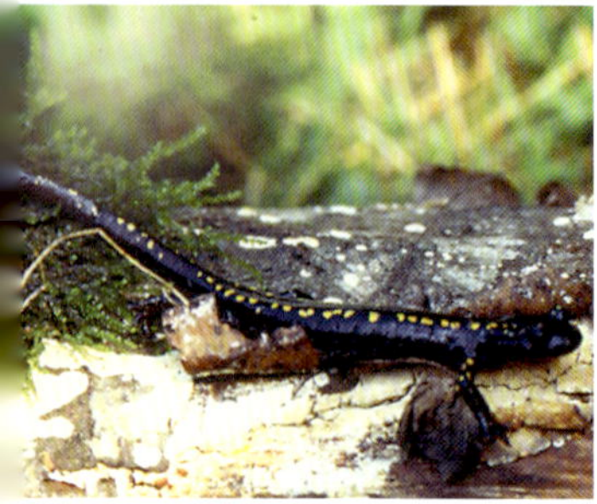

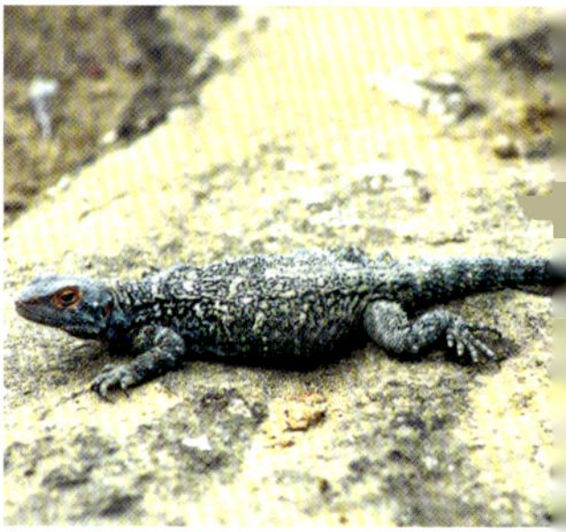

Südwesten des Kaukasus. Gesamtlänge bis zu 17 cm. Bevorzugt kühle, feuchte Schluchten – wie die im Borjomi-Nationalpark.

Paralaudakia *(„jojo“)*. Mittelgroße kaukasische Eidechse – bis zu 25 cm von Kopf bis Schwanz. Recht häufig in steinigen Gegenden im Südosten Georgiens.

Griechische Landschildkröte *(„testudo greaca“)*. Wird als endemisch in Georgien angesehen. Im ganzen Land zu finden, kann eine Länge von bis zu 40 cm erreichen. Schläft im Winter, zu sehen von April bis November, meistens in den trockenen, sandigen Gegenden Georgiens.

Insekten

Schmetterlinge

Schwalbenschwanz *(Papilio Machaon)*. Zu sehen im April/Mai und anschließend von Juli bis September. Allgemein selten, aber in bestimmten Gebieten häufig. Im Botanischen Garten in Tiflis habe ich mal Anfang September Schwärme davon gesehen.

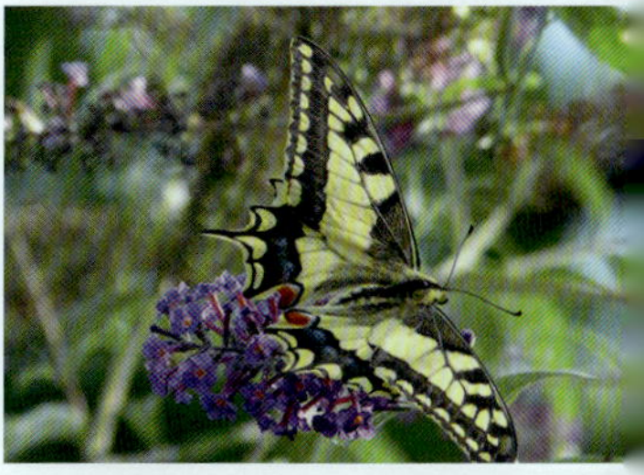

Kaukasischer Gelbling *(Colias Causasica)*. Endemisch im Kaukasus. Lebt in subalpinen und Alpengebieten. Sehr selten.

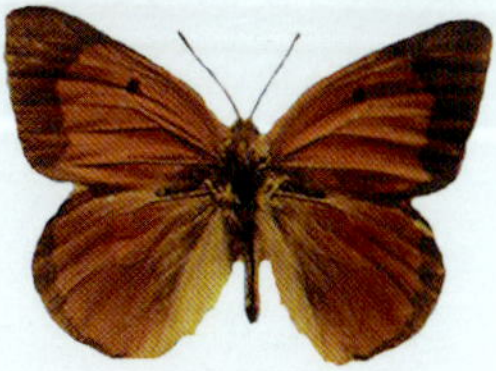

Levanteotter (oben), Kaukasus-Salamander (ganz links) und Paralaudakia

Schwalbenschwanz und Kaukasischer Gelbling

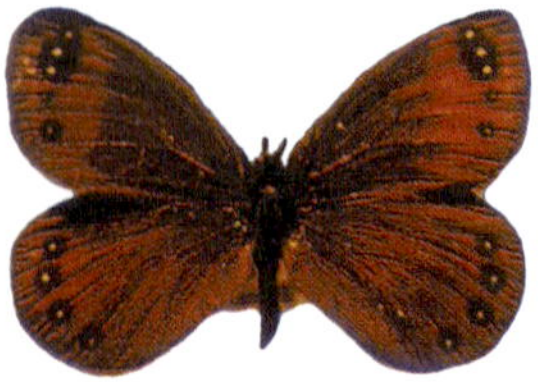

Hewitson's Black *(Erebia Hewitsonii)*. Endemisch im Kaukasus; Mai bis Juli. Bevorzugt die Nadelwälder des Kleinen Kaukasus. Sehr selten.

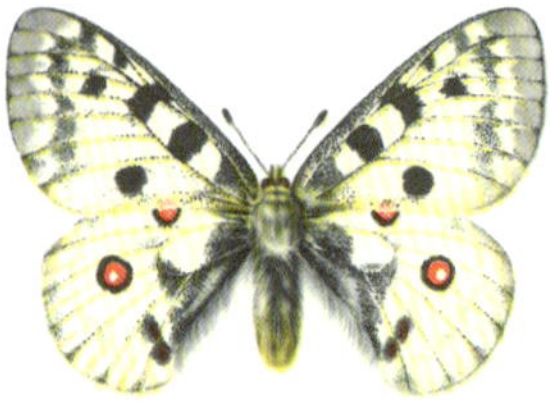

Roter Apollo *(Parnassius Apollo)* und **Kaukasischer Apollo** *(Caucasian Apollo)*. Ein Bergschmetterling mit einigen georgischen Variationen. Zu finden bis auf 2400 Meter. Selten, in die Rote Liste gefährdeter Arten aufgenommen.

Käfer

Carabus Caucasicus. Ein sehr großer, hellblauer Käfer, bis zu 5 cm, mit textuiertem Rücken. Dieser spektakuläre Insekten-Räuber ist in Laubwäldern auf bis zu 2000 Meter von April bis November zu finden (nicht gefährlich).

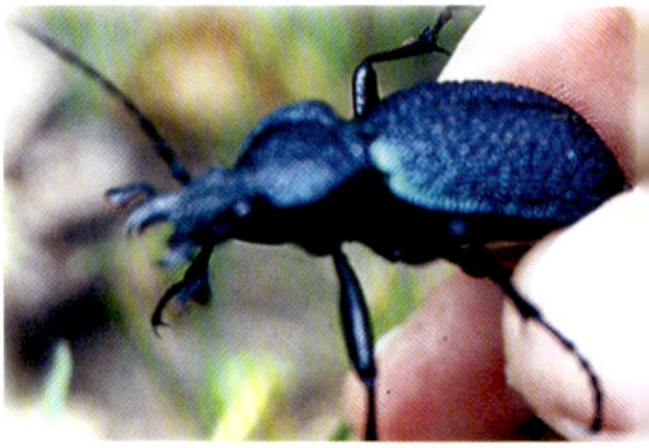

Hewitson's Black, Roter Apollo
und Carabus Caucasicus (©David Tarkhnshvili)

Vögel

Georgien verzeichnet **über 360 Vogelarten** – darunter die drei folgenden endemischen Arten: das Kaukasus-Birkhuhn, das Kaukasus-Königshuhn und den Bergzilpzalp-Lorenzii. Der Kaukasus und Zypern sind die einzigen **endemischen Vogelgebiete** in Europa. Georgien ist als **erstklassiges Reiseziel für Vogelliebhaber** bekannt. Die Landschaft beheimatet eine für ihre Größe bemerkenswerte Vielfalt an Lebensräumen und dient vielen Vögeln als wichtiges vorübergehendes (Zugvögel) und permanentes (Standvögel) Zuhause. So gibt es dort beispielsweise elf Adler- und vier Geierarten – insbesondere in der Gegend um die „Flaschenhals"-Bergpässe oder an der Küste des Schwarzen Meeres. Einige von ihnen sind inzwischen weltweit bedroht (wie der Mönchsgeier). Bei einem Trip in die **Berge** kann man sich fast darauf verlassen, einen **Adler** oder **Geier** zu sehen, der sich erhaben auf der Thermik gleitend durch die Lüfte bewegt – was in den Alpen inzwischen selten und noch seltener in den Pyrenäen vorkommt. Manche können aus direkter Nähe gesehen werden. Ich werde diesen einen Nachmittag im Herbst nie ver-

Eurasischer Sperber – *„mimino"* auf Georgisch

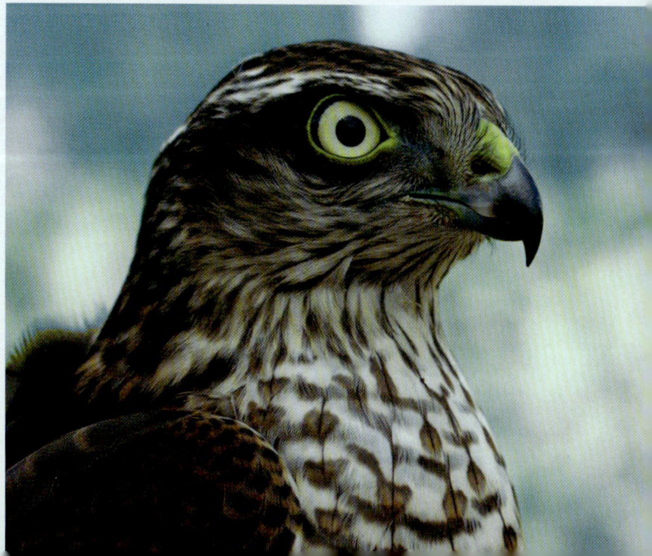

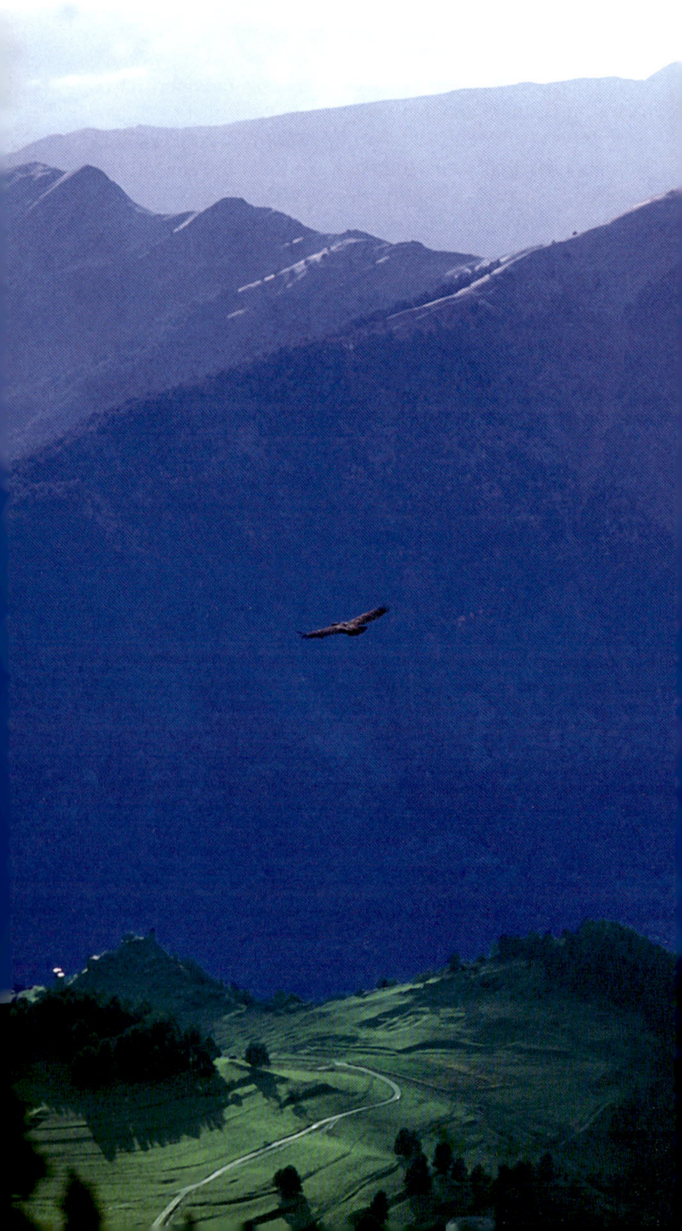

gessen. Ich stand auf einem kleinen 2500-Meter-Gipfel in Tuschetien (Tusheti) und sah unter mir um die zwanzig Adler und Geier, die sich in die Höhe schraubten. Der majestätische Lämmergeier (oder Bartgeier) mit seinen fast drei Meter Flügelspannweite ist im Großen Kaukasus ein gutes Ziel - und kann anhand seiner Größe, der häufig roten Brust und seinem recht spitzen Schwanz gut identifiziert werden.

Die **südlicheren Gegenden Georgiens** sind für Vogelbeobachter sogar noch besser geeignet als die Berge. Sie beheimaten nämlich die meisten Raubvögel der Hochgebirge sowie die des Tieflands, Kraniche, Reiher, Gänse und eine Vielzahl an Vögeln aus Feuchtgebieten. Oft wird vergessen, dass der gewöhnliche Fasan, der überall in Europa und Nordamerika zu finden ist, vom Kaukasischen Fasan *(Phasianus Colchicus)* abstammt. Dieser wurde nach dem im Westen Georgiens liegenden Fluss Rioni *(ursprünglich Phasis)* benannt. Heute leben erheblich weniger Exemplare in Georgien als in Europa.

Wo ist was zu sehen

Die Region um Kazbegi ist in ganz Europa für ihre Vogelvielfalt bekannt, auch wegen ihrer guten Erreichbarkeit. Von Tiflis aus sind es etwa drei Autostunden Richtung Norden. Der **Lämmergeier** (Bartgeier) und der **Gänsegeier** sind auf ihrem Weg durch den Großen Kaukasus häufig zu sichten; der Mönchsgeier hält sich dort jeden Sommer auf, ebenso der Zwergadler. Der Steinadler lebt dort das ganze Jahr über und Sie hätten sehr viel Pech, wenn Sie während eines mehrtägigen Aufenthaltes dort keinen zu Gesicht bekämen.

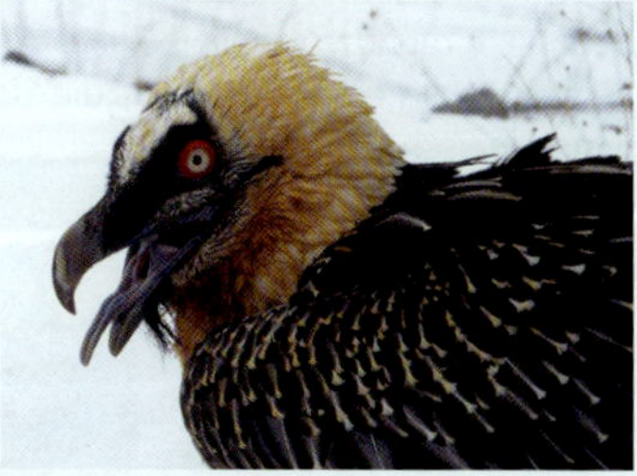

Lämmergeier

Ein Gänsegeier gleitet in Richtung Omalo-Festung, Tuschetien

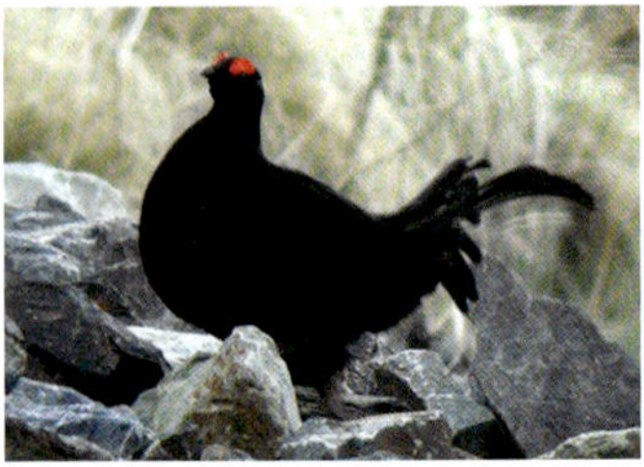

Das Vorzeige-Exemplar, das **Kaukasus-Birkhuhn,** ist oft bei Geröll und Schutt zu finden, wo es gern herumschleicht, gemeinsam mit dem anderen Superstar, dem Kaukasus-Königshuhn. Sie zu sehen erfordert jedoch einiges an Geduld – nur im Frühling nicht. Dann stehen sie gern im Rampenlicht. Der mattfarbene **Bergzilpzalp-Lorenzii** – nur dort vorkommend – streitet sich mit Spatzen in Dörfern rund um Kazbegi und Gergeti um Zaunpfähle. Der herrliche **Berggimpel** ist hoch oben über der Baumgrenze anzutreffen. Der Anblick seines purpurnen Oberkörpers auf einem Stein sitzend, ist eine wahre Belohnung für jeden, der sich in die höheren Gefilde wagt. Hoch oben entdecken Sie vielleicht sogar den **Riesenrotschwanz** mit seiner unverwechselbaren weißen Kappe und seinem rostfarbenen Bauch – nirgendwo sonst in Europa ist er zu sehen. Andere, weniger spezialisierte Vogelarten, die Sie womöglich auf dem Weg hinauf zwischen Dorf und oberem Kiefernwald entdecken können, sind der Wachtelkönig, die Ringdrossel, Baum- und Bergpieper, der Rotschwanz, Waldbaumläufer, Mauerläufer, Schwarzspecht, Rotstirngirlitz, Gimpel, Berghänfling, Grünsänger

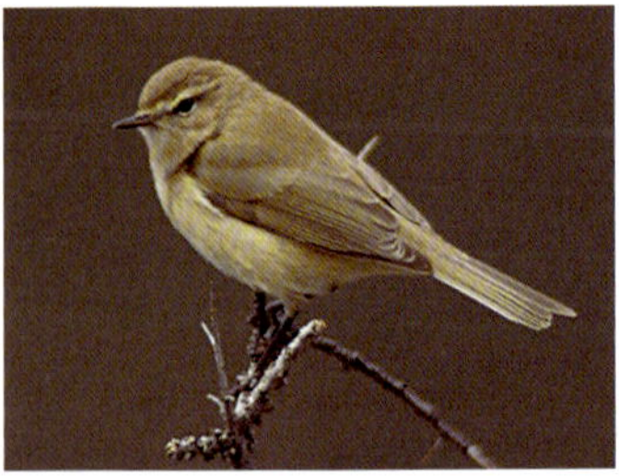

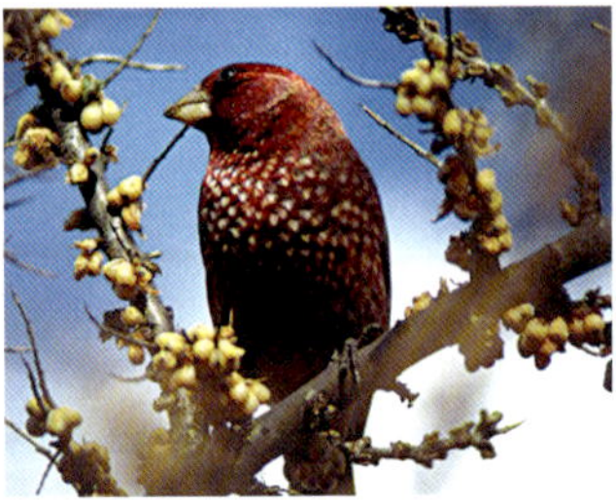

Kaukasus-Birkhuhn, Bergzilpzalp-Lorenzii, Berggimpel

und Sumpfrohrsänger, Hausrotschwanz, Alpensegler, die Ohrenlerche, Felsenschwalbe, Alpenbraunelle, Alpendohle und Alpenkrähe, der Schneesperling, Fichtenkreuzschnabel – um nur einige zu nennen.

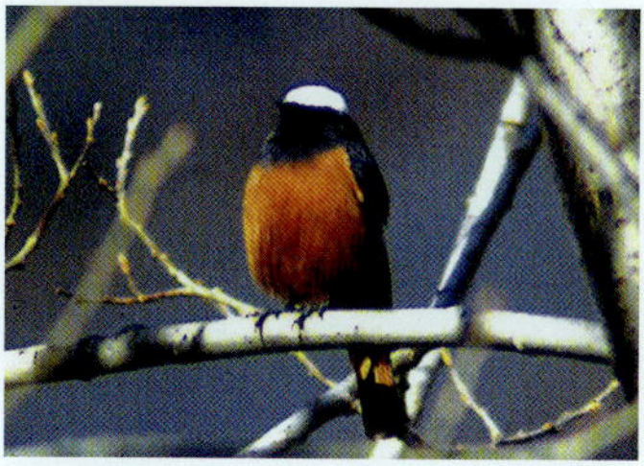

Die Gegend um Dawit Garedscha ist ein Vogelparadies mit einer größeren Vielfalt an Vögeln als im Hochgebirge, aber weniger endemischen Arten. Sie liegt nicht weit von Tiflis entfernt (anderthalb Stunden Richtung Süden), wegen ihrer maximalen Höhe von 875 Meter aber sind die exklusiveren, höher angesiedelten Vögel dort nicht zu finden. Nichtsdestotrotz schätze ich die Dawit-Garedscha-Gegend allein schon wegen der Vögel. Dort gibt es weniger natürliche Ablenkung, das Wetter wechselt nicht so häufig und die flacheren Täler beheimaten nur wenige Bäume und ermöglichen so längere Sichtungen. Außerdem ist dies der Ort, an dem die meisten bunt gefiederten Vögel zu finden sind sowie Falken und Adler – und das länger im Jahr. Ich verspreche nur ungern Sichtungen des prächtigen, weißen Schmutzgeiers mit seinen schwarzen Flügelspitzen (vor allem, weil er von Oktober bis Februar woanders lebt), doch während meiner zahlreichen Aufenthalte ist es mir noch immer gelungen, einen zu erspähen – und das meistens aus der Nähe. Man verbringt nämlich viel Zeit in seinem Jagdrevier: entweder oben auf einer Klippe oder auf offenen Wegen im Hochland. Gut zu finden sind dort auch Steppenadler und **Kaiseradler** sowie der Schwarzmilan, ebenso der dort beheimatete schwarze Mönchsgeier.

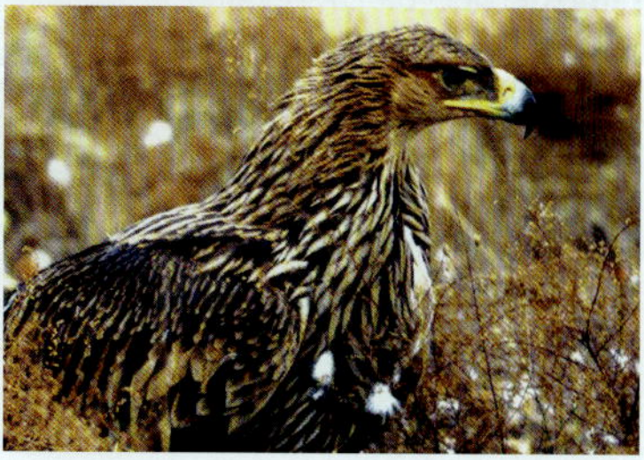

Riesenrotschwanz, Kaiseradler

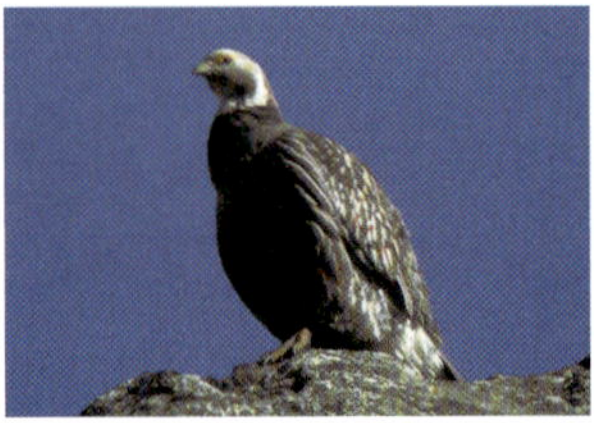

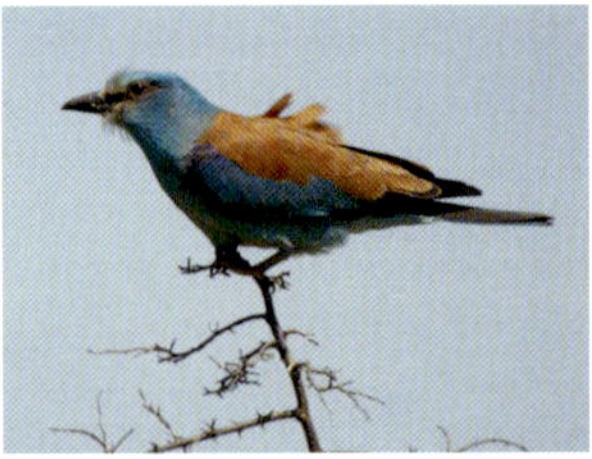

Machen Sie einen Abstecher zum **Jandari-See** und etwas westlich davon entdecken Sie womöglich einen Seeadler oder Fischadler. Unterwegs im **Süden von Rustawi** begegnet mir häufig der weiß glänzende Kuhreiher, der um die Tiere am Wasserkanal herumtänzelt. Tatsächlich eignen sich das **Tal und Wüstenhochland um Dawit Garedscha** hervorragend für Sichtungen von **Bienenfressern, Racken** und manchmal auch Blauwangenspinten. Nicht zu vergessen sind die kecken und eindrucksvoll verzierten **Wiedehopfe** – einfach an ihrem Ruf zu erkennen (wie ihr englischer Name: *Hoopoe*). Auch zu sehen sind: der Wanderfalke, Baumfalke, Würgfalke, Rosenstar, Rockdrosseln, das Chukarhuhn, der Schlangenadler, Uhu, Adlerbussard, Habicht, Kurzfangsperber, die Bergkalanderlerche, der Heckensänger, Isabellsteinschmätzer, Felsensteinschmätzer, Dornspötter, Klippenkleiber, Felsenkleiber, Fahlsperling sowie der Steinsperling.

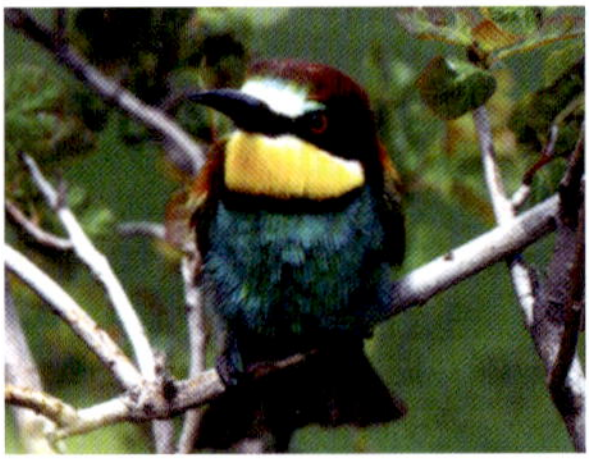

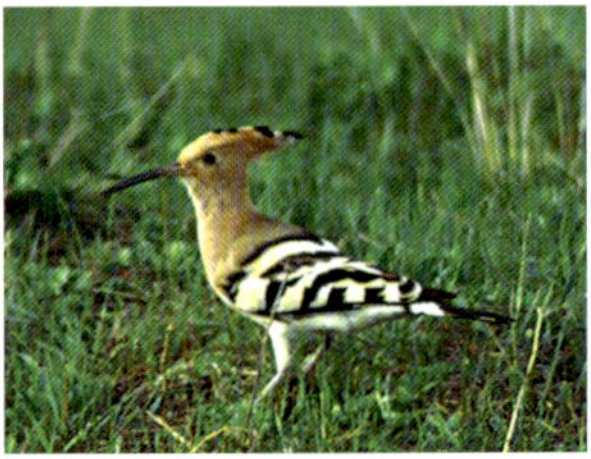

Kaukasus-Königshuhn, Racken, Bienenfresser, Wiedehopf

Bestimmen der häufigsten Geier und Adler

Geier (mit geraden Flügeln beim Aufsteigen)

Mönchsgeier *(Aegypius monachus), „Svavi“,* 250–295 cm

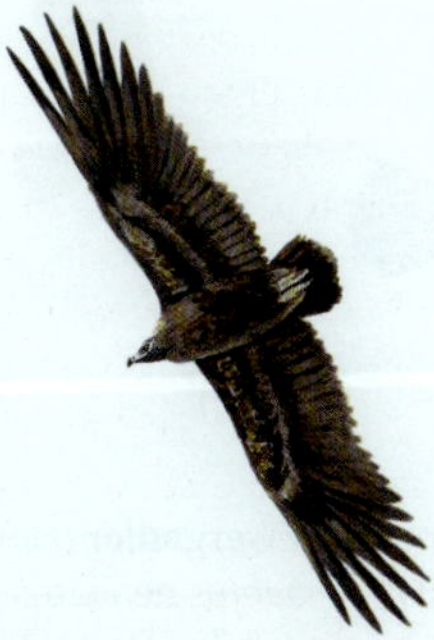

Bartgeier *(Gypaetus barbatus), „Batkandzeri“,* 250–295 cm

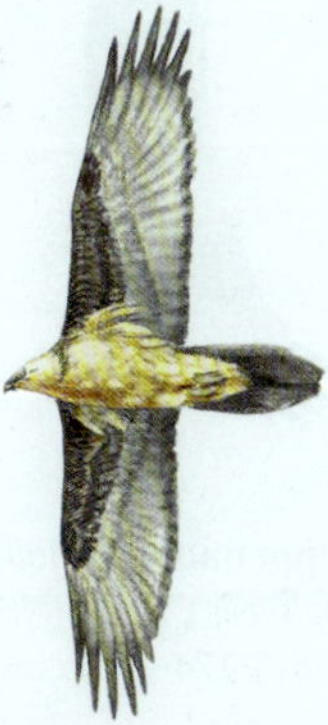

Gänsegeier *(Gyps fulvus), „Orbi“,* 240–280 cm

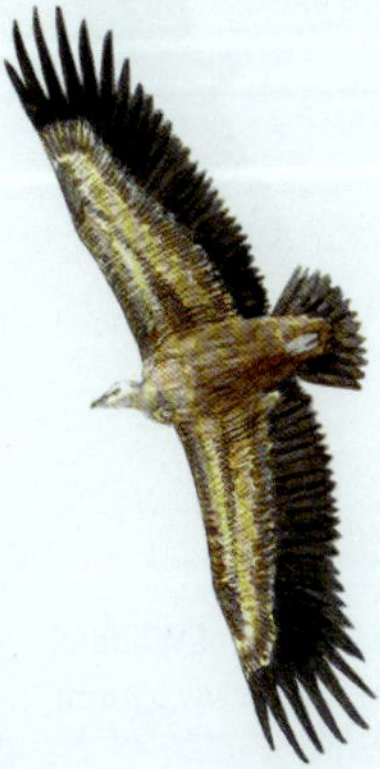

Schmutzgeier *(Neophron percnopterus), „Paskunji“,* 155–180 cm

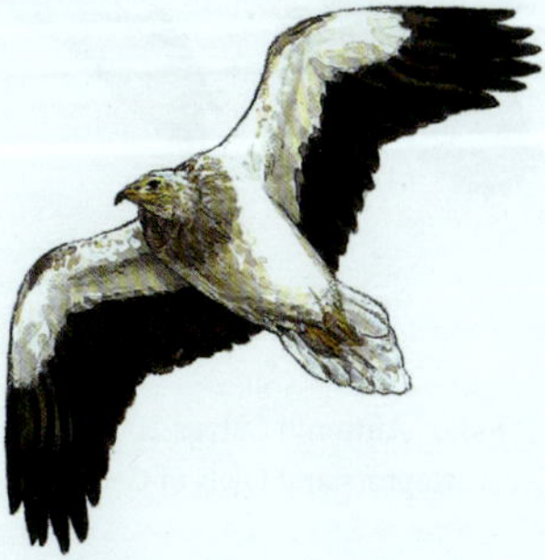

Adler (Flügel beim Aufsteigen leicht gebogen, flacher Schwanz)

Seeadler *(Haliaeetus albicilla), „Phsovi"*, 200–240 cm

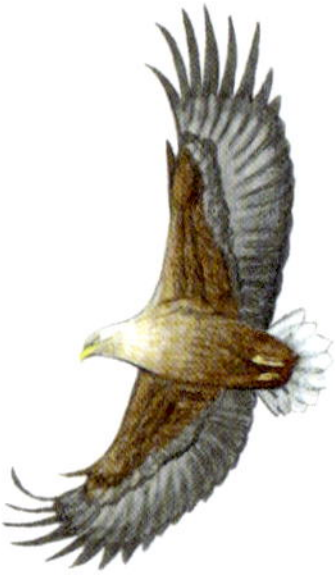

Steinadler *(Aquila chrysaetos), „Mtis artsivi"*, 204–220 cm

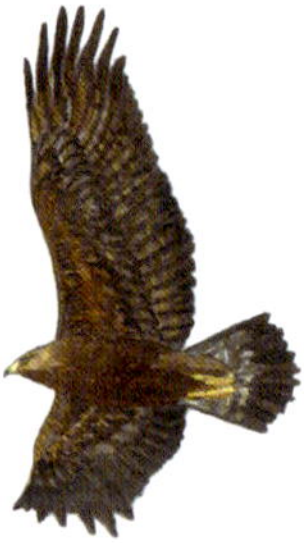

Östlicher Kaiseradler *(Aquila heliaca), „Begobis artsivi"*, 190–210 cm

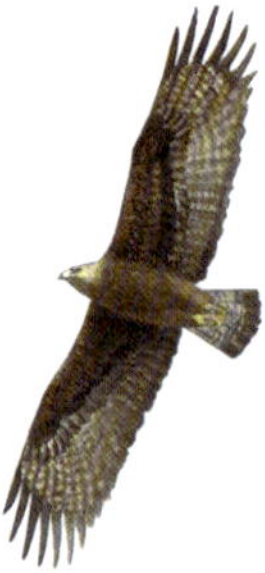

Steppenadler *(Aquila nipalensis), „Velis artsivi"*, 174–200 cm

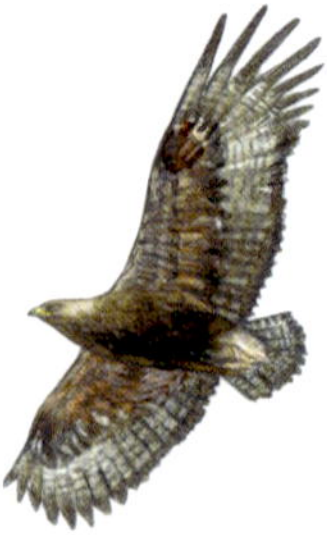

Fischadler *(Pandion haliaetus), „Shaki"*, 145–170 cm

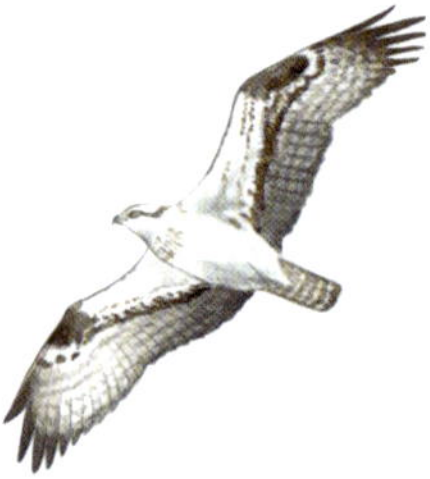

Zwergadler *(Hieraaetus pennatus/ Aquila pennata), „Chia artsivi"*, 100–121 cm

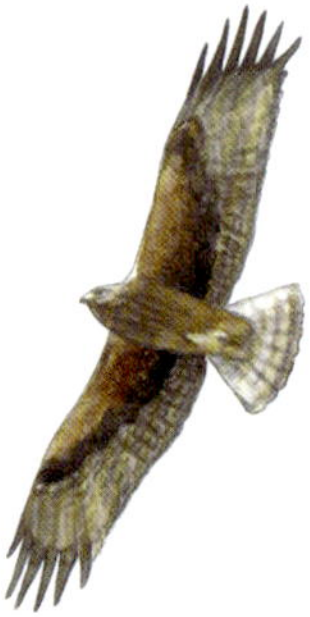

Für weitere Informationen über Georgiens Vögel siehe www.batumiraptorcount.org

Flora

Georgien ist gerade einmal 69.700 km² groß, besitzt aber eine **bemerkenswerte Artenvielfalt.** Subtropische Sümpfe, Meeresküste, Halbwüsten, weite Almen und 5000 Meter und höherragende Gipfel – und alles in einem 100-Kilometer-Radius. 40 % der Fläche besteht aus Wald – wovon ein Großteil als **unverfälschter Urwald** gilt. Darüber hinaus befinden sich dort 31 Gebiete unter **Naturschutz.** Folglich beheimatet das Land zwischen 4000 und 4500 Arten von Gefäßpflanzen, von denen ca. 15 % nur im Kaukasus vorkommen. Davon existieren ungefähr 300 ausschließlich in Georgien. Zehn Arten der Pfingstrose sind dort zu finden, und von den weltweit 19 Schneeglöckchen-Arten beheimatet Georgien acht.

Warum so viele? Vor etwa einer Million Jahren herrschte in Georgien ein tropisches Klima mit entsprechenden Pflanzen. Mit der letzten Eiszeit fanden viele davon, die in anderen Gegenden der westlichen Euro-Asien-Region ausstarben, in Bergschluchten, der Kolchischen Tiefebene und Teilen Ostgeorgiens Zuflucht. Durch die darauffolgende Ankunft frostresistenter Pflanzen vermischten sie sich nach und nach mit anderen und entwickelten sich gemeinsam weiter.

Folglich werden in dieser **geografisch abgeschlossenen Gegend** noch immer zahlreiche einzigartige Spezies gefunden – wie die Kaukasus-Alpenrose, das Kolchis-Efeu und die Kolchis-Stechpalme, der Imeretische Kreuzdorn und kaukasische Arten von Eiche, Tanne und Linde. Die Kaukasische Zelkove *(Zelkova carpinifolia)* steht auf der Roten Liste. Georgien hat bis heute zwei große, wertvolle **Hartholzwälder,** die nicht vom Ulmensterben betroffen waren, einen nahe Pankissi und einen im Ajameti-Reservat in der Nähe von Kutaissi. Wie viele von Georgiens seltenen Bäumen stehen sie unter Schutz, werden aber trotzdem verbotenerweise geschlagen.

Der **Frühling** ist eine bemerkenswerte Zeit im Kaukasus. Ganze Berghänge sind bedeckt mit weißen, blauen und gelben Blumen – manchmal durchsetzt mit den unverwechselbaren Flecken im Blutrot der kaukasischen Mohnblume. Dies ist zwar so auch in anderen Gebirgen zu finden, selten aber in dem gleichen Ausmaß oder mit der gleichen Diversität. Außerdem kann man in Georgien immer sicher sein, dass die Natur der Gärtner war.

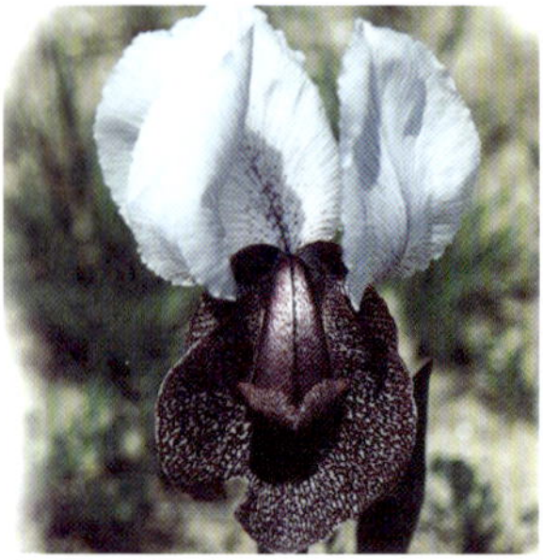

Schwertlilie *(Iris iberica).* Größere weiße und violette Schwertlilie (bis zu 50 cm, Blüte bis zu 10 cm), zu finden in trockenen Wiesenflächen bis auf 700 Meter, ausschließlich in Ostgeorgien. Ende März/Mai. Dort weitverbreitet, wird aber mehr und mehr in übermäßigen Mengen gepflückt und auf Märkten verkauft, sodass das Vorkommen nun rückläufig ist. Auf der Roten Liste. (Foto: Otar Abdaladze)

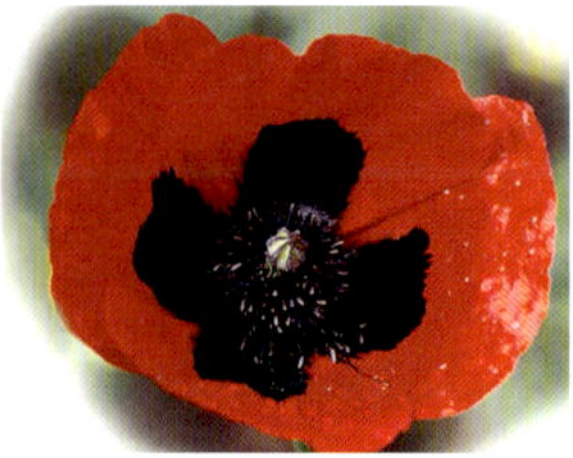

Mohnblume *(Papaver ocellatum)* – wahrscheinlich diese Unterart: gewöhnliche kaukasische Mohnblume. 2 bis 4 cm große Blüten. Blüht April bis Juni. Pflanzengröße 10 bis 40 cm.

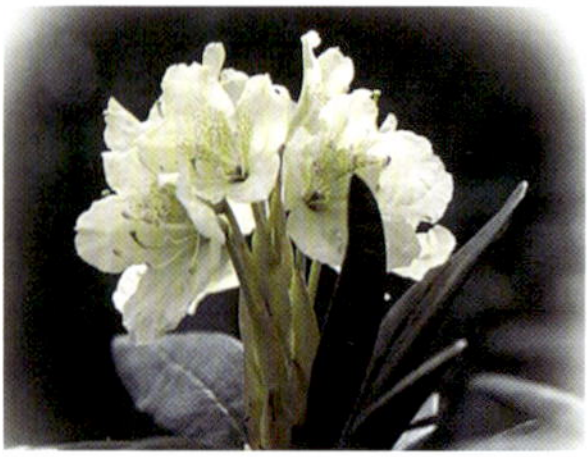

Kaukasus-Alpenrose *(Rhododendron caucasium).* Immergrüne Kleine Alpenrose bis zu 50 cm, zu finden zwischen 1600 und 3000 Meter, bedeckt ganze Berghänge. Fahlweiße und leicht blassrosa Blume. Mai und Juli. Außerhalb des Kaukasus selten.

Schneeglöckchen *(Galanthus lagodechianus).* Obere Waldgegenden, subalpin, zwischen 1600 und 2400 Meter, in Strauchwäldern und an Waldrändern. Kleine Blume. Blüht Februar bis April.

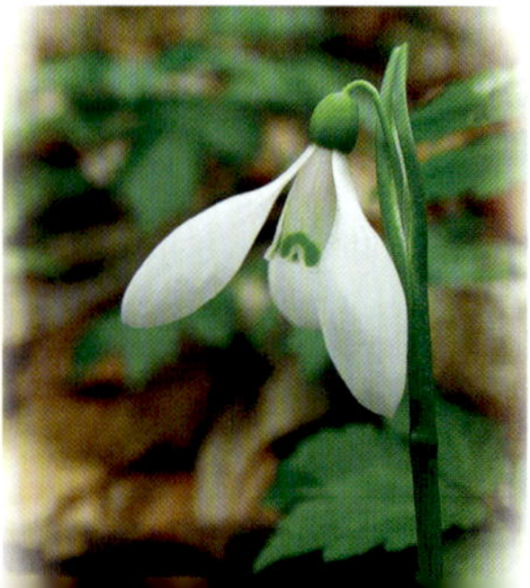

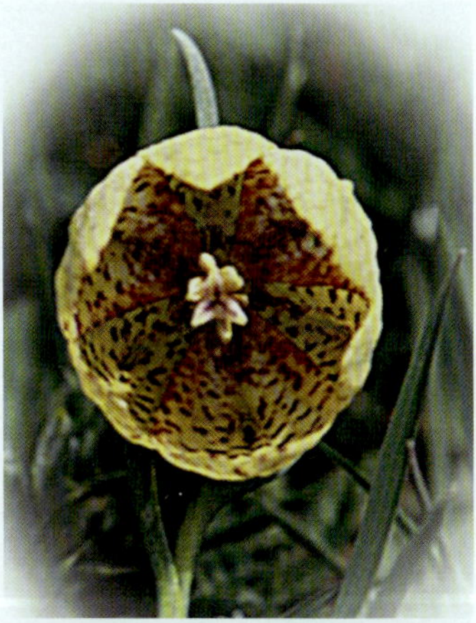

Schachblumen *(Fritillaria lutea)*. Ein immergrünes Kraut, bis 20 cm hoch. Wächst in niedrigeren Alpingebieten, Wiesen. Mai/Juni. Gilt als endemisch im Kaukasus. Ziemlich selten.

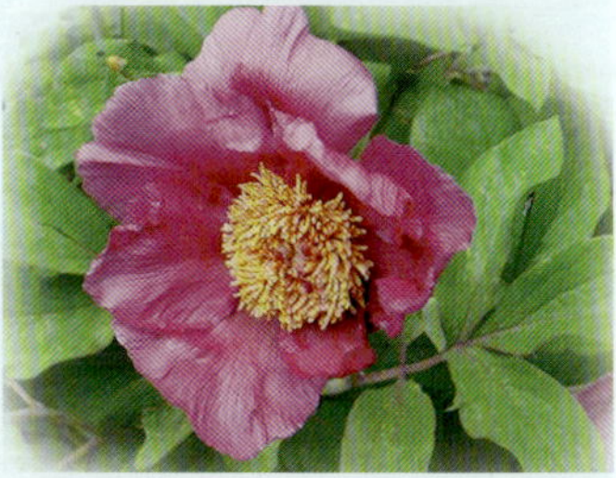

Pfingstrose *(Paeonia caucasica)*. Die am häufigsten vorkommende Pfingstrose in Georgien. Ausschließlich im Kaukasus. 300 bis 1500 Meter. Zu finden in Laubwäldern, einhergehend mit Eichen und Wäldern aus Hainbuche. Die Pflanze ist bis zu einem Meter groß, die Blüte 7 cm. April und Juni.

Azalee *(Rhododendron luteum)*. Georgiens einzige Sommer-Alpenrose. Bis zu zwei Meter. Zu finden in den subalpinen Berggegenden (um 2200 Meter). Gibt einen geißblattähnlichen Duft ab, der ganze Täler erfüllen kann (wie in Swanetien im Juni). Blüht von Mai bis Juni.

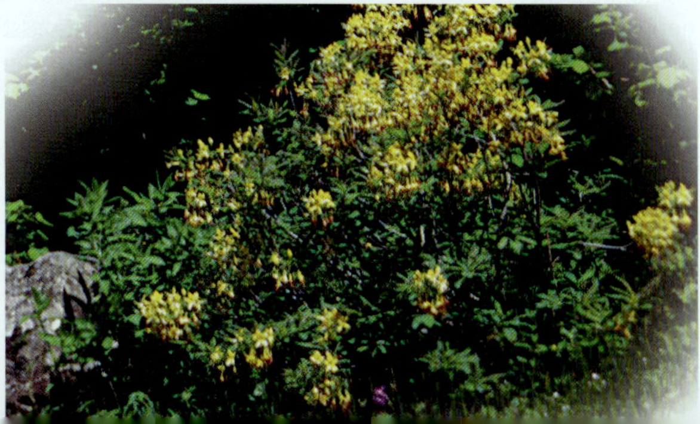

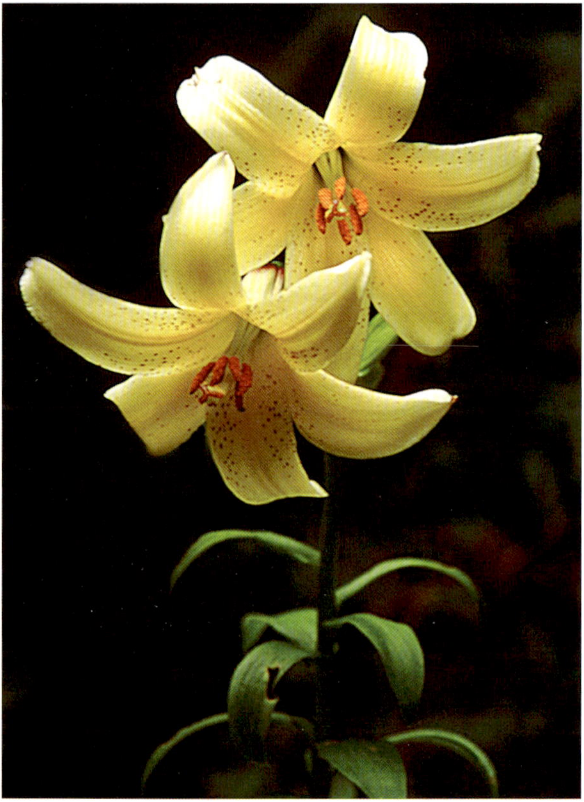

Lilie *(Lilium szovitsianum)*. Kräftig duftende, prachtvolle Lilie. Zu finden zwischen 400 und 2100 Meter, am Rand von Wäldern und subalpinen Weiden. Großer Blütenkopf, die Pflanze misst 40 bis 120 cm, blüht von Juni bis September. Wird oft von Einheimischen gepflückt – tun Sie es ihnen bitte nicht nach!

Für **wissenschaftliche Auskünfte zur Flora Georgiens** kontaktieren Sie bitte David Kikodze, kikodze.david@gol.ge.

Knabenkraut *(Dactylorhiza urvilleana)*. Zu finden auf hochgelegenen Bergwiesen auf ungefähr 1500 bis 2100 Meter. Bis zu 30 cm, Blüte 10 cm. Juni/Juli.

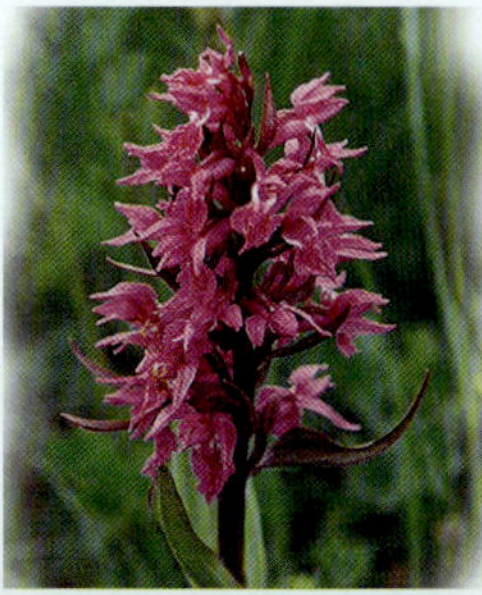

Nieswurz *(Helleborus caucasicus)*. Ungefähr 20 cm. Zu finden in Waldgebieten, an Straßenrändern und vom Meeresspiegel bis hoch auf 1400 Meter, Februar bis April. Eine der am frühesten zu blühen beginnenden Pflanzen Georgiens. Art der Roten Liste. (Das Foto wurde in Swanetien aufgenommen.)

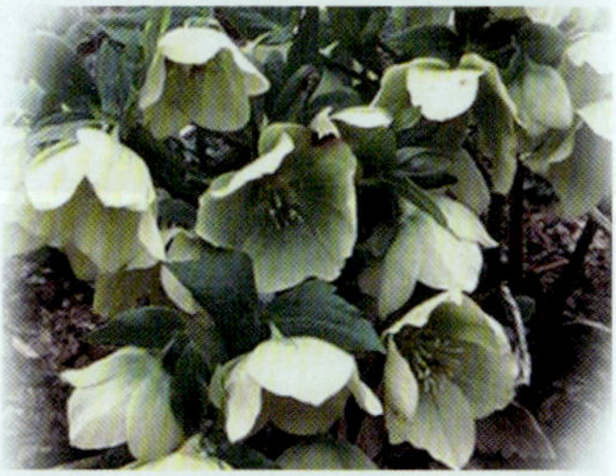

Wildtulpe *(Tulipa biebersteiniana)*. Kleine Blüte, bis zu 5 cm. Bis zu 20 cm hoch. Zu finden in den trockenen Gegenden Ostgeorgiens bis auf ungefähr 1200 Meter, April/Mai. Art der Roten Liste.

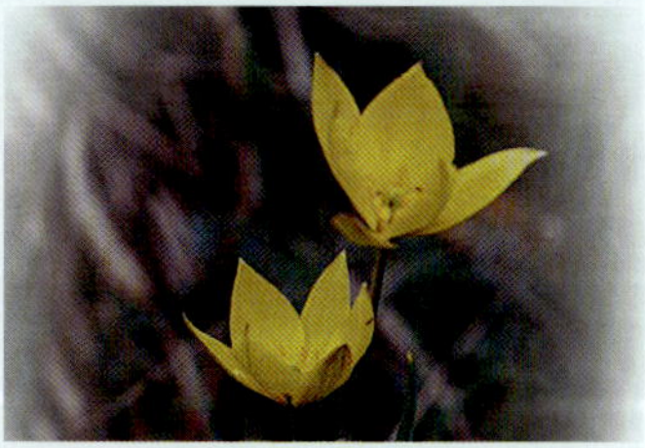

Salbei *(Salvia garedji)*. Zu finden in den Steppen um Dawit Garedscha. Bis zu 50 cm hoch. Wächst in Büschen. Mai bis Juli. Ausschließlich im Kaukasus.

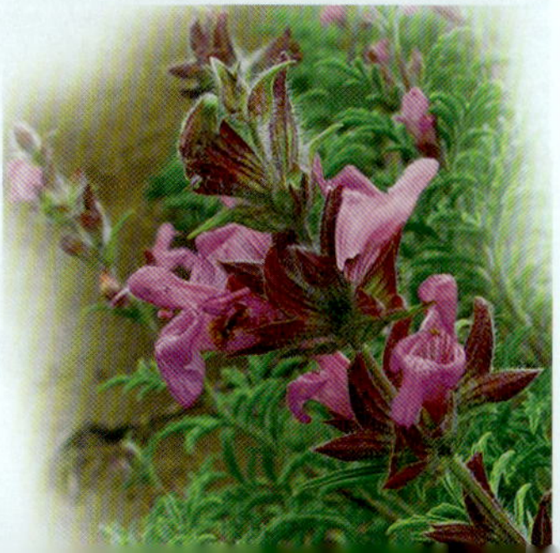

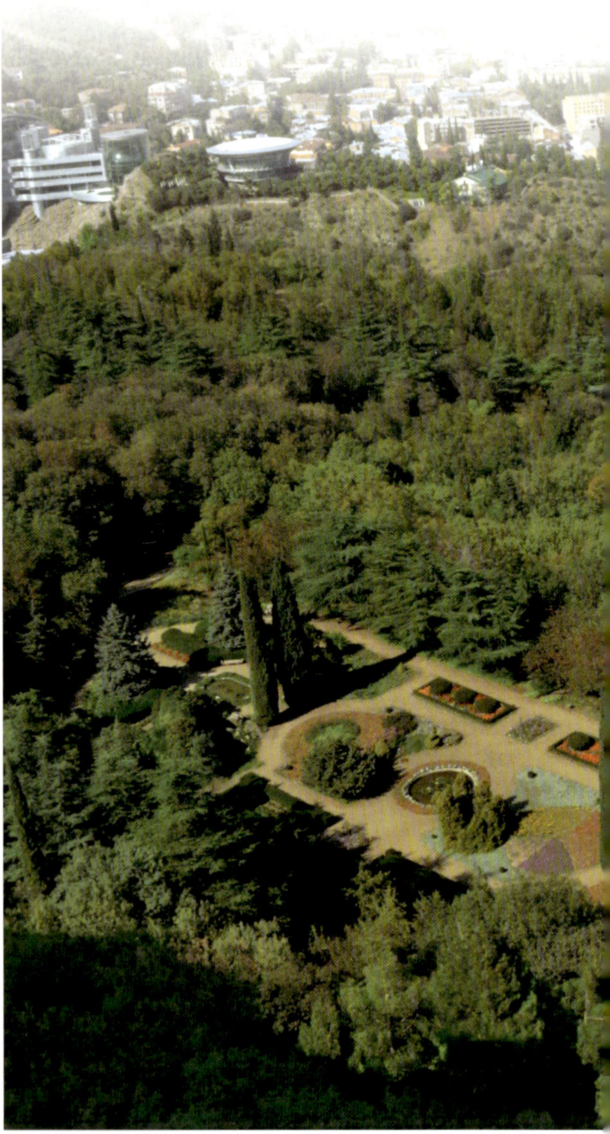

Tiflis

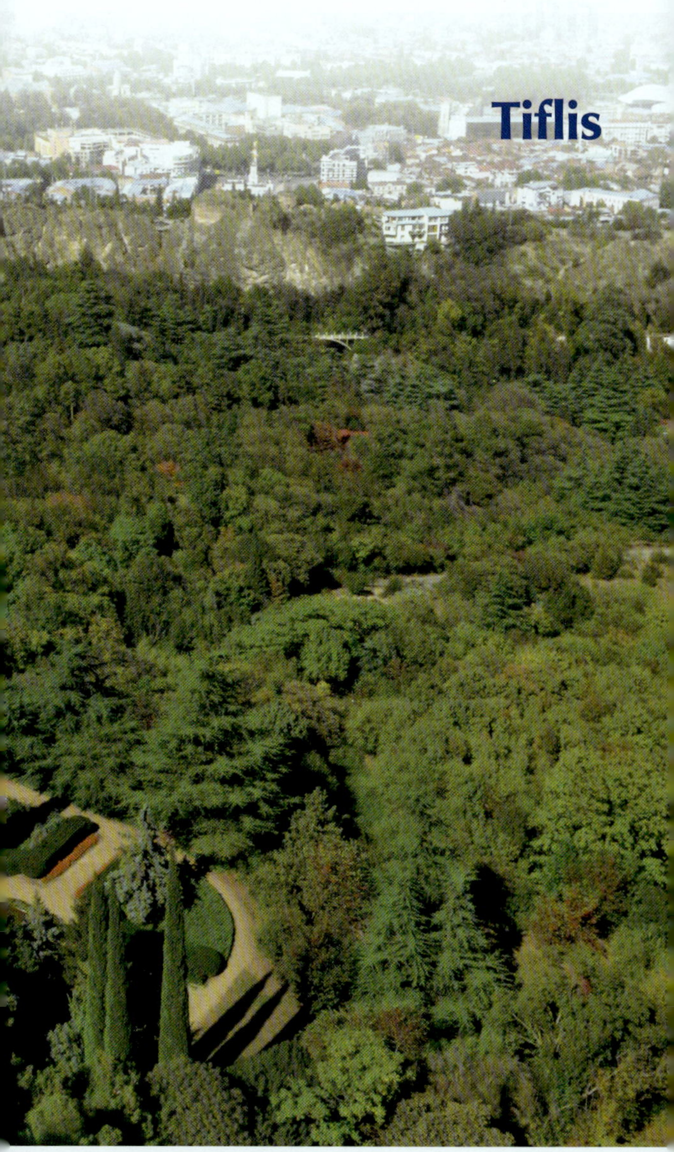

Tiflis

Geschichte

Das Wort „tbili" bedeutet „warm", und die Stadt Tiflis (georgisch „Tbilisi") folgt diesem Motto seit frühester Zeit. Tiflis entwickelte sich um die natürlichen **heißen Quellen** herum unterhalb der Nariqala-Festung aus dem 4. Jahrhundert und heißt Reisende seither stets willkommen – von Händlern der alten Seidenstraße bis zu George Bush im Jahr 2005. Ihr Ruf für ihre **Gastfreundlichkeit und Exotik** zog weite Kreise (ich stolperte sogar über eine Anspielung auf diese in Oscar Wildes „Das Bildnis des Dorian Gray" von 1891). Die **kuppelartigen Bäder** entwickelten sich schnell zu einem zentralen Punkt der Stadt. Karawansereien, Cafés, Kirchen, Moscheen und Synagogen entstanden. Straßen, die einstige Berufsbezeichnungen tragen, wie Silberschmied, Hufschmied, Färber oder auch Weinhügel, sind auch heute noch zu sehen.

Im frühen 19. Jahrhundert wurde die Stadt durch das neue Bündnis mit Russland zu einem **Treffpunkt für Schriftsteller und Künstler.** Puschkin, Lermontow, Tolstoi, Tschaikowski, Dumas, sie alle entspannten in den schwefelhaltigen Wassern, während sie über diese halb europäische und halb asiatische Stadt und ihre vielen Nationalitäten nachdachten. Nur einen Steinwurf entfernt befanden sich die Viertel der Juden, Aserbaidschanen und Armenier – mit ihren urigen Häusern mit Holzbalkonen. Seitdem sind die meisten Juden nach Israel emigriert; die Aserbaidschanen aber leben noch dort, mit entsprechenden Moscheen und Cafés (so auch die Armenier).

Die Altstadt von Tiflis ist einzigartig, hat unter dem jüngsten Einfall nachahmender Wiederaufbaumaßnahmen jedoch sehr gelitten. Als die Russen im Jahr 1795 nach Tiflis kamen – die Stadt war gerade von den Persern dem Erdboden gleichgemacht worden –, zog ein neuer architektonischer Stil ein, der

Kapitelstartseite: Der Botanische Garten von Tiflis, von oben gesehen. Der Garten hat ein neues Besucherzentrum und einen Bereich mit endemischen Pflanzen, der einen Besuch wert ist

elegante **russische Kolonialstil.** Insbesondere entlang der Rustaveli Avenue zu sehen, aber stellenweise auch in der Altstadt. Nach Georgiens kurzer, aber beeindruckender Periode der unabhängigen Herrschaft der Menschewiken erreichten die Bolschewiken im Jahr 1921 Tiflis und machten den Weg frei für die Sowjets und ihre „Umformung durch Zerstörung" – wie beispielsweise die Errichtung des Kais am unteren Ende der Altstadt. Zum Glück beendeten sie dieses Unternehmen an der Stelle, und so überlebten dort mehr Kirchen als in Russland.

Wenn Sie einem der zahlreichen Pfade den Hügel hinauf bis oberhalb der Altstadt folgen (beispielsweise Tour 1), sehen Sie schnell, wie passend die Stadt zwischen dem Sololaki-Gebirge im Westen und dem unsichtbaren Tiflis-See im Osten eingebettet ist. Man kann leicht erkennen, wie die **einzelnen Schichten der Geschichte** auf die Stadt einwirkten und sich auf natürliche Weise vom Herzen der Stadt nach außen hin ausbreiteten. Zuerst kommen die prachtvollen, vorrevolutionären, klassischen russischen Straßen, gefolgt von den Art-Nouveau-Fassaden der alten Stadtmauer, zunehmend übersäht mit stalinistischen Kreationen (wie das Parlament in der Rustaveli Avenue – ein „idealistischer" Ersatz für die wunderschöne gewölbte russische Kathedrale) und schließlich die sowjetischen Hochhäuser, die die Stadt von Osten und Norden einrahmen.

Inzwischen betritt Tiflis eine **neue Phase des Wiederaufbaus.** Die destruktiven sowjetischen Wohnblöcke mussten Präsident Saakaschwilis Vorliebe für Glas, Stahl und Nachbildungen weichen. Letztere nahmen einem Großteil von Tiflis' Altstadt (wie dem Bezirk Kala) die alte Bedeutung – siehe https://tbilisiheritagegroup.wordpress.com. Unter der neuen Regierung aber hoffen wir, dass eine neue Ära beginnt, in der lieber bewahrt wird als zerstört.

Nächste Seite: Altstadt von Tiflis – nahe dem Startpunkt der Wanderung am Botanischen Garten

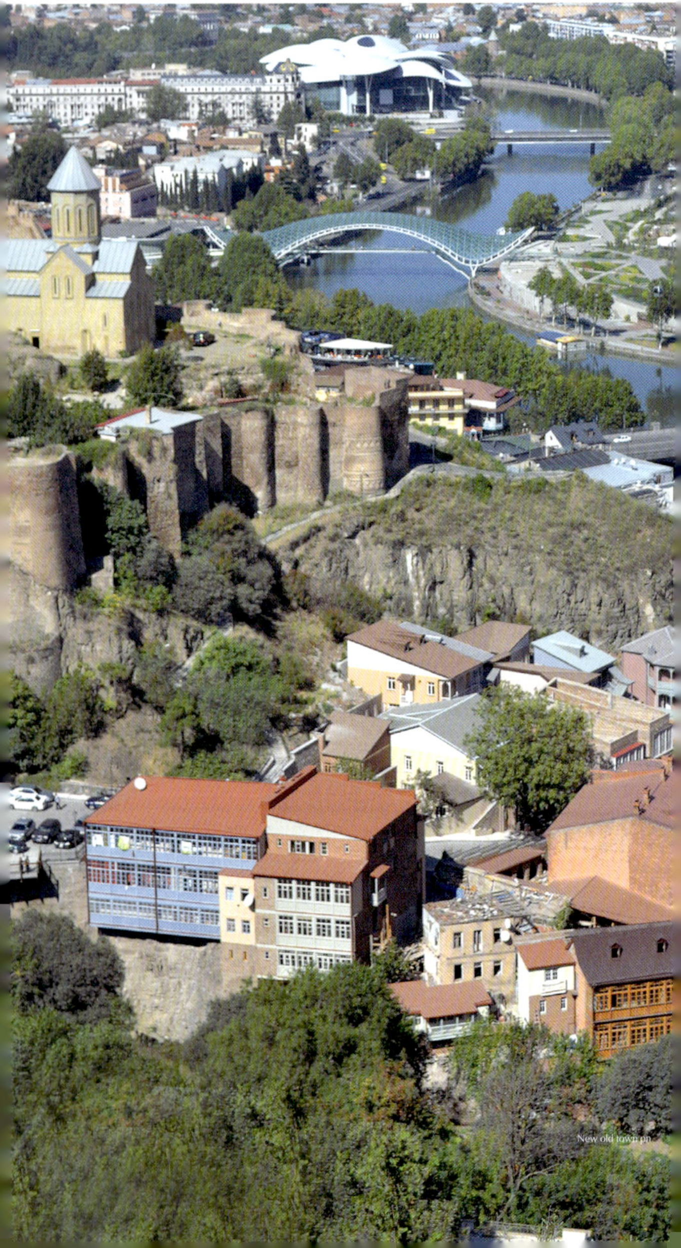

New old town pn

Tour 1
Botanische Gärten und die Festung Nariqala

Start: Tiflis, Abano-Viertel (Bäder)
Ende: Abano- oder Sololaki-Viertel
Typ: Rundwanderung
Zeit: ganzjährig
Dauer: 3 bis 4 Stunden (beachten Sie die Öffnungszeiten des Botanischen Gartens)
Aufstieg: 350 Meter
Maximale Höhe: 700 Meter
Schwierigkeitsgrad: einfach
Mobilfunksignal: durchgängig

Zusammenfassung

Diese Tour ist eine hervorragende Möglichkeit, sich in der Stadt zu orientieren und Tiflis' lange und beeindruckende Geschichte aus der Vogelperspektive kennen zu lernen (siehe vorherigen Abschnitt „Geschichte"). Die Wanderung beginnt in den aserbaidschanischen und jüdischen Vierteln der Altstadt, führt zwischen den alten Häusern hinauf zu der Anhöhe, auf der sich die **neue Kirche der Transfiguration** befindet – und Sie mit dem schönsten **Panoramablick** auf die Stadt begrüßt. Dann geht es denselben Weg hinunter, den Sie gekommen sind, und wieder hinauf zu den geschmackvoll restaurierten **Botanischen Gärten** – bis 2002/2003 eine von Unkraut und zerbrochenem Glas übersähte Ruine, heute ein Paradies aus Wasserfällen, Terrassen, heimischen Blumen, Bäumen und Büschen. Weiter geht es 3 km bergan durch das wilde Tal oberhalb der Gärten, bevor Sie den Abstieg beginnen. Verlassen Sie den Garten und betreten Sie die Mauern der **Festung Nariqala,** welche die gesamte Stadt überragt und die neu gebaute St.-Nikolaus-Kirche beschützt. Gehen Sie weiter hinauf bis zum schmalen Grat, bleiben Sie neben dem metallenen Rock der silbernen **Monumentalstatue Kartlis Deda** stehen, welche die „Mutter Georgiens" darstellt (eine fast identische Kopie der einstigen sowjetischen Version), dann machen Sie sich auf den Weg hinunter, entweder mit der Seilbahn über den Fluss nach **Rikhe** oder zu Fuß geradewegs ins **Abano-**

Viertel (Bäder) mit seinen kuriosen Cafés, Themen-Bars und Restaurants.

Wegbeschreibung

Die Wanderung beginnt **im Süden des Abano-Viertels am Ende der Grishashvili Street** (und könnte in einem der Bäder enden). Ich kehre gern in einem der aserbaidschanischen Teehäuser in der Grishashvili Straße ein. Wenn Sie einen Blick nach oben werfen, entdecken Sie bereits das Ziel der ersten Etappe – die Kirche der Transfiguration thront auf einem Hügel fast direkt über Ihnen.

Folgen Sie den Pflastersteinen bis zu einer Art T-Kreuzung am oberen Ende und biegen Sie rechts ab in die Barzovi Street (benannt nach dem georgisch-jüdischen Schriftsteller). Sie befinden sich nun in einem **ehemaligen jüdischen Viertel** von Tiflis (Juden waren in Georgien immer herzlich willkommen). Nun wird die Wanderung zu einer wahren „Altstadt"-Erfahrung: die Straße schrumpft und scheint schließlich unter Wäscheleinen zu enden.

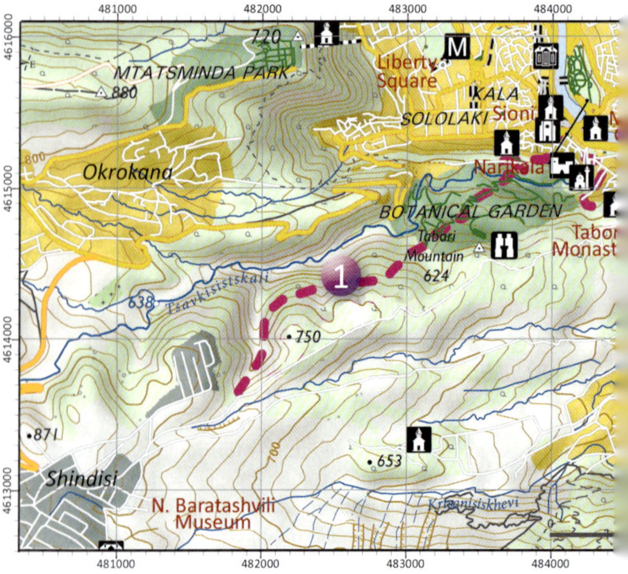

Schauen Sie jedoch geradewegs nach vorn und entdecken Sie die Steintreppe, die sich zwischen den Häusern hinaufwindet. Dort beginnt der Weg zur Kirche. Kaum befinden Sie sich oberhalb der Häuser, beginnt die **schöne Aussicht** auf die umwerfende Altstadt – und begleitet Sie einen Großteil des Wegs. Steigen Sie zur **Kirche** hinauf und genießen Sie das in meinen Augen schönste Panorama auf Tiflis. Leider wurde inzwischen ein Golfplatz gebaut, der die Stadt überragt.

Nun kehren Sie um und gehen Sie denselben Weg hinunter, den Sie gekommen sind, zurück ins Abano-Viertel; steigen Sie dort den Hügel hinauf, der gegenüber dem **Eingang zum Botanischen Garten** liegt. Bezahlen Sie den kleinen Eintrittspreis und erkundigen Sie sich nach den Öffnungszeiten. Gehen Sie hinein und überqueren Sie die Brücke zu Ihrer Linken. Folgen Sie der kurvenreichen Straße durch den Garten bis ganz nach oben. Behalten Sie im Hinterkopf, dass Sie die obere linke Seite des Tals entlanglaufen. Folgen Sie dem Weg hinauf und hinaus aus den Gärten, wo ein kurzes Stück der Straße asphaltiert wurde. An dem Punkt, an dem der asphaltierte Weg hinaufführt zu dem Golfhotel, stößt ein kleiner Weg von rechts hinzu, auf dem sich die linke Talflanke geradewegs nach oben weiterfolgen lässt. Dies ist Ihr Weg. Ihre Wanderung wird nun von **Hochspannungsleitungen** begleitet, die Sie den Feldweg links das Tal hinaufführen, Richtung Shindisi. Folgen Sie Ihnen ungefähr 3 km zum höchsten Punkt der Wanderung, wo die Stromleitungen auf die **neue Straße nach Shindisi** treffen (GPS N 41° 40.247 E 44° 46.522).

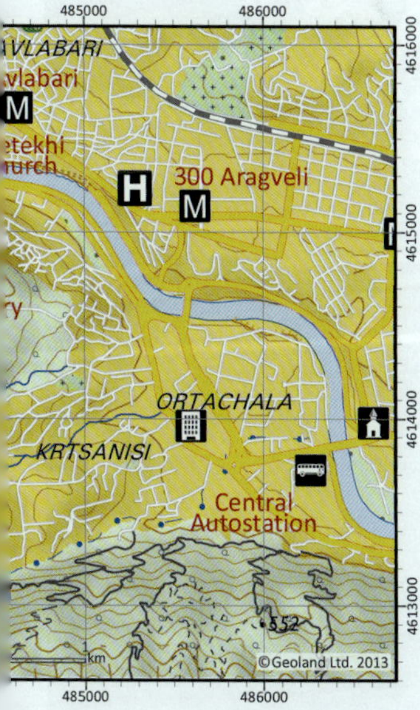

An dieser Stelle angekommen, schlage ich Ihnen vor, den Weg, den Sie gekommen sind, **zurückzugehen**

und den Botanischen Garten nach Ihrem Belieben zu genießen. Besuchen Sie unbedingt die Sektion einheimischer Pflanzen – wenn Sie von oben hinunterkommen, rechts – nützlich für eventuelle spätere Wanderungen hoch in die Berge. Die Pflanzen und Bäume sind mit Schildern versehen.

Wenn Sie sich von den Gärten genug haben verzaubern lassen, stehen Ihnen zwei Ausgänge zur Auswahl. Der erste ist der Haupteingang (an dem Sie bezahlt haben). Sind Sie wieder

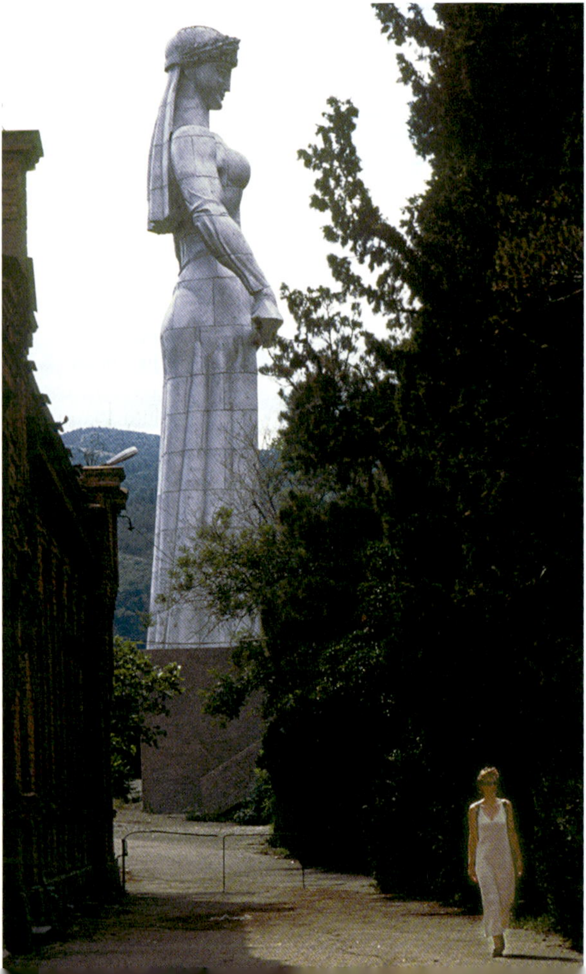

Mother G pn

draußen auf der Pflastersteinstraße, befinden sich ungefähr 50 Meter von den Toren entfernt Betonstufen, die nach links hinaufführen zur **Festung Nariqala** (aus dem 4. Jahrhundert, ursprünglich gebaut von den Persern, etliche Male zerstört und zuletzt in der postsowjetischen Zeit wiederaufgebaut, wie auch die Kirche St. Nikolaus). Steigen Sie nach ganz oben, genießen Sie weitere herrliche Ausblicke und halten Sie dann nach dem Weg Ausschau, der sich unterhalb befindet und zur früheren Komsomol-Gasse hinaufführt. Dort befindet sich die berühmte silberne **Statue Kartlis Deda** (die „Mutter Georgiens"). Viele Georgier wollen nicht glauben, dass es sich dabei tatsächlich um eine Kopie der originalen Mutter-Heimat-Statue aus den frühen 1990er Jahren handelt – etwas mehr im Stil der Freiheitsstatue. Zollen Sie ihr Ihren Respekt. Und wenn Sie müde oder bequem sind, nehmen Sie anschließend die **Seilbahn hinunter nach Rikhe** (wenn Sie noch etwas Aufregung vertragen können, warten Sie auf die Kabine mit Glasboden).

Um die **zweite Ausgangsmöglichkeit** aus den Gärten zu finden, schauen Sie auf halbem Weg hinab hoch zum Kamm, auf dem sich die Mutter Georgiens befindet, und gehen Sie in ihre Richtung. Bald entdecken Sie Stufen zum Kamm hinauf und einen zweiten Ein- bzw. Ausgang, nahe der neuen Seilbahn. Wenn Sie oben angekommen sind, schließen Sie sich den Touristen an, gehen Sie den Weg zur Nariqala- Festung hinunter und dann auf den darunterliegenden **Maidan Square.** Oder nehmen Sie die Seilbahn. Für welchen Weg auch immer Sie sich entscheiden, sollten Sie am Ende im **Abano-Viertel** ankommen. Wählen Sie nun Ihr **Bad.**

Hinweis: Informationen zur Kultur und Geschichte finden Sie auf www.nationaltrustofgeorgia.org.ge.

Die „Mutter Georgiens"

Tour 2
Swanischer Turm und das Ethnografische Museum

Start/Ende: Eingang Vake-Park (Chachavadze Avenue)
Typ: Rundwanderung
Zeit: ganzjährig
Dauer: 2 Stunden (planen Sie eine weitere Stunde zum Besichtigen des Museumsparks ein)
Aufstieg: 350 Meter
Maximale Höhe: 800 Meter
Schwierigkeitsgrad: einfach
Mobilfunksignal: durchgängig

Westgeorgisches Haus im Vake-Park

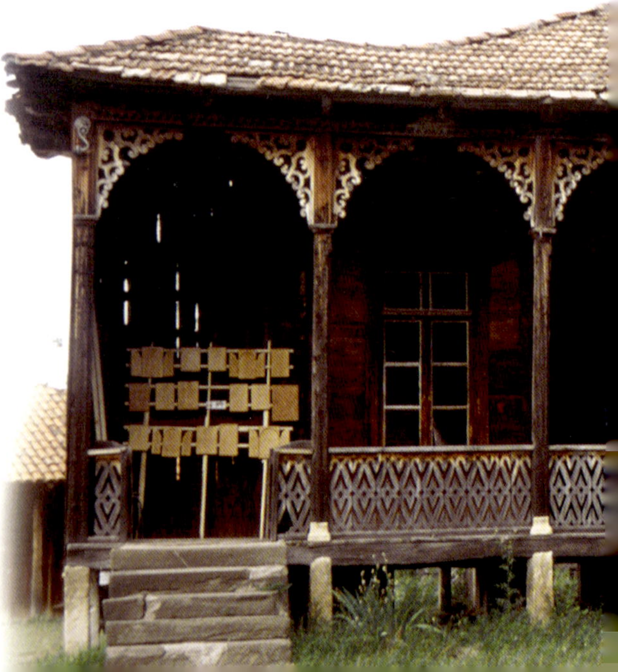

Zusammenfassung

Eine **schöne, kurze Wanderung,** die ein **Mittagessen** in einem von Tiflis' traditionellsten Restaurants (Racha) beinhalten könnte sowie einen Besuch des recht großen Freilichtmuseums, dem **Ethnografischen Museum.** Beides ist hervorragend und eignet sich gut als Ergänzung eines Sonntagsspaziergangs. Die weniger Fitten können die ersten 200 Meter Anstieg mit der Seilbahn erledigen (wenn sie funktioniert) - bis hoch zum Schildkrötensee - dies würde die Wanderung jedoch in reines Sightseeing verwandeln. Das Ziel ist beinahe den ganzen Weg über zu sehen: der große **swanische Turm,** der oberhalb des Schildkrötensees einsam auf einem Hügel steht. Der Anstieg ist zunächst mit sich kreuzenden Wegen und Trampelpfaden versehen, die diverse Varianten bieten, sollte der hier beschriebene „gerade Weg nach oben" zu anstrengend sein. Die Route beinhaltet eine Anzahl von Wahrzeichen der Stadt Tiflis, darunter den **Vake-Park,** den ehemaligen Victory Park der Sowjets mit seiner dramati-

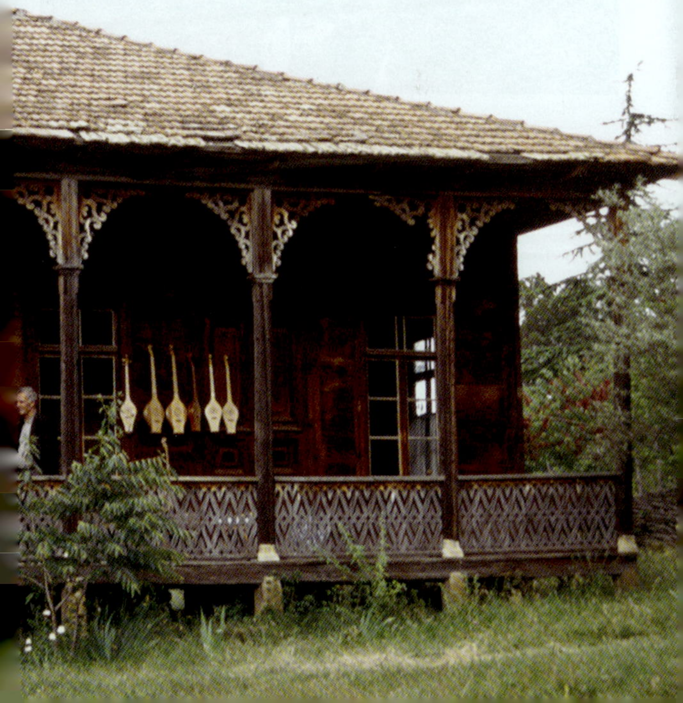

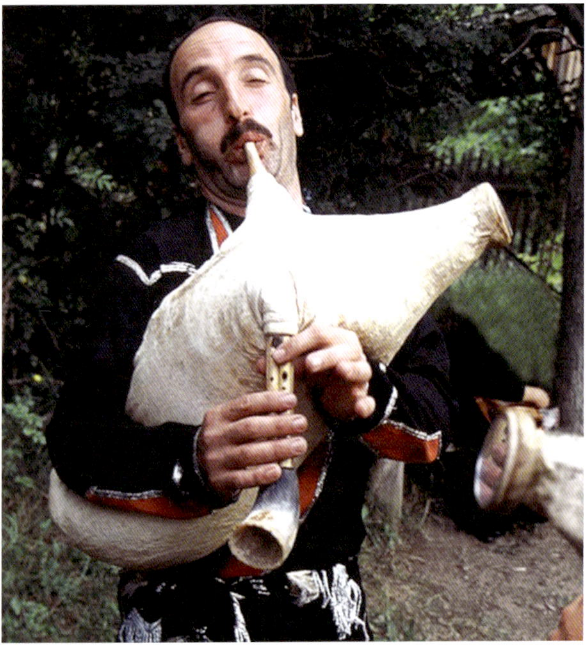

schen schwarzen Statue **Lady Victory,** die auf die Stadt hinabblickt, das Mini-Resort am **Schildkrötensee** inklusive Bademöglichkeiten, Bootsfahrten und Restaurants, dem großen swanischen Turm, der aus abgezählten Steinen besteht, die den ganzen Weg aus Swanetien dorthin getragen wurden, und schließlich das ausgezeichnete Ethnografische Museum mit seinen authentischen georgischen Holzhütten, die als das am meisten „Georgische" in der dortigen Architektur gelten. Das Restaurant Racha ist eines davon, es liegt im oberen Teil des Parks. Das Essen wird dort auf einem authentischen Holzherd gekocht und entweder in einem fensterlosen, mit Teppichen behangenen Raum mit Holzwänden und großem Kamin serviert oder auf seinem geräumigen Balkon mit Panoramablick auf ganz Tiflis.

Georgischer Dudelsackspieler bei einem der Kunstfestivals des Parks

Anmerkung: In den späten 1990er Jahren wurden einige wenige Überfälle im Vake-Park gemeldet. Seitdem aber habe ich von keinen mehr gehört. Wenn Sie sich unsicher fühlen, machen Sie diese Wanderung nicht allein.

Wegbeschreibung

Gehen Sie vom Haupteingang in der Chavchavadze Avenue die Stufen hinunter in den **Vake-Park** und begeben Sie sich direkt zur **Lady Victory.** Unterwegs kommen Sie an Brunnen vorbei, einer sozusagen nicht-ewigen Flamme und schließlich stehen Sie vor einer steinernen Treppe, die zu der großen schwarzen Statue hinaufführt. Der Park ist dem Deutsch-Sowjetischen Krieg (Zweiten Weltkrieg) gewidmet und wird von dieser imposanten, kupfernen Frau dominiert, die mit wehendem Umhang die Kraft des Fortschritts verbildlicht. Obwohl sie ungewöhnlich jung ist und mögliche georgische Züge aufweist, übte sie unterschwellig eine Bedrohung auf die anständigen sowjetischen Bürger aus – da dies nun der Vergangenheit angehört, mag sie nun als glorreiches Symbol des Siegeszugs des Feminismus angesehen werden.

Steigen Sie die lange Treppe nach oben, bewundern Sie die Statue und begeben Sie sich dann auf direktem Weg in den **Wald.** Orientieren Sie sich an den **Drähten der Seilbahn,** die sich über Ihnen in der Luft befinden, und wählen Sie einen der zahlreichen Wege, die weiter hinaufführen. Halten Sie nach Vögeln Ausschau – ich habe dort mehrere Male einen Wiedehopf gesehen. Schließlich gelangen Sie auf den Weg zum **Schildkrötensee,** der sich circa 100 Meter vom Gipfel-Parkplatz entfernt befindet. Dort gibt es Erfrischungen – besonders im Sommer beliebt, vielleicht kühlen Sie sich sogar in dem kleinen bewachten Schwimmbereich des Sees ab.

Ansonsten machen Sie sich auf den Weg **Richtung Turm,** indem Sie den rechten oberen Pfad einschlagen, der vom Parkplatz weg- und zum Metalltor hinführt. Gehen Sie jedoch nicht hindurch, sondern halten Sie sich links, umrunden Sie den kleinen Turmhügel und steuern Sie auf ein zweites Tor zu. Gehen Sie durch dieses hindurch oder durch den nahe gelegenen kaputten Zaun. Spazieren Sie zum Turm hinauf und genießen Sie die **Aussicht.** Hineinzugehen ist nicht empfehlenswert – zu der Zeit, als ich dies schrieb, hing lediglich ein Seil gefährlich am unteren Fenster. Statt des Turms – ein etwas deplatziertes Wahrzeichen Georgiens bewegendster Region – besuchen Sie besser das Mestia House Museum in Swanetien.

Hinunter: Wandern Sie den Kamm entlang vom Turm weg (westlich) und folgen Sie schließlich dem Pfad nach rechts. Der führt Sie zum ersten Metalltor zurück, dem Sie auf dem Hinweg bereits begegnet sind. Gehen Sie nicht hindurch. Folgen Sie stattdessen dem Pfad zu Ihrer Linken. Dieser führt Sie im Zickzack hinab zum oberen Ende des Parks und den ersten charmanten Holzhäusern. Bevor Sie sich versehen können, gelangen die Düfte der Küche des **Restaurants Racha** in Ihre nun empfänglichen Nasenlöcher. Sie haben die Wahl: anhalten und essen oder weitergehen. Wofür auch immer Sie sich entscheiden, nehmen Sie nicht die Straße, sondern betreten Sie den **Hauptbereich des Ethnografischen Parks,** der sich hinter dem Restaurant befindet. Gehen Sie abwärts und bewundern Sie **einen der**

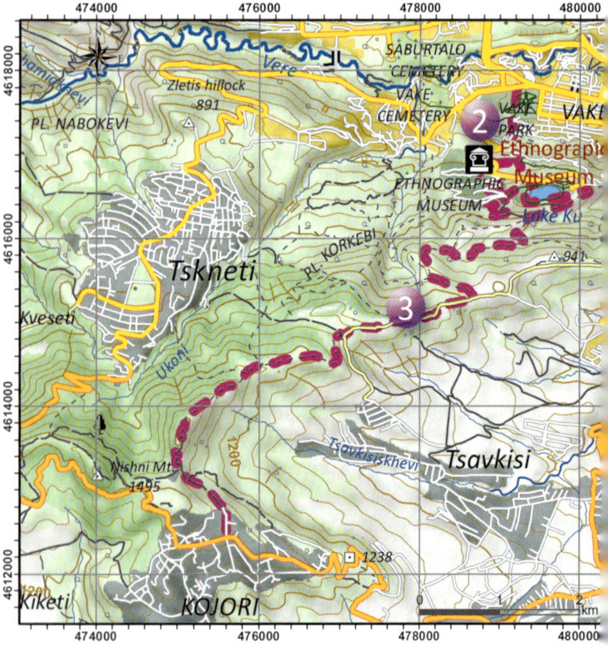

besten Bestände regionaler Holzhütten in ganz Georgien – heute findet man diese immer weniger und überwiegend im Westen Georgiens. Werfen Sie unbedingt einen Blick hinein. Verlassen Sie den Museumspark durch das Haupttor, gehen Sie nach links die Straße hinunter, wieder rechts und am Ende gleich wieder rechts auf einem Feldweg zurück in den Wald. Folgen Sie diesem, bis Sie die Drähte der Seilbahn wieder über sich sehen. Nun ist der Kopf der Lady Victory gelegentlich durch die Bäume zu erspähen. Wählen Sie einen der Pfade und gehen Sie zu ihrem Sockel hinab – und schließlich die Granittreppe hinunter und zurück in den Vake-Park.

Ein Tipp fürs Abendessen: Wenn Sie später am Tag losgehen, können Sie das Restaurant Racha zum Abend- statt zum Mittagessen besuchen – lassen Sie sich danach von einem Taxi zurückbringen (der Museumspark ist dann wahrscheinlich schon geschlossen). Am besten im Sommer und im Herbst.

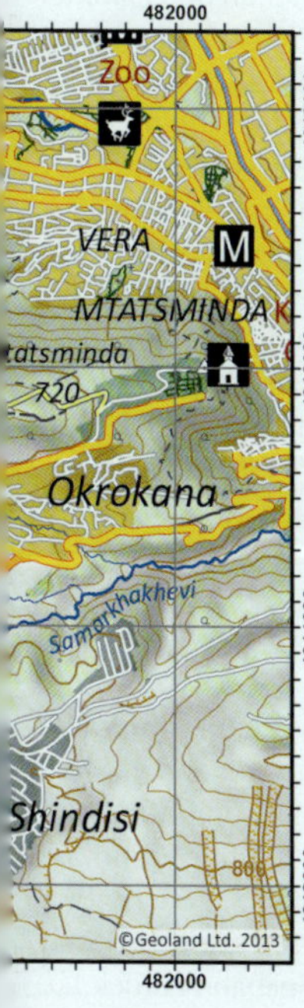

Tour 3
Kojori

Start/Ende: Eingang Vake-Park, Ende des Hauptplatzes in Kojori
Typ: Hinweg
Zeit: ganzjährig
Dauer: 4 bis 5 Stunden (abhängig vom Startpunkt)
Aufstieg: 900 Meter
Maximale Höhe: 1425 Meter
Schwierigkeitsgrad: einfach (mit Ausnahme des steilen Pfades am Anfang)
Mobilfunksignal: durchgängig

Zusammenfassung

Eine herrliche **Tageswanderung** direkt von Tiflis aus, einen grandiosen Kamm entlang, der noch ein Stück näher an den Himmel heranführt und einen herrlichen Blick auf die Stadt und den oberen Kaukasus gewährt. Wenn Sie schließlich auf 1420 Metern an den Wolken kratzen, gelangen Sie zu einer Kirche/einem Kloster und steigen wieder hinab in das **malerische, verschlafene Dorf Kojori,** das 1000 Kilometer von Tiflis entfernt zu sein scheint – tatsächlich sind es nur 15 Kilometer (Landstraße) und über diese Route etliche weniger.

Wegmöglichkeiten gibt es viele und alle sind recht einfach. Die Pfade sind breit und gut ausgetreten – und auch wenn sie oft abzweigen, orientieren Sie sich einfach an Ihrem Ziel, dem **Kamm,** und schließlich dem höchsten Punkt der gesamten Wanderstrecke. Damit im Hinterkopf können Sie sich nur schwer verlaufen.

Wegbeschreibung

Beginnen Sie an der großen Statue der **Lady Victory im Vake-Park** (siehe Tour 2) und gehen Sie hinter ihrem wehenden Mantel die steilen, matschigen Pfade direkt hinauf zu dem Weg, der zum Parkplatz am Schildkrötensee *(„kutsba“)* führt. Wenn Sie sich in den Wäldern verlaufen sollten, schauen Sie nach oben und folgen Sie den Drähten der Seilbahn. (Manche legen diesen Teil des Wegs lieber mit dem Auto oder der Seilbahn zurück.)

Oben angekommen wenden Sie sich nach rechts, wandern Sie die westliche obere Seite des Sees entlang und schlagen Sie am südwestlichen Ende des See-Rundwegs den Pfad ein, der den **Berg hinaufführt** (weit rechts, wenn Sie ihn vom Parkplatz aus betrachten). Folgen Sie ihm (und den Joggern) über den östlichen Quergang bis ganz nach oben und gehen Sie dann den **Kammrücken** entlang zurück - bleiben Sie auf dem größeren Weg bis zu seiner **höchsten Stelle** (GPS N 41° 41.852 E 44° 45.117, Höhe 830 Meter) und folgen Sie ihm dann wieder hinunter in einen Wald auf der anderen Seite - weg von dem großen Mast oben auf dem Rücken des Kamms.

Weiter geht es hinunter in eine **Waldgegend** voller Vogelgesang, verschiedenster Bäume und Wildblumen. Nach und nach verschwinden die Jogger und Fahrradfahrer und die Natur nimmt wieder Überhand - insbesondere die Schmetterlinge (vor allem von Mai bis Juli). Nach 20 Minuten stetigem Wandern durch eine herrliche Waldlandschaft erreicht der Pfad einen **Walnussbaum-Hain** (halten Sie nach den **Roten Eichhörnchen** Ausschau, die im Spätseptember von Baum zu Baum springen)

Eurasisches Eichhörnchen

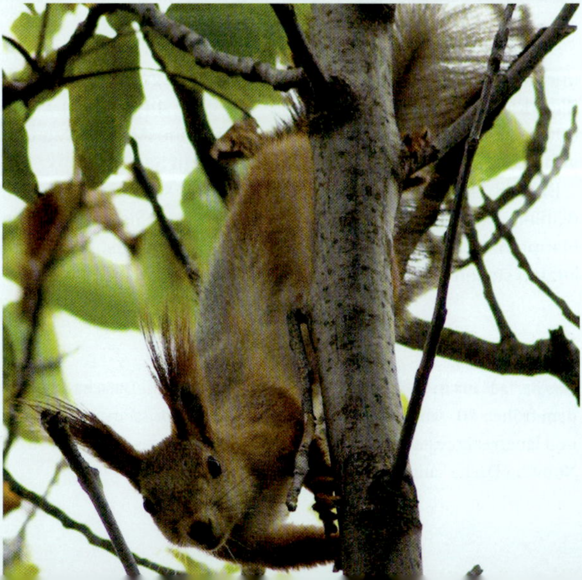

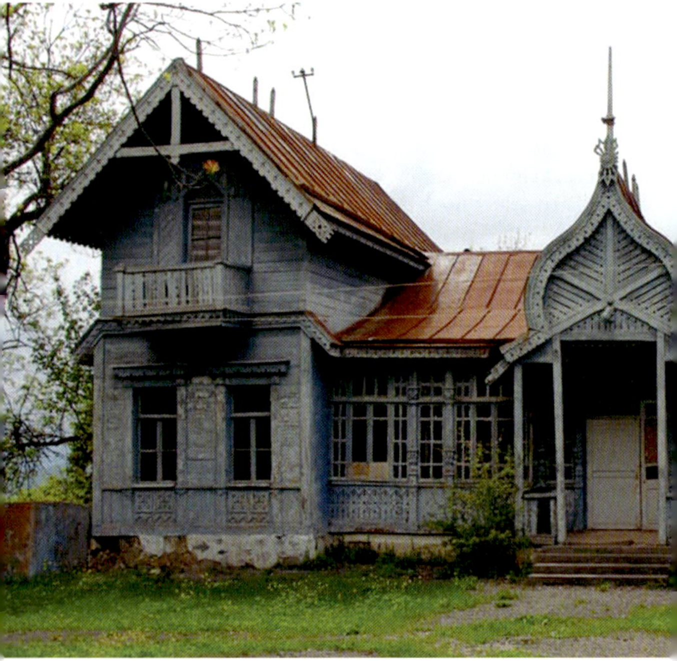

und schwingt nach rechts zu einer **Vierwege-Kreuzung** mit Blick Richtung Norden (GPS N 41° 41.655 E 44° 44.440, Höhe 890 Meter). Biegen Sie nun rechts ab auf eine Art Feldweg und gehen Sie weiter westlich aufwärts, weg vom See.

Bald überqueren Sie einen Hang (wenn sich ein Weg teilt, wählen Sie immer den größeren), wandern Sie hinauf zum Haupt- bzw. **höchsten Kamm des Trialeti-Gebirges.** Nach dem letzten steilen Stück bekommen Sie rechts einen 100 Meter lan-

Das Beria-Haus in Kojori: Eine wundervolle Jugendstil-Datscha aus dem frühen 20. Jahrhundert, die hoffentlich der Abrissbirne entgehen und langfristig restauriert werden wird. Siehe dazu das Buch „The Art Nouveau Dacha" auf www.mtapublications.co.uk.

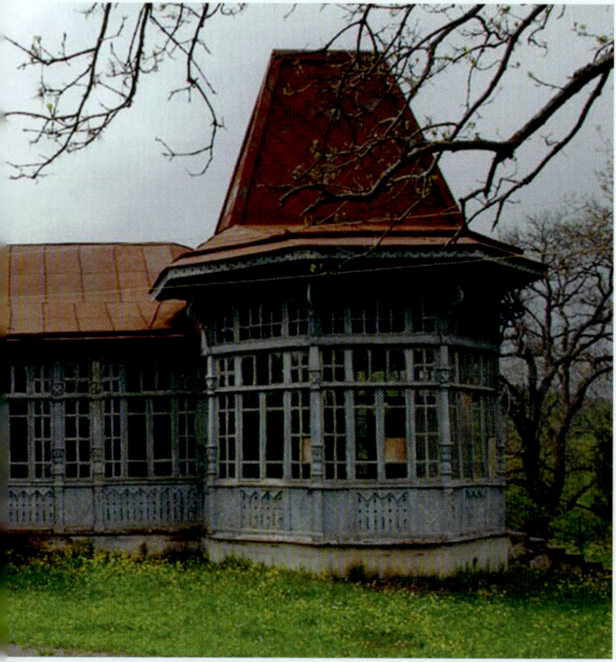

gen Umweg geboten mit **fabelhaften Aussichten auf Tskneti** – schwer zu widerstehen. Trinken Sie etwas, machen Sie ein Foto, und kehren Sie dann auf den Hauptweg zurück und folgen ihm bis zu einer T-Kreuzung. Gehen Sie nicht hinunter, sondern biegen Sie nach links ab – auch wenn dies zunächst falsch erscheint, weil der Weg wieder Richtung Tiflis führt – und folgen ihm etwa einen halben Kilometer. Dann kommen Sie zu einer weiteren **Kreuzung direkt auf dem Kammrücken,** wo zwei Feldwege von rechts dazustoßen (GPS N 41°41.360 E 44° 44.616, Höhe 985 Meter).

Biegen Sie hier ab und folgen Sie dem **Pfad, der geradewegs zum Zentrum des Kamms** führt. Folgen Sie ihm die nächsten zwei Stunden und beobachten Sie, wie sich die Schönheit der Aussicht hinter Ihrem Rücken erheblich steigert. Sie kommen an betonartigen Wassertanks vorbei, an einem Haus mit einem

Hund (der bellt, aber meines Wissens nach nicht beißt), danach teilt sich der Pfad. Gehen Sie weiter hinauf und bleiben Sie auf der Hauptroute hinauf zur Kammmitte. Der Weg wird schmaler, steiler und die Aussicht entfaltet sich nach allen Seiten, bis Sie schließlich an der **Udsu-Kirche mit Kloster** ankommen, die sich auf einem kleinen kahlen Fleckchen Erde auf einem Felskopf niedergelassen haben. Darunter ist sogleich die erste kleine Siedlung von Kojori zu sehen.

Meiden Sie das Kloster – es sei denn, Sie mögen gelangweilte, verärgerte Hunde – und folgen Sie dem Feldweg in den Wald hinein. Dieser trifft schließlich auf eine befestigte Straße, auf der Sie sich rechts halten und über den Kamm in den oberen Teil des Dorfes Kojori gelangen – ein Großteil davon wurde in den frühen 1920er und 30er Jahren gebaut. Halten Sie nach den **Art-Nouveau-Datschas** Ausschau und den schönen Häusern aus den frühen Jahren der Sowjets mit ihren Kuppeln, Balkonen und verglasten Wintergärten. Diese Straße führt direkt zu **Kojoris angenehm leerem Hauptplatz mit Brunnen** – die Hauptstraße führt zurück nach Tiflis (und einer Marschrutka-Haltestelle). Dort finden Sie einen Laden – gut für eine kurze Erfrischungspause mit einem Saft.

Wenn Sie ausreichend Zeit haben (idealerweise circa zwei Stunden), können Sie weitergehen zur prächtigen **Kojori-Festung.** Dazu verlassen Sie den Hauptplatz bergauf und nehmen den ersten Weg links hinunter. Gehen Sie dann um den Hang herum. Bald werden Sie hin und wieder flüchtige Blicke auf den spektakulären, steinigen Abriss der Kojori-Festung *(„sikhe")* erhaschen, der den Horizont zwei Kilometer westlich unterbricht. Gehen Sie direkt auf sie zu und steigen Sie die Metalltreppe rechts hinauf. Pausieren Sie oben zwischen all den Bussarden und tieffliegenden Tauben.

Optionen für den Rückweg

1) Auf schnellstem Wege: Nehmen Sie Bus **Nummer 10** von einer der zahlreichen Haltestellen in Kojori zurück nach Tiflis (fährt zur Zeit stündlich). Nehmen Sie auf keinen Fall Bus 106, denn der fährt in die entgegengesetzte Richtung! Ich bin auch schon mit dem Taxi gefahren oder habe mich von freundlichen Einheimischen mitnehmen lassen, die sich dann strikt geweigert haben, von mir Geld anzunehmen.

2) Gehen Sie **den Weg zurück, den Sie gekommen sind** – dies ist jedoch ein extrem langer Weg und nur den Schnellen und Fitten zu empfehlen. Sind Sie ein durchschnittlicher oder langsamer Wanderer, wollen daraus aber eine Tagestour machen, lassen Sie die Kojori-Festung aus und drehen Sie vom höchsten Punkt des Wegs um, der Udsu-Kirche, kurz vor Kojori – so würde daraus eine Wanderung von 6 bis 7 Stunden, aber eine hervorragende, weil Sie auf dem Rückweg den gesamten Weg über eine fantastische Sicht auf Tiflis haben.
3) Finden Sie den **Feldweg,** der von der rechten oberen Seite Kojoris das Tal hinunter **nach Tskneti** führt – was ungefähr eine Stunde dauert. Achtung: Ich habe ihn mal verpasst und musste den gesamten Weg an der Straße entlang laufen. In Tskneti, das Beverly Hills von Tiflis, können Sie einen der zahlreichen Busse zurück nach Tiflis nehmen.

Anmerkung: Zur Zeit gibt es keinen Bus von Kojori nach Tskneti, dieses Stück muss also gelaufen werden. Wenn Sie den Pfad verpassen und die Straße entlanglaufen (ist mir passiert), dauert dies mindestens 2 bis 3 Stunden.

Touren 4/5
Karsani und die Kapelle der Heiligen Nino

Start/Ende: Restaurant Sachashnike nahe Mtskheta
Typ: hin und zurück oder als erstklassige Rundwanderung
Zeit: ganzjährig
Dauer: 4 bis 5 Stunden oder 5 bis 6 Stunden (Rundwanderung)
Aufstieg: 500 oder 600 Meter
Maximale Höhe: 975 Meter
Schwierigkeitsgrad: einfach oder mittel, wenn Sie die Rundwanderung wählen
Mobilfunksignal: durchgängig

Zusammenfassung

Ein neuer Lieblingsweg. Von Tiflis aus ist er gut zu erreichen (20 Minuten mit dem Taxi) und bietet eine **atemberaubende Wanderung entlang eines Kamms** für ganze anderthalb Stunden. Beginnen und beenden Sie Ihren Ausflug an **einem der berühmtesten Restaurants Georgiens** (Heim des georgischen Bohneneintopfs *„Lobio"*, der in kleinen Tontöpfen und mit Maisbrot serviert wird). Schauen Sie von oben hinab auf ein ehemaliges großes Siedlungsgebiet – möglicher Ursprung der berühmten Bergjuden, die dort Rast machten als sie die alte Seidenstraße entlangreisten. Ein **Schmetterlingsparadies** – vor allem im Juni und Juli. Die Rundwanderung bietet enorme Ausblicke auf beiden Seiten des Kamms. Manchmal verschwindet ein Pfad, alternative Wege lassen sich aber schnell finden; schöne Aussichten befinden sich meistens senkrecht auf der linken Seite. Rechts blicken Sie hinunter auf den Tiflis-See. Am Fuße können Sie je nach Wunsch die großen und gut erhaltenen **römischen Ruinen** (mit Bädern) aus dem 1. Jh. v. Chr. besichtigen. Die längere Rundwanderung bringt Sie direkt dorthin. Für den Rückweg lässt sich in der Regel problemlos ein Taxi finden.

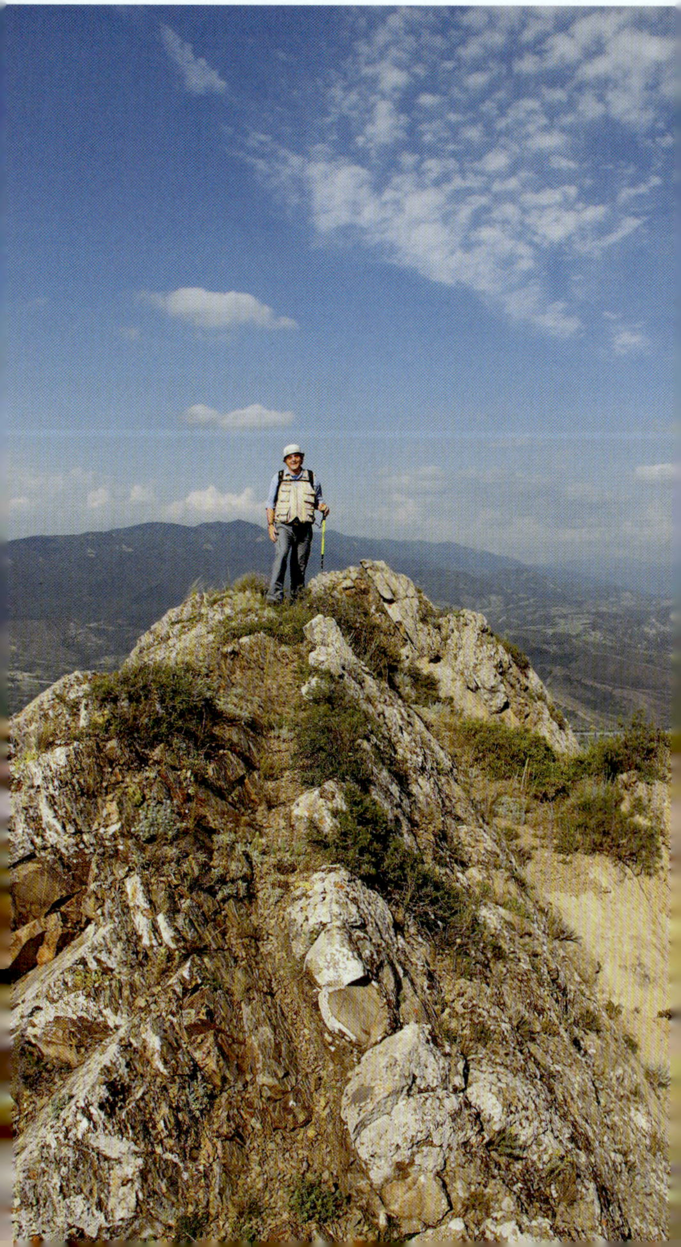

Wegbeschreibung

Beginnen (und enden) Sie am berühmten **Lobio-Haus Sachashnike** in der Mtskheta Road (ca. 3 km vorm Dorfeingang, gleich nach der Abbiegung von der **Hauptstraße Richtung Gori** (GPS N 41° 49.704 E 44° 43.525, Höhe 460 Meter). Verlassen Sie den Ort in Richtung Norden (Mtskheta), entweder entlang der Straße bis zu dem Schild, das nach Karsani zeigt (dann biegen Sie links ab und gehen unter der Eisenbahnbrücke hindurch), oder Sie folgen den Eisenbahnschienen hinauf. Um zur Eisenbahn zu gelangen, nehmen Sie den Weg, der in nördlicher Richtung vom Restaurant wegführt. Dann biegen Sie links ab zu den Schienen (achten Sie auf Züge!). Folgen Sie ihnen bis kurz vorm Aufeinandertreffen mit der **Karsani Road** (GPS N 41° 49.557 E 44° 43.164, Höhe 470 Meter).

Wandern Sie hinab, unter der Brücke hindurch. Dann nehmen Sie den Feldweg, der bergauf führt (hinter der Brücke ganz rechts). Folgen Sie dem **Pfad** (noch immer nicht asphaltiert) **bis nach Karsani,** lassen Sie sich aber nicht von vermeintlichen Abkürzungen verleiten. Füllen Sie sich in dem Dorf Ihre Flaschen

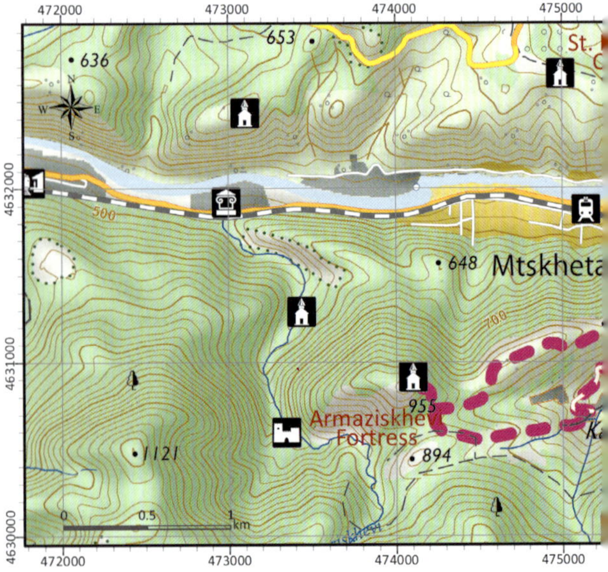

mit Wasser, dann folgen Sie der Hauptstraße im Zickzack bis ans obere Ende des Dorfes, wo ein Schild Fußgänger und Autos (zum neuen Kloster) rechts und links voneinander trennt. Gehen Sie weiter, bis Sie das letzte Haus hinter sich gelassen haben (rechts), bis zur Talenge auf der oberen rechten Seite des Dorfes. Sämtliche Erfahrungen, die ich in diesem Dorf mit den **Hunden** der nun nur noch vier Familien gemacht habe, waren von harmloser Art à la „Hunde, die bellen, beißen nicht“. Steigen Sie weiter hinauf und Sie gelangen zu einer kleinen offenen Alm. Folgen Sie dem Pfad, der direkt hinauf in einen Wald führt, zum höchsten Punkt des bewaldeten Tals. Gehen Sie hinauf und oben angekommen über eine weitere offene Wiese, wo der Feldweg zur Kirche rechts direkt in neue Waldstücke führt. Folgen Sie ihm weiter und halten Sie sich bei mehreren Wegmöglichkeiten immer rechts. Oben gelangen Sie schließlich zur restaurierten **Kirche der Heiligen Nino** (St. Nino's Chapel). Machen Sie Rast, dann gehen Sie weiter zu den prächtigen **Bergweiden,** von wo aus die **Armazi-Festung** gut zu sehen ist. Diese befindet sich wenige hundert Meter unterhalb.

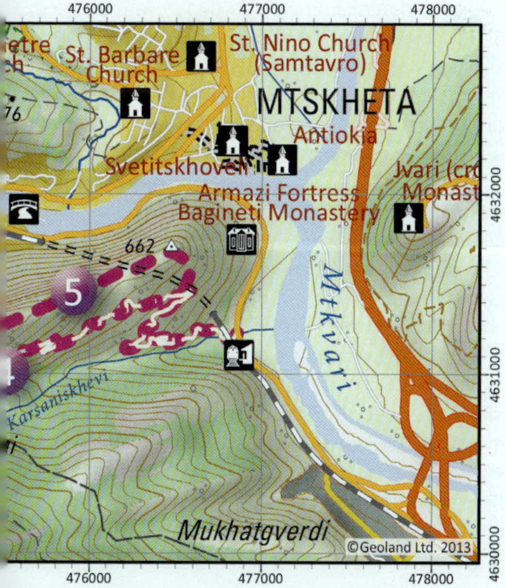

Hinunter gibt es zwei Möglichkeiten:
1) Tour 4: Gehen Sie den Weg zurück, den Sie gekommen sind.
2) Tour 5: Nehmen Sie den **anspruchsvolleren, aber prächtigen Rundweg entlang des Kamms.** Gehen Sie von der Kirche den Pfad hinunter, bis er etwa die Größe eines Feldwegs erreicht. Nach etwa 15 Minuten geraten sie zu einem kurzen (und einzigen) Anstieg auf dem hinabführenden Feldweg (für nicht mehr als 10 Minuten). An dessen **höchstem Punkt** angekommen, schlagen Sie nach links ein ins vermeintliche Gestrüpp (GPS N 41° 49.429 E 44° 41.267, Höhe 880 Meter). Tatsächlich befinden Sie sich nun auf dem Kamm, den Sie zuvor bereits durch die Bäume hindurch sehen konnten. Dem folgen Sie nun die nächsten anderthalb Stunden. Lassen Sie sich von dem kurzen Umweg in unwegsames Waldgelände nicht abschrecken.

Nach etwa 100 Metern Abstieg haben Sie die Möglichkeit, **den von rechts kommenden Weg** einzuschlagen. Wenn Sie sich dafür entscheiden, folgen Sie ihm nach links. **Ansonsten suchen Sie sich Ihren eigenen Weg** auf den Kammrücken bis zur offenen Fläche jenseits des Waldes. Steigen Sie zunächst zum höchsten Punkt des ersten Kamms hinauf (900 Meter), dann bleiben Sie das größte Stück Weg oben, der allmählich hinabführt. Allgemein gilt: „durchkämmen" Sie den gesamten Weg. Nach ungefähr 20 Minuten müssen Sie etwa 40 Meter hinabsteigen, wenn Sie keinen vertikalen Fall erleben möchten. Halten Sie sich einfach rechts und nehmen Sie einen der vielen Halbwege, die parallel zum Kamm verlaufen. Diese führen Sie um die Fallstelle herum und zurück auf den Kamm, nur etwas niedriger.

Auf den Steinen finden sich nun gelegentlich rote und weiße Markierungen – diese sind für Wanderer, die hinaufgehen, nicht für Sie. Gelegentlich mag der Weg, auf dem Sie sich befinden, von Dornbüschen überwachsen sein; falls dem so ist, verlassen Sie ihn abwärts, machen Sie sich ein Bild und Sie finden einen Weg drum herum. Ein **kaputter Mast** (GPS N 41° 49.935 E 44° 42.151, Höhe 700 Meter) markiert eine sehr steile Abkürzung hinunter nach Mtskheta, die nahe der Pompei-Brücke endet. Nehmen Sie sie nicht. Gehen Sie stattdessen **weiter den Kamm entlang,** den gesamten Weg bis zu dem großen Kreuz; genießen Sie den Ausblick auf die Swetizchoweli-Kathedrale und die Jvari-Kirche – dann nehmen Sie einen der Kammwege nach unten. Ich nehme normalerweise den südlichsten direkt vom Kreuz, der Richtung Tiflis führt. Es gibt keinen richtigen Weg, aber wenn Sie dem Kamm folgen und gelegentlich Dornbüsche und Einbrüche umgehen, gelangen Sie an einen kleinen, eingezäunten Depotbereich, der in die untere Klippe rechts von Ihnen gegraben wurde. Gehen Sie in dessen Richtung, aber bleiben Sie oben. Bald kommen Sie wieder auf den **Feldweg von Mtskheta nach Karsani** (auf dem Sie hinaufgegangen sind).

Oder: Finden Sie einen Weg, der nach links führt (weg vom Depot), geradewegs hinunter zu den **Bädern der römischen Ruine.** Diese Anlage ist weitläufig – sie wurde entlang einer künstlich angelegten Landzunge in beide Richtungen erweitert – und einen Besuch wert. Auch wenn die Hauptstraße Tiflis–Mtskheta nur ungefähr 150 Meter unterhalb verläuft, ist dies ein wunderbarer Ort zum Entspannen. Betrachten Sie das Ineinanderfließen der Flüsse Mktvari (Kura) und Aragvi und fühlen Sie sich von der wunderschönen Jvari-Kirche behütet, die den Horizont im Osten unterbricht. Wir unternahmen diese Tour im späten Juni und sahen um die Ruinen herum ein paar ungiftige Schlangen – bestätigt von einem Freund, der in einem Dorf in der Nähe lebt. Verlassen Sie die Ruinen, indem Sie rechts gehen (Richtung Tiflis) und nehmen Sie den Weg, der vom Eingang der einstigen archäologischen Stätte heraufführt.

Um zurückzukommen, können Sie entweder entlang der Hauptstraße gehen oder neben den Eisenbahnschienen – bis Sie das **Lobio-Restaurant** erreichen. Gehen Sie hinein und geben Sie Ihre Bestellung auf ...

Anmerkung: An stürmischen Tagen sollten Sie den Weg entlang des Kamms auf jeden Fall meiden. Dort befinden sich zahlreiche verkohlte Baumstümpfe, verursacht von **Blitzeinschlägen,** und auch ein Strommast wurde dort dem Erdboden gleichgemacht – was sicherlich Anlass zu einer langen Diskussion darüber ist, ob das überhaupt möglich ist (ich vermute, es waren die Kabeldiebe). Die Gegend aber war einmal ein zoroastrisches Zentrum, also kann es auch ein Megablitz von Amazi persönlich gewesen sein. Sollten Sie in ein Gewitter geraten, gehen Sie geradewegs hinunter, bis Sie zu dem Feldweg gelangen, der hinaufführt, und versuchen Sie, eine Mitfahrgelegenheit zu bekommen (Autos sind hervorragende Blitzableiter).

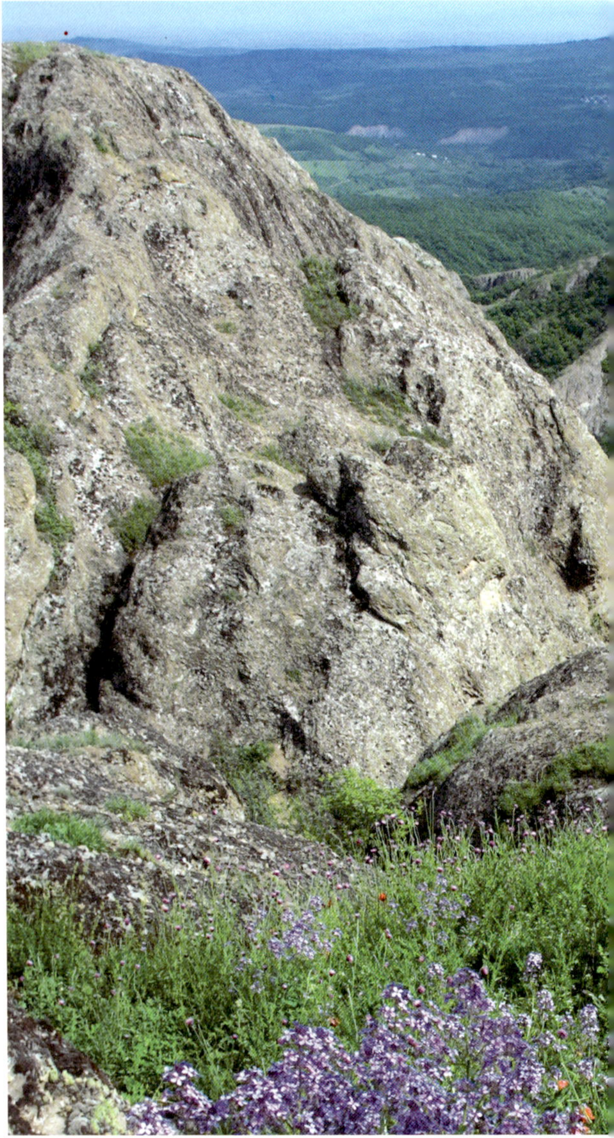

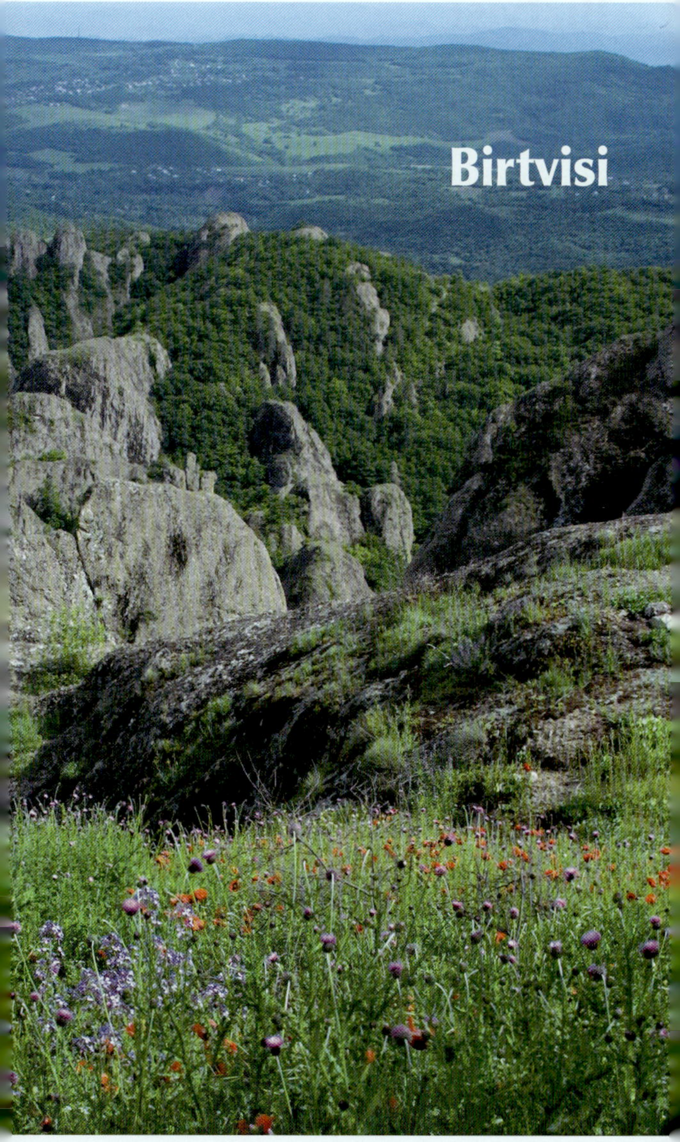

Birtvisi

Birtvisi

Geschichte

Die **Festung Birtvisi** wurde im 9. Jahrhundert von einem einheimischen Prinzen errichtet, der eine geheime Stadt entstehen lassen sollte. Birtvisi ist ein exzellentes Beispiel für Georgiens Talent, mittelalterliche Festungen dort entstehen zu lassen, wo man sie am wenigsten erwartet. Die Georgier erzählen folgende **Geschichte vom Ende der scheinbaren Uneinnehmbarkeit Birtvisis:** Tamerlans Armeen belagerten die Festung seit Wochen, doch die mutigen Krieger wehrten mit Hilfe der steilen Kalkstein-Klippen sämtliche Angriffe ab. Schließlich griff der verzweifelte Tamerlan zu einer gemeinen List. Er beobachtete die Georgier genauestens und schien von weiteren Angriffen abzusehen. Seine Armee verschwand, ließ jedoch heimlich einige erstklassige Kletterer am Fuße der Klippen zurück. Die Georgier glaubten sich daraufhin als Sieger, öffneten ihre Weinfässer und begannen zu feiern. Während sie tranken und feierten, bestiegen Tamerlans Truppen die steilsten Klippen von Birtvisi, überwältigten die Torwächter und gaben ihrer Armee das Signal umzukehren – was auch geschah und woraufhin die Festung doch noch eingenommen wurde. Diese Geschichte wird meist mit einem Hauch von Stolz erzählt – als wollten die Georgier zu verstehen geben, dass die Liebe zu einem guten Fest noch immer mehr Bedeutung hat als die Verteidigung uneinnehmbarer Festungen.

Ein georgischer Krieger aus der Zeit von Tamerlans Besetzung, abgebildet auf einem Wandgemälde aus dem 14. Jahrhundert, das sich an der Lashtkhveri-Kirche in Lengeri, Swanetien, befindet

Kapitelstartseite:
Birtvisis Kalkstein-Klippen und Almen im späten Frühling

Lage

Die Birtvisi-Festung liegt circa eine Stunde südwestlich von Tiflis – tief eingebettet in der Natur. Mit öffentlichen Verkehrsmitteln ist die **Anreise** schwierig – am besten organisieren Sie sich ein **Auto oder Taxi** für den Tag. Fahren Sie die Marneuli-Straße südlich aus Tiflis hinaus und nach circa 30 Minuten geht es rechts Richtung Koda. Passieren Sie Assureti, bis sich kurz nach Partrisi die Straße gabelt. Überqueren Sie nicht die Brücke, sondern fahren Sie weiter geradeaus nach Tbisi hinein, das sich direkt vor einem Erddamm befindet. Fahren Sie zum oberen linken Ende des Dorfes und parken dort.

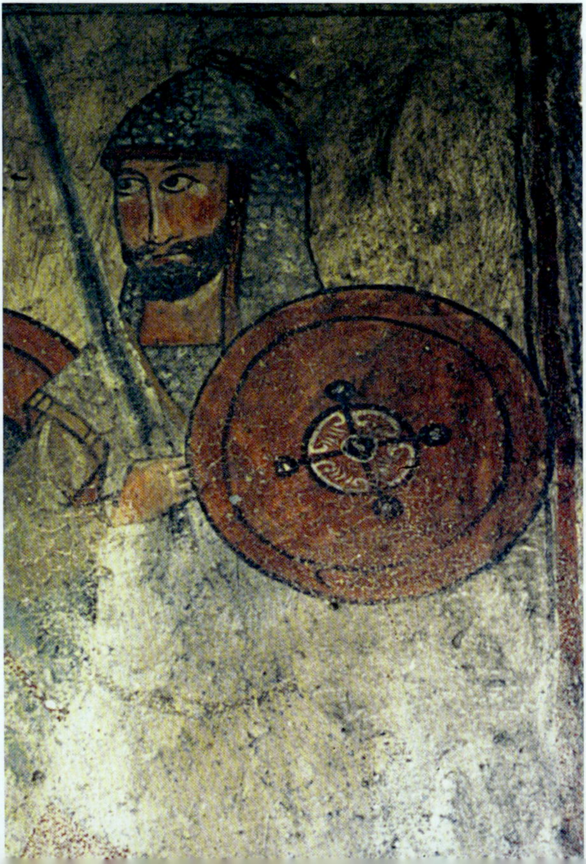

Touren 6/7/8 Birtvisi-Festung und Schluchten

Start/Ende: Dorf Tbisi
Typ: hin und zurück mit Rundwegen
Zeit: ganzjährig
Dauer: 3/5/6 Stunden
Aufstieg: 350/550/650 Meter
Maximale Höhe: 1250 Meter
Schwierigkeitsgrad: Tour 6 einfach, die anderen sind mittel/schwierig
Mobilfunksignal: ziemlich gut, verschwindet aber unten in den Schluchten

Zusammenfassung

Es gibt **drei Tourmöglichkeiten** in die **großartigen Schluchten rund um die Birtvisi-Festung.** Eine meiner liebsten Tiflis-nahen Wanderungen in eine herrliche, bewaldete Schlucht. Kaum befinden Sie sich im Inneren des schattigen kaukasischen Eichenwaldes, erheben sich auf allen Seiten senkrecht abfallende Klippen, manche gespickt mit **Türmen** aus dem 11. Jahrhundert. Ein einstündiger Aufstieg ermöglicht einen Blick hinunter auf den Wald und seine ungewöhnliche, an Kappadokien erinnernde Landschaft.

Manche Aufstiege erfordern den Einsatz von allen vieren auf hartem Kalkstein sowie das Entlangkriechen nahe Sturzhöhen – und ist somit **nichts für Menschen mit Höhenangst.** Definitiv am besten **bei trockenem Wetter** zu unternehmen. Nässe auf den Steinen kann den Zugang zu den spektakulären Höhen erschweren oder gar gefährlich sein. Wenn Sie sich für eine der komplizierteren Routen, Tour 7 oder 8, zur Festung hinauf entscheiden, ist die **Mitnahme eines Fremdenführers empfehlenswert** – auch wenn meine Wegbeschreibungen getestet wurden. Der beste Weg ist wahrscheinlich Tour 8 – weil er am weitesten hinaufführt. Tour 6, für die Nicht-Kletterbegeisterten, birgt zwar ein paar steile Stellen, wurde aber als „einfach“ kategorisiert. Sie bietet durchaus schöne Aussichten.

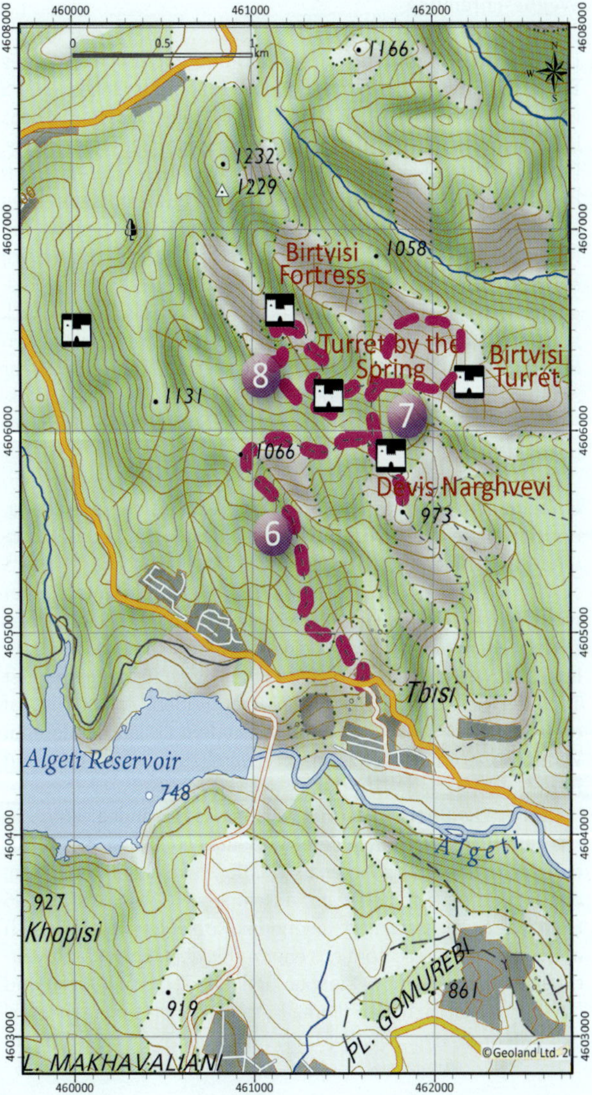
0 0.5 1 km
1166
1232
1229
Birtvisi Fortress
1058
Turret by the Spring
Birtvisi Turret
8
7
6
1131
1066
Devis Narghvevi
973
Tbisi
Algeti Reservoir
748
Algeti
927
Khopisi
919
PL. GOMUREBI
861
L. MAKHAVALIANI
©Geoland Ltd.

Wegbeschreibung

Die **Touren 6, 7 und 8** beginnen **am oberen, linken Ende des Dorfes Tbisi** (der Damm befindet sich zu Ihrer Linken – GPS N 41°35.482 E 44°32.817, Höhe 750 Meter). Lassen Sie das letzte Haus hinter sich und gehen Sie bis zum Ende des Zauns. Dann schlagen Sie rechts ein und gehen (neben dem Zaun) hangaufwärts. Bald kommen Sie auf einen etwas besseren Weg (zu eng für Geländewagen), der links zu einem bewaldeten Kamm hinaufsteigt. Er führt Sie durch die Bäume hindurch auf einen Kamm. Dem folgen Sie nun, auch wenn der Weg gelegentlich verschwindet (er kehrt bald zurück). Sein letztes Stück führt durch eine enge Schlucht hinab zum Fuß der bewaldeten Hauptschlucht – eine Art Picknickplatz ohne Tische (ungefähr anderthalb Stunden). Ich nenne diesen Platz **Birtvisi-Zirkus,** weil alle Touren hier entweder beginnen oder enden (**Tour 6** endet an dieser Stelle).

Die hervorragenden Touren 7 und 8 sind komplizierter – ein **einheimischer Führer** ist zu empfehlen (beispielsweise Sasha, der ganz in der Nähe vom Startpunkt in Tbisi lebt). Von der Lichtung der Schlucht aus haben Sie vier Wegmöglichkeiten (GPS N 41°36.417 E 44°32.262, Höhe 950 Meter). Ein guter Führer wird Sie über interessante Rundwege hoch und runter zu beiden Festungen bringen (was die kleine Investition durchaus wert ist). Ich kann Sie lediglich die einfachsten Wege entlangführen. Der Trick besteht darin, die Startpunkte zu finden. Sobald Sie auf dem richtigen Pfad sind, ist dieser – seit dem 11. Jahrhundert gut von den Georgiern ausgetreten – ziemlich offensichtlich und führt Sie die gesamte Strecke bis nach oben.

Tour 8: Die **Birtvisi-Festung** ist einfacher zu finden. Vom Zirkus aus folgen Sie einfach dem Wasserlauf nach links (hoch) zur nahe gelegenen Burg **Arsena's Castle** – ein kleiner Steinturm, der sich an die Schluchtwand anschmiegt (GPS N 41°36.366 E 44°32.262). Arsena ist Georgiens Robin Hood („Wie sich auch Saakaschwili (Georgiens ehem. Präsident) selbst sah", wurde einmal angemerkt). Daneben befindet sich eine Quelle und dann endet die Schlucht dramatisch, schlängelt sich manchmal nicht mehr als eine Schulter breit weiter und weiter nach oben.

Ein Musiker, der einen Toast ausspricht

Folgen Sie diesem Weg, der schließlich aus der Schlucht hinaus- und einen Kamm entlangführt in Richtung des sich nähernden Massivs des Birtvisi-Felsturms (ungefähr anderthalb Stunden). Der Eingang zur Festung ist durch ein Loch in einer zinnartigen Wand gekennzeichnet. Drinnen steigen Sie weiter hinauf – bis ganz nach oben. Der Weg ist steil (manchmal benötigen Sie alle viere), aber die **Aussicht ist atemberaubend.** Wir wurden von einem eifrigen kleinen Hund begleitet, dessen Schwanz bei jedem Aussichtspunkt aufgeregt wackelte („Er ist ein bisschen wie du, Peter", merkte ein englischer Freund an).

Tour 7, zum **Godoli-Turm** (der vom Zirkus aus gerade noch so durch die Bäume zu sehen ist, wie er 80 Meter rechts oben auf einer steilen Klippe sitzt), ist schwieriger. Vom Fuße des Zirkusses geht es im Grunde geradeaus weiter (der Eingang befindet sich hinter Ihnen) und dann rechts schlangenartig um die Klippen herum (ungefähr 45 Minuten). Der Weg ist **sehr steil** und grenzt stellenweise ans Klettern. Im Regen nicht zu empfehlen.

Runter und raus – gehen Sie denselben Weg wieder zurück.

Beachten Sie, dass es auf beiden Touren (7 und 8) **mehrere Wegvarianten** gibt und so die Möglichkeit besteht, weitere interessante Rundwege einzuschlagen – ohne einen Führer aber ist die Wahrscheinlichkeit, dass man sich verläuft, recht hoch. Möchten Sie die Gegend auf eigene Faust erkunden (nicht zu empfehlen), sollten Sie zunächst nach oben klettern und sich von dort einen Überblick über den bewaldeten Zirkus und seine anschließenden Steingipfel verschaffen. Wenn der Weg verschwindet, klettern Sie einfach oberhalb der Baumspitzen, suchen nach Orientierungspunkten und kehren zum Zirkus zurück – wo Sie sich hoffentlich Ihren ursprünglichen Weg (von Tour 6 kommend) gemerkt haben.

Der **Heimweg** führt wieder hinauf zum Kamm und anschließend hinunter ins Dorf Tbisi.

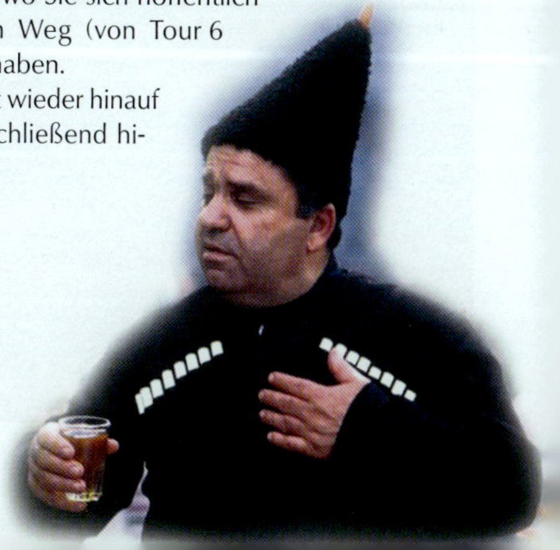

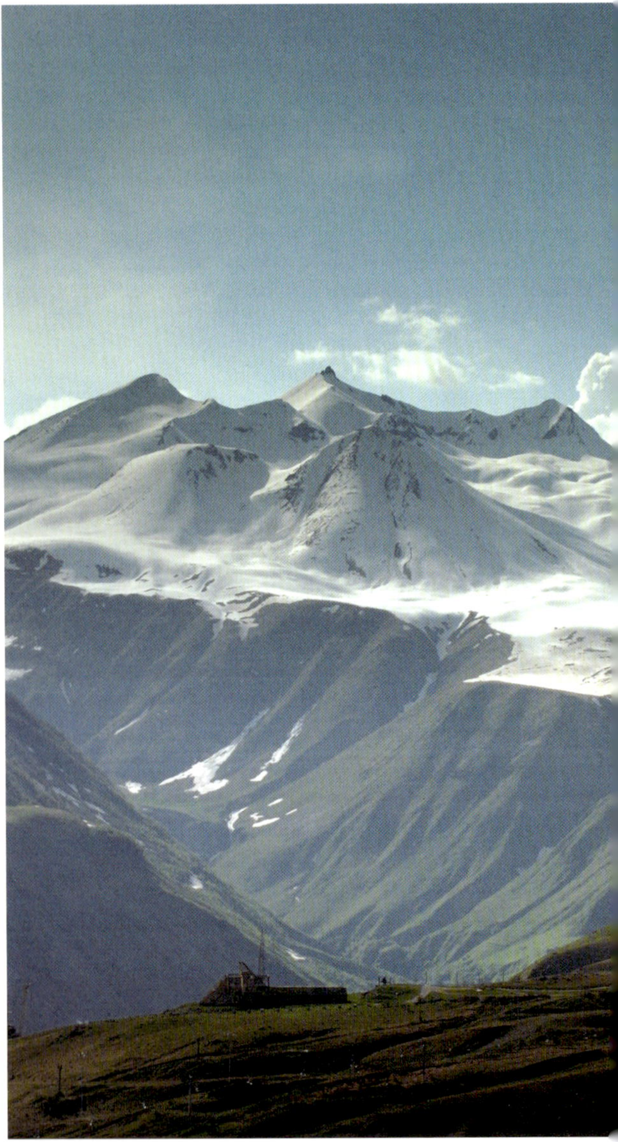

Die Region Gudauri

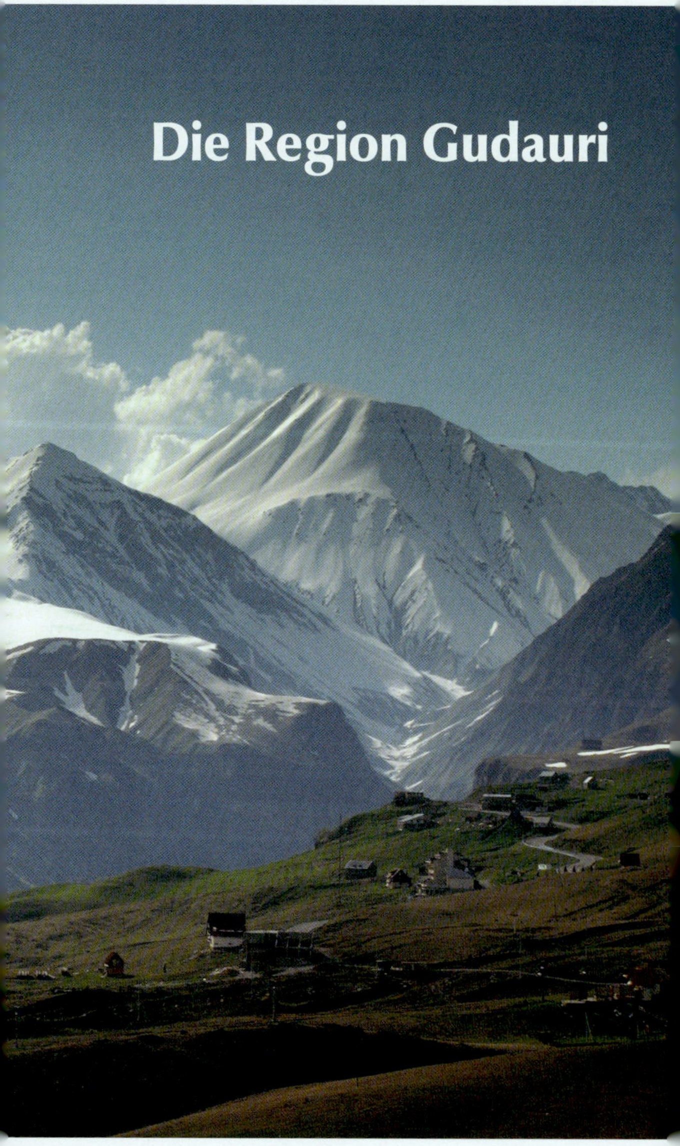

Die Region Gudauri

Einführung und Geschichte

In der Region von Gudauri zu wandern, bedeutet, ein großes Stück Reichsentstehung nachzuerleben. **Unzählige Paare fremdländischer Schuhe** sind auf diesem Stück Land bereits gelaufen – die von Pompeius und seiner Armee (der bis zur „Pforte der Alanen" gelangte, die sich in der weiter oben liegenden Darialschlucht befindet), die der Mongolen, die das Land im 12. Jahrhundert skrupellos einnahmen, und die der Russen im 18. und 19. Jahrhundert. Bis zum Beginn des Flugverkehrs war der nahe gelegene „Kreuz"-Pass Jvari (2395 Meter) die Hauptverkehrsroute durch den oberen Kaukasus. Im frühen 19. Jahrhundert kamen dort hunderttausende russische Truppen durch, mit dem Ziel im Herzen, Konstantinopel von den Türken zurückzuerobern (was später von den kommunistischen Revolutionären vereitelt wurde). Darunter befanden sich die Dichter Lermontow und Puschkin, die die weißen Gipfel nach etwas Höherem absuchten und erste Blicke auf das Herz des Landes Georgiens warfen – von der Spitze des Mleta hinunter auf die damals neue Georgische Heerstraße.

Heute bietet denselben Ausblick das **Skiresort** in Gudauri, welches in einer Art Goldrausch-Fieber gerade dabei ist, neue Hotels und Eigentumswohnungen hinzuklotzen. Folglich findet man dort immer eine Unterkunft – zahlreiche Hotels sind den Sommer über geöffnet, bieten günstige Preise und erstklassige Auszeiten von der Hitze Tiflis'. Drum herum aber gibt es auch zahlreiche schöne Wanderwege. Nachfolgend werden nur einige wenige vorgestellt.

Der obere Teil des Dorfes Mleta
von der Georgischen Heerstraße aus gesehen

Kapitelstartseite:
Blick Richtung Ossetien und das vulkanische Hochgebirge von der Aragvi-Schlucht im oberen Gudauri aus gesehen

Lage

Gudauri liegt circa **anderthalb Stunden Fahrt** nördlich von Tiflis in Richtung Vladikavkaz. Organisieren Sie sich einen Transport oder nehmen Sie ein Taxi. Mini-Busse (oder Marschrutkas) fahren beinahe stündlich vom Busbahnhof Didube („sadguri") – sie sind mit „Kazbegi" (oder „Stepantsminda") gekennzeichnet. **Unterkünfte** gibt es zahlreich in Gudauri; das Marco Polo Hotel ist teuer, aber gut. In der Nähe finden sich viele günstigere, freundliche Hotels und Gasthäuser, die meisten aber sind im Sommer geschlossen.

Zurück: Eine Marschrutka nach Tiflis fährt jeden Nachmittag vom Parkplatz des Marco Polo Hotels (zurzeit um 16 Uhr, aber fragen Sie sicherheitshalber im Hotel nach).

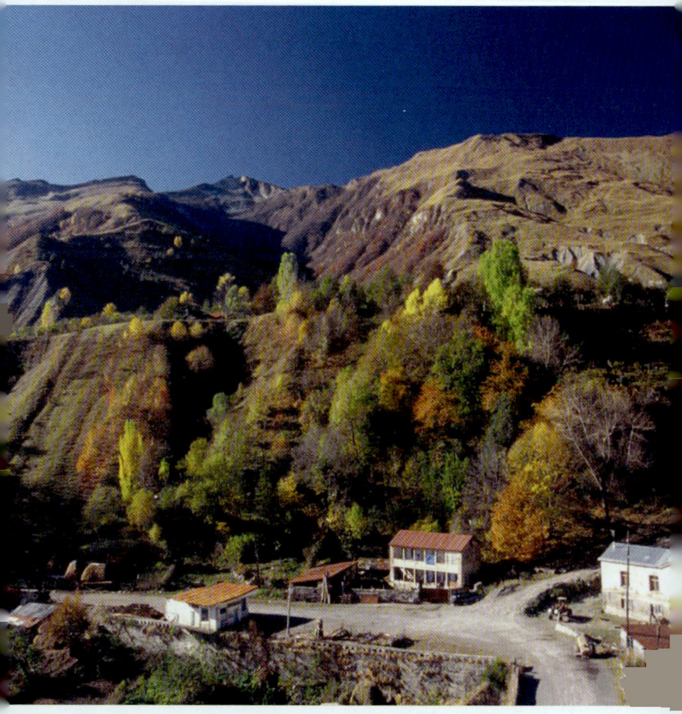

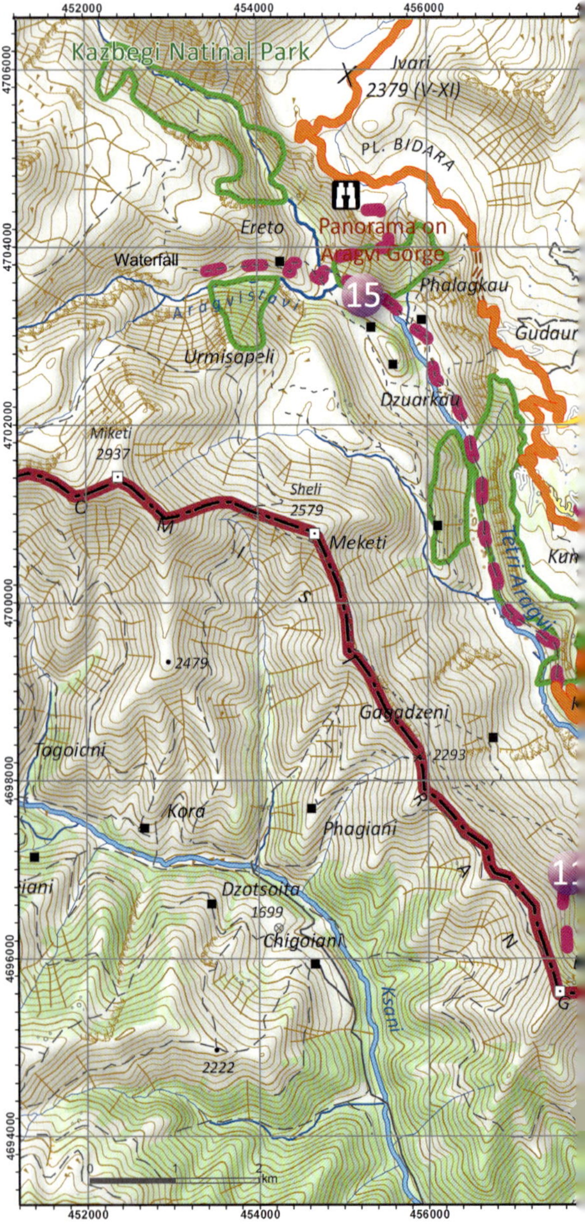
Kazbegi Natinal Park
Ivari
2379 (V-XI)
PL. BIDARA
Panorama on Aragvi Gorge
15
Ereto
Waterfall
Aragvistavi
Phalagkau
Gudaur
Urmisapeli
Dzuarkau
Miketi
2937
Sheli
2579
Meketi
Tetri Aragvi
Kun
2479
Gagadzeni
2293
Tagoiani
Kora
Phagiani
Dzotsoita
1699
Chigoiani
Ksani
2222
G
0
1
2
km
452000
454000
456000
4706000
4704000
4702000
4700000
4698000
4696000
4694000

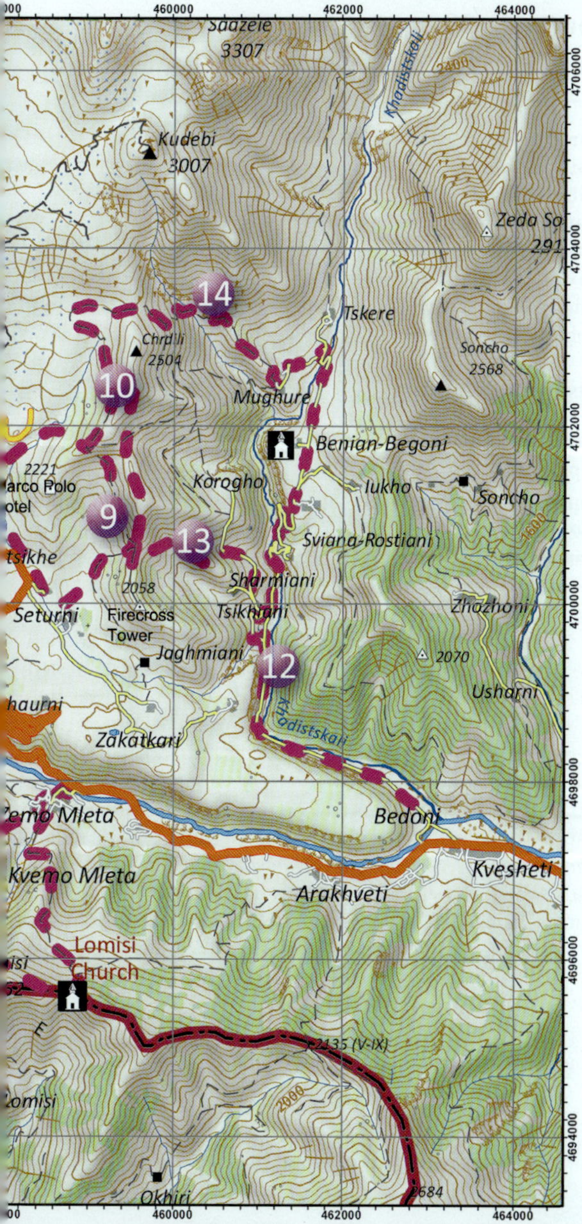

Die Region Gudauri

Touren 9/10
Der „Fire Cross Tower“

Start/Ende: Marco Polo Hotel im unteren Gudauri
Typ: Rundweg
Zeit: Mai bis Oktober
Dauer: 3 bis 4 Stunden
Aufstieg: 250 oder 450 Meter
Maximale Höhe: 2200 oder 2400 Meter
Schwierigkeitsgrad: einfach/mittel, beide Touren
Mobilfunksignal: mehr oder weniger durchgängig

Zusammenfassung

Zwei sehr ähnliche und einfache **Rundwanderungen** vom Marco Polo Hotel aus und zurück. Nach ungefähr zwanzig Minuten beginnt ein anspruchsvoller, aber nicht immenser Aufstieg auf einen Kamm mit hervorragenden Aussichten hinunter in die **historische Khada-Schlucht** – ehemalige Route der Georgischen Heerstraße mit vermutlich 60 Türmen (nicht alle existieren noch). Die Länge der Strecke kann variieren. Sind Sie gerade erst auf 2000 Metern angekommen (Höhe des Hotels) und können Ihre Fitness noch nicht gut einschätzen, beginnen Sie am besten mit der **einfacheren Variante (Tour 9),** die nur einen etwas steilen Anstieg beinhaltet – hinauf zum ersten Kamm. Danach ist alles mehr oder weniger flach oder absteigend – mit Ausnahme eines kurzen Anstiegs ganz am Ende. Die Gesamtstrecke ist kurz und ist man erstmal oben angekommen, kann man sich nur schwer verlaufen. Der gesamte Weg ist dann gut zu sehen. Wenn gelegentlich ein Hauptweg verschwindet, ist das im Kaukasus wenig relevant, da dort Privatbesitz in der freien Natur weitaus weniger besitzergreifend verstanden wird, als wir es in Europa kennen. Orientieren Sie sich einfach an Ihrem Ziel. Die einzige Bedrohung stellen **Hunde** dar, doch die sind in der Regel nur nahe ihrer Häuser oder Schafherden aggressiv (und der Weg meidet Höfe). Dasselbe gilt für **Tour 10,** die auf halbem Weg um einen **zusätzlichen Kammaufstieg** erweitert wird.

Der „Fire Cross Tower“ (Setskhlisjvari koshki) – im unteren Gudauri

Wegbeschreibung

Starten Sie von der **Rückseite des Marco Polo Hotels** aus in Richtung des Sessellifts. Gehen Sie am Einstiegsplatz vorbei und auf dem Feldweg unter den Hängesesseln hindurch. Folgen Sie diesem rechts aufwärts um den kleinen Hügel herum. Kurz danach zweigt ein Weg nach links ab. Nicht viel später treffen Sie auf einen ehemaligen kleinen Kratersee, der aber nun mit Schilf überwachsen ist. Gehen Sie um ihn herum in Richtung eines Durchgangs, der sich seinen Weg behutsam zu einem grasbedeckten Tal bahnt - von wo aus er nicht länger zu definieren ist. Seien Sie jedoch unbesorgt, Ihre Route ist von nun an einfach - aufwärts und nach rechts. Ihr nächstes unmittelbares **Ziel ist der Gipfelkamm** dieses Bergs. Dazu finden Sie neben dem Gipfel einen leicht zu erkennenden Pfad. (Für einen einfacheren, aber längeren Weg gehen Sie geradewegs das Tal hinauf, wo Sie auf einen Pfad treffen, und kehren Sie rechts herum auf demselben Weg zurück). Der Gipfel sieht noch weit weg aus, ist er aber nicht - und wie Sie zu ihm gelangen, ist ganz allein Ihre Entscheidung: geradeaus oder im Zickzack.

Sobald Sie ihn erreichen, offenbart sich Ihnen der gesamte Weg. Geradeaus können Sie den **Fire Cross Tower** („Setskhlisjvari koshki") aus dem 12. Jahrhundert sehen, der in den Himmel emporragt, und dahinter verläuft ein Pfad, der sich an einen Hang schmiegt. In Ihrem Rücken befindet sich das nun winzige Hotel; geradeaus liegen Ihnen Weiden und eine Ecke des kleinen Nestes **Seturebi** zu Füßen. Um der eingangs erwähnten „einfachen" Route zu folgen, nehmen Sie diesen Weg und bewegen Sie sich den Hang entlang bis zum Turm **(Tour 9).**

Die **weniger einfache Route (Tour 10)** – die ich bevorzuge – führt weiter hinauf zum Kamm, der links emporragt (für einen weiteren Kilometer). Dies bringt Sie auf **Höhen von 2400 Metern und mehr** und gewährt eine entsprechend **schönere Aussicht** – insbesondere auf die **Khada-Schlucht.** Schließlich gelangen Sie an eine Kreuzung zweier Kämme; einer führt direkt zum Turm hinauf, der sich nun etwas unterhalb befindet. Dazu müssen Sie den recht steilen Kamm hinunter. Durch die Kreuzung der beiden Kämme ist die Aussicht überwältigend. Sie sehen nun die gesamte Länge des Sessellifts – und haben sogar die Möglichkeit, einen anderen Weg einzuschlagen und zur mittleren Liftstation zu gelangen: „Kosta's hut" liegt auf 2700 Metern (ein strammer Aufstieg).

Ich gehe aber davon aus, dass Sie sich anders entscheiden und stattdessen zum **Fire Cross Tower** gehen, einer der seltenen runden Türme im Kaukasus (die meisten sind quadratisch). Nachdem Sie sich dort umgesehen haben, kehren Sie zurück zur nahe gelegenen Kammenge und gehen dann bergab, steil nach links. Dort befindet sich eine Art Pfad geradewegs hinunter auf die Weiden. Sobald der Weg ebener wird, gehen Sie in derselben Richtung weiter über die Felder und schließlich über einen kleinen Bach. Auf der anderen Seite überqueren Sie ein Feld, um zu einem Pfad zu gelangen, der links nach Seturebi führt. Nehmen Sie diesen, aber meiden Sie die Häuser, indem Sie ihm rechts um den Fuß des Hügels herum folgen. Der Pfad führt zu einem kleinen Bergvorsprung, nach dem das Hotel wieder zu sehen ist – geradeaus und etwas höher gelegen. Der Weg ist dann klarer. Es ist angenehmer, sich vom Hauptweg fernzuhalten und durch das Feld mit den vielen Gaspipeline-Ventilen zu laufen – Armeniens bedeutendste Gasversorgung aus Russland – Richtung Hintereingang des Marco Polo Hotels nahe der **Basisstation des Sessellifts.**

Tour 11
Die Lomisa-Kirche

Start/Ende: Dorf Mleta
Typ: Rundweg
Zeit: Mai bis Oktober
Dauer: 4/5 Stunden
Aufstieg: 800 Meter
Maximale Höhe: 2400 Meter
Schwierigkeitsgrad: mittel
Mobilfunksignal: durchgängig

Zusammenfassung

Diese **kleine Kirche ohne Turmspitze** ist in der Gudauri-Region von überall aus zu sehen. Wie eine Streichholzschachtel sitzt sie auf dem Lomisa-Kamm und durchbricht den Horizont. Die Aussicht von dort oben ist atemberaubend - wie auch auf dem gesamten Weg hinauf. Die Kirche wurde im 9. Jahrhundert auf einer berühmten heidnischen Stätte gebaut und ist eine der ältesten Georgiens. Später wurde ein **Kloster** hinzugefügt, und erstaunlicherweise steht das Frontispiz noch immer auf dem Grat - wie eine kleine georgische Tintern Abbey. In Anbetracht von Ort und Zeit - auf 2200 Meter Höhe auf einem freiliegenden Kamm - kann die Bedeutung dieses Platzes nicht unterschätzt werden. Jedes Jahr am „Mittwoch der siebten Woche nach Pfingsten" (so nah an der Sommersonnenwende, dass es kaum ein Zufall sein kann), **pilgern mehrere tausend Menschen** aus den Provinzen Mtiuleti, Khevi und Chewsuretien (Khevsureti) zu dieser Kirche, um Lomisoba zu feiern. Drinnen befindet sich eine schwere Kette neben der Mittelsäule. Die Anhänger müssen diese **Kette** hochheben, sich um den Hals legen und drei Mal gegen den Uhrzeigersinn um die Säule gehen (oder besser kriechen) - und **sich etwas wünschen** (normalerweise, offensichtlich, zu heiraten). Seit Jahrhunderten wird dies so gehandhabt.

Bezüglich der **Herkunft dieser Kette** kursieren Gerüchte. Manche behaupten sogar, sie sei ein Teil derjenigen Kette, die Amirani (der georgische Prometheus) an das Massiv des Kazbek gefesselt hat (die beiden Mythen weisen sonderbare Parallelen auf - siehe „Kazbek-Region, Mythologie", S. 121).

Kurz nach der Hälfte des 700-Meter-Anstiegs befindet sich ein kleiner Stein („salotsavi", heiliger Ort), mit Kerzen geschmückt – nicht unähnlich denen, die man auch im heidnischen Chewsuretien und Tuschetien finden kann, nur oben mit einem Kreuz versehen. Von unten dauert es gute zwei Stunden hinauf. Der Weg hinunter folgt einem angrenzenden Kamm in einem kleinen Rundweg.

Oben angekommen fällt es schwer, einem **Kammspaziergang** rechts Richtung Lomisa-Gipfel zu widerstehen – was auf eine Höhe von 2400 Meter und mehr führen kann. Dem Kamm kann man für nahezu jede Distanz folgen, doch auf dieser Route beläuft sich die Zeit auf dem „Dach der Welt" auf etwa eine Stunde. Die Abenteuerlustigen wollen diese Kammwanderung vielleicht zu einem Tagestrip ausweiten – und erst ein paar Kilometer weiter oben im Aragvi-Tal hinabsteigen. Dies aber wurde nicht getestet und ist nicht Teil dieser Tour.

Anmerkung: Wer aus Tiflis mit dem Mini-Bus anreist, sollte bei Mleta aussteigen (und später wieder einsteigen). Planen Sie etwas Wartezeit mit ein, da die Busse manchmal voll sind.

Die Mythologie

Legenden zufolge wurde die Gegend einst von den Ottomannen eingenommen, die 7000 Gefangene als **Sklaven** in den Norden der Türkei zurückkarrten. Diese Sklaven aber brachten nichts als Pech und Missernten, und so versuchten die Türken, den kostbaren Talisman der Unglücksbringer zu zerstören, die **Ikone des Heiligen Georg.** Doch statt zu schmelzen, heftete sich die Ikone auf wundersame Weise von selbst an die Hörner eines Bullen namens „Loma" (georgisch für „Löwe"). Nach diesem Wunder durften sich die Georgier von dem **magischen Bullen** zurück in ihr Heimatland führen lassen. Zuhause angekommen kletterte er hinauf zu dem Ort, an dem sich die Lomisa-Kirche befindet, und starb. Das Kloster wurde daraufhin als Hommage an ihn gebaut. Es könnte kaum eine größere **Vermischung von christlicher und vorchristlicher Mythologie** geben.

Wegbeschreibung

Mleta liegt neben dem Aragvi-Fluss auf der anderen Seite der Brücke am Fuße des serpentinenartigen Aufstiegs nach Gudauri. Arrangieren Sie sich eine Mitfahrgelegenheit nach unten - dauert etwa zehn Minuten - und legen Sie eine ungefähre Zeit für die Rückfahrt fest. Hier kommt Ihnen Ihr Mobiltelefon zugute; Empfang ist auf dem gesamten Weg ausreichend vorhanden. Der Weg hinauf beginnt am unteren Ende des Dorfes Mleta, weg von der Brücke, in der Nähe des blau-weißen Polizeikontrollpunkts. Kurz davor befindet sich auf der gegenüberliegenden Seite der Straße ein Feldweg, der rechts aufwärts führt. Gehen Sie diesen ungefähr 75 Meter hinauf und an der Schule vorbei, wo sich der Weg teilt. 20 Meter weiter führt ein keiner Pfad links zwischen Kleingärten hindurch (GPS N 42° 25.673 E 44° 30.627, Höhe 1490 Meter). Dies ist der **Beginn des Wegs,** der sich den Berg hinaufschlängelt und hinein in die offene Weidenlandschaft oberhalb des Dorfes. Inzwischen ist der Pfad gut zu sehen und der Wald rückt allmählich näher. Der Pilgerweg steuert geradewegs bergauf und mit einer scharfen Rechtswendung in den Wald hinein - und schließlich serpentinenartig durch die Bäume. Nach einer Weile starren Aufsteigens taucht der Pfad zwischen den Bäumen auf und der Blick öffnet sich. Gehen Sie weiter und bald gelangen Sie zu einer kleinen **Hochebene mit einem Steinkreuz** („salotsavi") in dessen Mitte. Der Weg ist nun ziemlich offensichtlich - weiter und hinauf -, die Kirche mit ihrem ungewöhnlichen neuen Dach ist nun deutlich auf dem Kamm direkt über Ihnen zu sehen. Je mehr Sie sich dem höchsten Punkt nähern, desto mehr verschmilzt das Tal zu Ihrer Rechten mit der Berglandschaft. Achten Sie auf einen Pfad, der sich von Ihrem abwendet und den Kamm entlang nach unten führt - **dies ist Ihr Rückweg** (nächster Teil des Rundwegs).

Oben angekommen, betreten Sie die sonderbare **Lomisa-Kirche** (sie ist größer, als sie von außen scheint). Ihre heroische, antike Struktur ist teilweise unter dem Kamm begraben (die Einheimischen nennen sie Lomisi) - an einem fantastisch freiliegendem Ort. Innen wird das Dach nur von einer einzigen Säule gestützt. Eine schwere Kette liegt auf dem Boden - die Menschen werden sie hochheben, sich um den Hals legen und damit drei Mal gegen den Uhrzeigersinn um die Säule gehen. Draußen vor dem Eingang der Kirche öffnet sich ein zweites großes Flusstal -

und noch überraschender erscheinen die sich direkt davor befindenden Überreste einer großen steinernden Säulenhalle – der frühere Eingang zum **Kloster.** Erhalten sind nur noch der Bogen und zwei zerklüftete Pfeiler, sie stehen aber gute zehn Meter weiter oben auf dem Wind und Schnee ausgesetzten Kamm – ein Überleben gleich einem Wunder.

Rechts windet sich der Kamm seinen Weg nach Nordwesten. Folgen Sie ihm, so lange Sie möchten (ich empfehle eine halbe Stunde hin und eine halbe zurück). Der **Berg Lomisa** führt weitere 250 Meter hinauf, und das sehr steil, was mindestens eine weitere halbe Stunde dauert. Die Gipfel können vermieden werden, indem man sie umgeht und unterhalb weiterläuft. Dann aber entgeht Ihnen die Aussicht nach beiden Seiten.

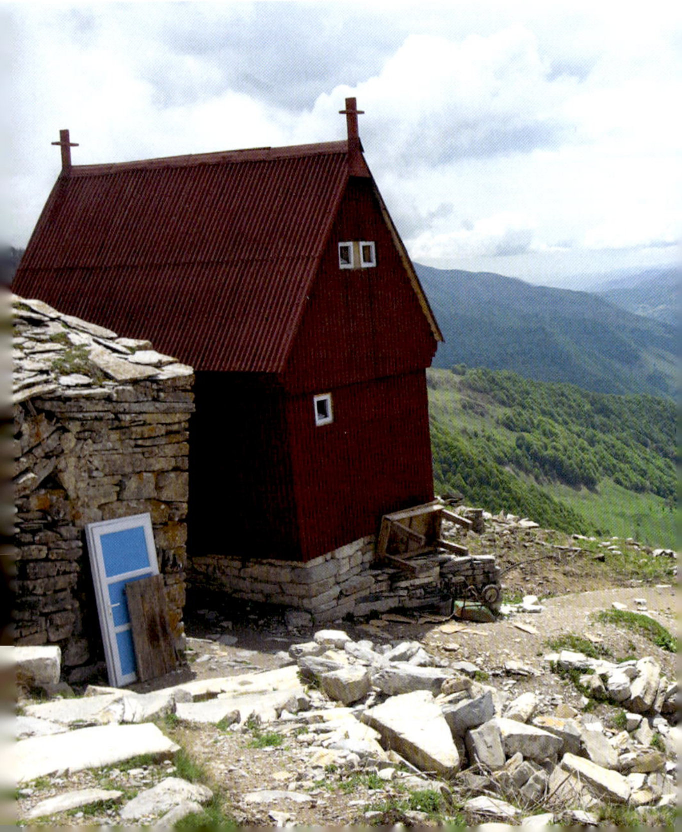

Zurück. Folgen Sie Ihren eigenen Fußspuren zurück zur Lomisa-Kirche und nehmen Sie dann den Pfad hinunter nach Mleta; biegen Sie aber nach etwa 100 Metern links an der Abzweigung ab, an der sich der Weg am oberen Ende des Tals teilt. Folgen Sie diesem engeren, links liegenden Kamm den gesamten Weg hinunter ins Dorf – der Weg ist gut zu sehen und befindet sich meist oben auf dem Kamm. Der untere Teil ist ziemlich steil, aber machbar. Er bringt Sie zurück zum anderen Ende von Mleta bei der Kirche (ein guter Treffpunkt mit Ihrer Mitfahrgelegenheit).

Die Klosterruine oberhalb des Kamms neben der Lomisa-Kirche

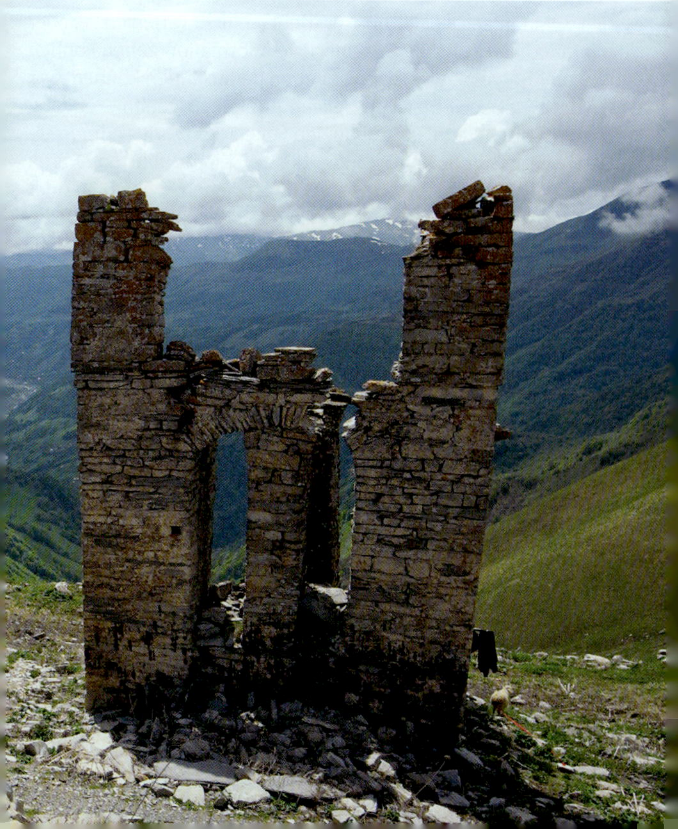

Im Angesicht der Apokalypse

Wir organisierten eine **Mitfahrgelegenheit** vom Marco Polo Hotel nach Mleta, dem direkt darunterliegenden Ort. Unsere Mitfahrgelegenheit war kein Stück anders als die nach Khada am Tag davor, bei der unser neuer „Freund" vom Gästehaus sagte, er könne uns alles für 40 Lari arrangieren. Als wir bezahlen wollten, änderte sich dies in 40 Lari pro Kopf. Der preisverdächtige Blick mit den weitaufgerissenen Augen, die das „Was habt ihr daran nicht verstanden?" begleitete, machte es die 160 Lari beinahe wert. Unnötig zu erwähnen, dass er die 60 akzeptierte, die wir ihm nur unter Protest gaben.

Während wir die Serpentinen hinunterfuhren, versuchte ich, den **Weg hinauf zur Kirche** auszumachen. Jeder, den wir im Vorfeld gefragt hatten, hatte behauptet, den Weg zu kennen – „Ja, sehr einfach, kein Problem, könnt ihr nicht verfehlen" –, aber niemand hatte uns die wesentlichste Information geben können – wo er begann. Alles, was wir hatten herausfinden können, war **„Mleta".** Es schien zwei mögliche Routen zu geben – entlang zweier Talschultern, die auf beiden Seiten des Dorfes emporragten. Die gesamten Berghänge, die zur Kirche führten, waren sichtbar, und so suchte ich sie nach plötzlichen Schluchten oder erdrutschbedingtem Geröll ab, die den Weg blockierten. Beide schienen klar, aber die linke Route breiter – und so ließen wir uns zur blau-weißen Polizeistation bringen.

Als ich mich umsah, wurde schnell klar, es war Zeit für die gutbewährte **„Moscow Airport"-Technik** (die ich während der chaotischen nachsowjetischen Zeit entwickelt hatte): „Folge im Zweifel der größten Menschengruppe". Ganz in der Nähe machte sich eine Schar Kinder auf den Weg hinauf zur Schule. Das war er also. Nach einem kurzen Gespräch mit einer älteren Frau erwies sich die Technik erneut als unfehlbar. Bald schritten wir den breiteren **Pilgerweg** bergauf – durch steile grüne Weiden und schließlich serpentinenartig durch einen prachtvollen Eichenwald. Nach ungefähr einer Stunde mündete der Pfad in eine **flache Hochebene,** die die Richtigkeit unseres Weges auf jede Weise bestätigte – durch ein kleines Steinkreuz geschmückt mit ausgebrannten Kerzen. Als ich daneben stand und über das Tal blickte, versuchte ich mir die Szene vorzustellen, wie sie vor zwei Monaten gewesen sein musste: Ungefähr 2000 Pilger, die herumschwärmten, Kerzen anzündeten und auf dem

Weg hinauf zu der kleinen Kirche auf dem Kamm Gebete sprachen.

Während wir hinaufstiegen, erwähnte ich meinem Begleiter gegenüber beiläufig, dass ich ein paar Stücke Khachapuri (georgisches Käsebrot) dabei hatte, die wir als Mittagessen verzehrten konnten, sobald wir oben angekommen waren – da wir uns in Georgien befanden, würde an der Kirche kein Kiosk zu finden sein, an dem wir einen Cappuccino bekommen konnten. Wir würden „herrlich allein sein mit der Aussicht".

Kurz nachdem ich dies gesagt hatte, entdeckte ich einen großen **russischen MI8-Helikopter,** der durch das Tal rauschte, wie es schien, geradewegs zur Kirche. Sicher nicht! Doch als hätte er sich von mir persönlich eingeladen gefühlt, berührte er sogleich den Boden neben ihr. Unfassbar. Zu dem Ort fliegen, zu dem wir Pilger uns abmühten ... Nun erinnerte ich mich, wie jemand im Marco Polo Hotel in Gudauri von einem Parteitag gesprochen hatte. Wahrscheinlich waren dies Politiker, die zum Laufen zu bequem waren – eine Schande! Währenddessen beendete der Helikopter eine gekonnte Landung auf einem kleinen Stück Wiese, sein Schwanz dramatisch über dem Kamm ragend. Nach ein paar Minuten erhob er sich wieder, nur um sogleich zurückzukehren. Seltsam ... Politiker würden nur einen Trip dorthin und wieder zurück benötigen. Vielleicht war es das Militär – vielleicht errichteten sie dort eine Beobachtungsstation auf Ossetien, was sich nur ein paar Kilometer hinter dem Kamm befand (aber das während eines solchen politischen Aufloderns?). Neben der Kirche war eine große weiß-rote georgische Flagge zu sehen – eine Nachricht für die Osseten? Ich bemühte mich zu erkennen, ob manche der aussteigenden Figuren eine Uniform trugen – doch alle hoben sich nur als schwarze Silhouette gegen den Himmel ab. Vielleicht waren es doch keine Ingenieure der Armee, sondern Priester, die die Kirche belieferten – die georgische Kirche wurde zunehmend reicher, doch genug, um sich einen Helikopter für einen ganzen Tag leisten zu können?

Tatsächlich war ich ratlos.

45 Minuten später kamen wir auf 2200 Metern neben der kleinen Steinkirche an – um die herum nun über 50 Menschen schwirrten und Steine und Zement trugen. Vor uns, unmittelbar über dem Kamm, befanden sich die bizarren Ruinen des kleinen

Klosters; fast die Hälfte seiner vorderen Säulenhalle stand noch immer und wartete, wie es schien, darauf, dass der nächste Windhauch sie mit einem finalen Krach zu Boden brachte.

Daneben stand ein Mann und rührte in einem Fass kochender Fleischsuppe. Mit wütendem Blick winkte er uns herbei und füllte zwei Gläser bis zum Rand mit etwas aus einer schmutzigen Fanta-Flasche. Er streckte seine Arme aus und alle grinsten. „Willkommen ... trinkt!", rief er. Die Flüssigkeit war leicht milchig, geruchlos, womöglich eine Art Rosé. Doch was auch immer es war, wir hatten keine Wahl. Sie ging ihren Weg ... mit angemessenem dankbaren Nicken unsererseits. Tatsächlich war sie gar nicht schlecht, ein leichter, selbstgemachter Wein – nur das, wonach es uns nach der Wanderung wirklich verlangte, war **Wasser. „Tskhali?"** Ich versuchte, dieses berüchtigte, schwierige georgische Wort für Wasser auszusprechen. Die grinsenden Gesichter grinsten jedoch lediglich weiter und unsere Gläser wurden aufs Neue gefüllt. Doch Jahre in Georgien hatten mich vorbereitet. Statt das Glas zu nehmen, lief ich herum und blickte in die zahlreichen Eimer und Flaschen, bis ich etwas entdeckte, das Trinkwasser zumindest ähnelte. Ich fand einen Becher und schenkte ein. „Okay?", fragte ich in der Hoffnung, dass Sie mir Bescheid sagen würden, wenn es sich dabei um etwas Tödliches handelte. „Okay!", kam als Antwort und sie begriffen, worauf ich hinauswollte. Weitere Gläser wurden gefunden und wir bekamen unser ersehntes Quellwasser sowie einige Stücke köstlichen Ziegenkäse – schließlich verschlangen wir das letzte Sandwich und bestätigten anerkennend unsere **„Freundschaft"** (siehe Glossar im Anhang).

Allmählich entschlüsselte sich nun das Mysterium. Anscheinend hatte ein junger „Neu-Georgier" den Helikopter für diesen Tag gemietet, um bei der Restaurierung der verehrten Kirche zu helfen. Ein lächelnder, etwas pummeliger Mann um die dreißig, der mir seine berufliche Tätigkeit mit „Business" erklärte – mehr konnte ich nicht in Erfahrung bringen, weil ein weitaus interessanteres Thema aufkam: das **„Supra"** (ein georgisches Fest), welches der Fertigstellung der Arbeit unmittelbar folgen sollte. „You are coming!", wurde uns nachdrücklich mitgeteilt. Ich blickte zur Sonne, um zu sehen, wo sie sich befand. Supras konnten dauern und dauern. Wir hatten einen zweistündigen Heimweg vor uns und vielleicht noch drei Stunden Tageslicht. Mein englischer Freund aber war begeistert – dies war seine allererste Woche in Georgien. Und etwas sagte mir, dass der Helikopterpilot seine ausländischen Gäste nicht im Stich lassen würde. Ich bat, mit ihm zu sprechen, und ein paar Minuten später trat der berühmte Shamil aus Tuschetien hervor, **einer von Georgiens Top-Piloten.** Wir kannten uns flüchtig von vorherigen, besonderen Trips in seine abgelegene Heimat im Nordosten Georgiens, die man acht Monate im Jahr nur mit einem Helikopter erreichen konnte. Ich bemerkte mit, wie ich gestehen muss, Beruhigung, dass er nun eine Pistole an seine Hüften geschnallt trug.

Schließlich, nun, da der Heimweg gesichert war, beendeten wir unsere Wanderung den Kamm hinauf und wieder zurück. Die Arbeiter beendeten ihre Reparaturen am Eingang Lomisas und gingen dann hinein, um die Kette drei Mal um die Säule herumzutragen.

Als wir zurückkamen, war die Supra an einem langen, niedrigen Tisch im Windschatten der Kirche bereits in vollem Gange. Die Details verschwanden im Nebel, aber ich erinnere mich daran, wie mein englischer Begleiter sein Glas wiederholt „bolomde" leerte („bis zum Boden"), und an Shamils letzten Toast. Er erhob sein Glas in dem einfallenden Licht und würdigte den

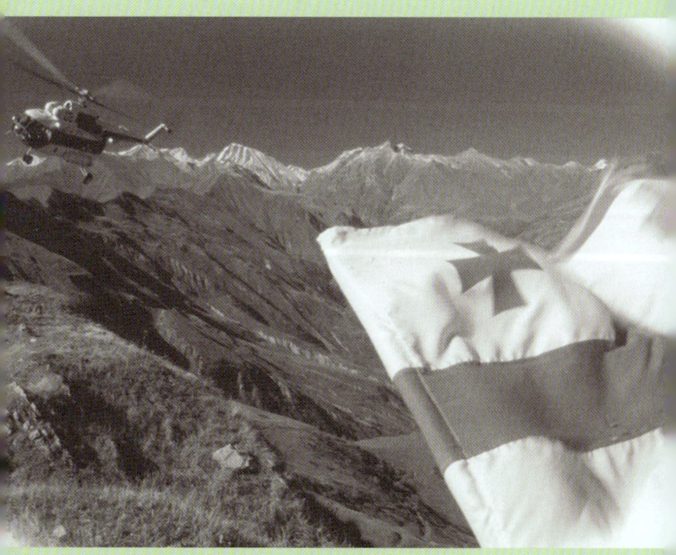

wunderschönen Ort, die Kirche und mit einem Wink seines Glases ganz Georgien. Plötzlich konnte ich es dort unter uns fühlen, Georgiens Gipfel, Täler und Kirchen, wie sie sich von diesem Kammrücken aus ausbreiteten wie auf einer bunten touristischen Landkarte.

Als die Sonne schließlich unterging, röhrten die Turbinen und eine taumelnde Gruppe eilte Richtung Helikopter. Wir kletterten an Bord und mein Freund rief, dass dies sein erster Helikopterflug überhaupt sei. „Und dein letzter", rief ich zurück. Sekunden später hob der Helikopter ab, stieg in einer „Apocalypse Now"-90-Grad-Wendung auf und tauchte hinab ins Tal. Doch kümmerte es uns überhaupt, ob wir lebten oder starben? Waren wir doch gefangen vom Geist dieser wilden Berge, die uns nun wortwörtlich vom Boden abhoben und unsere Körper durch die Lüfte wirbelten in Richtung eines sich bald nähernden Marco Polo Hotels.

Vier Minuten später standen wir, noch zweifelnd, wieder auf festem Boden und beobachteten Shamil dabei, wie er den Helikopter erneut in die Luft brachte, um auch dem letzten Arbeiter ein Shuttle nach Hause zu sein. Als der Mond hinter dem Fire Cross Tower aufging, luden uns unsere Mitreisenden zu einer weiteren Supra ein – aber ich zerrte meinen Freund, wenn auch widerwillig, davon. Wir hatten den Tag als Pilger begonnen und ihn praktisch als Alkoholiker beendet, waren kurz durch die Nacht geflogen unter einem glühenden Vollmond. Der Kaukasus hatte geboten, was er so oft tat – **das völlig Unerwartete** – und wir hatten überlebt. Genug!

Touren 12/13/14
Die Khada-Schlucht

Start: im Dorf Bedoni (biegen Sie bei Kvesheti ab und überqueren Sie den Fluss)
Ende: Bedoni (Tour 12), Marco Polo Hotel (Touren 13/14)
Typ: hin und zurück (Tour 12); nur Hinweg (Touren 13/14)
Zeit: April bis November (Tour 12); Mai bis Oktober (Touren 13/14)
Dauer: 4/5 Stunden; 5/6 Stunden; 6/7 Stunden
Aufstieg: 300 Meter; 700 Meter; 900 Meter
Maximale Höhe: 1800 Meter; 2200 Meter; 2400 Meter
Schwierigkeitsgrad: einfach (Tour 12); mittel (Touren 13/14)
Mobilfunksignal: erstaunlich gut, abgesehen vom Ende des Tals

Geschichte

Während eines Aufenthalts in Gudauri hörte ich jemanden über einen Kollegen sagen: „Oh, er ist **aus Khada,** er ist ok." Nach näherem Nachfragen stellte sich heraus, dass die Menschen aus der Gegend **einen bestimmten Ruf genossen** – sie seien ruhiger, eigenständiger und weniger anfällig für Ausschweifungen als die Mokhebi (aus der Kazbeg-Region). Lag das, überlegte ich, an der Altertümlichkeit dieses Tals, seiner überlieferten Schönheit?

Gerüchten zufolge besitzt es 60 Steintürme und einige Dörfer. Seine Gemeinschaften entwickelten sich entlang der Hauptroute durch den Großen Kaukasus, bevor die Russen im frühen 19. Jahrhundert die **Georgische Heerstraße** oberhalb der steilen Mleta-Klippen bauten. Dort erreicht die Gebirgskette ihren schmalsten Punkt – gerade mal 60 km (nicht so wie die 120 km in Swanetien). Mit der neuen Straße sah sich das Tal plötzlich befreit von dem Rummel der Armeen, Seidenstraßen-Wanderer, Diplomaten usw. und kehrte zurück zu einem landwirtschaftlichen Leben.

Zusammenfassung

Diese Touren führen hinauf zu einer **historischen Bergschlucht,** die sich einem weitläufigen, mit Türmen gespickten Tal erschließt, in dem eine **abgeschiedene hochalpine Atmosphäre** herrscht – und doch nur eine anderthalbstündige Autofahrt von Tiflis entfernt. Die 60 Türme, von denen wir heute wissen, stehen nicht mehr alle, aber die zahlreichen höher gelegenen Dörfer sind durchgehend besiedelt. Zu erreichen sind sie über eine Straße, die der **Schlucht des Khadistskali-Flusses** folgt mit ihren Dörfern, die wie Adler in ihren Nestern auf den Steilklippen hocken. Die Schlucht ist lang (10 km nur auf der Straße – die abgesehen vom ersten Stück einen Geländewagen erfordert); durch ihren spektakulären Start ist es dennoch ratsam, zumindest den Großteil zu laufen. Das längste Stück **(Tour 14)** endet mit einem steilen 600 Meter langen Anstieg zum Kamm über dem Marco Polo Hotel in Gudauri. Von dort ist es eine entspannte Stunde nach unten – geradewegs zur Bar. Dieser zweistündige Anstieg zum Schluss verleiht der ganzen Geschichte eine scharfe Note. Für jene mit weniger Zeit (und Atem) ist es ebenfalls möglich, die Schlucht einfach zu den Dörfern hinauf zu laufen und wieder zurück **(Tour 12).** Dies dauert noch immer ein paar Stunden und ist eine exzellente Wanderung.

Anmerkung: Wer auf Marschrutkas (Mini-Busse) angewiesen ist, kann die Wanderung im Dorf Kvesheti beginnen und beenden, auf der Hauptstraße nach Tiflis. Kalkulieren Sie dann eine Stunde mehr ein.

Wegbeschreibung

Offizieller Beginn der Schlucht ist **Bedoni.** Das Dorf liegt neben dem Weißen Aragvi (oder auch Mtiuleti-Aragvi oder Tetri-Aragvi) am Eingang zur Schlucht, von Mleta aus ungefähr 3 km Richtung Tiflis. Biegen Sie bei Kvesheti ab (N 42° 25.636 E 44° 33.077 – ungefähr 15 Minuten Fahrt vom Marco Polo Hotel in Gudauri). Bei allen Touren wird der Aragvi überquert und der Feldweg unter der Gasleitung hindurch gefahren und durch das erste Dorf – Bedoni (dies könnte problemlos zu Fuß zurückgelegt werden, würde aber entsprechend länger dauern). Sobald Sie die andere Seite erreicht haben (weit entfernt von potentiellen Problemen mit Hunden), befinden Sie sich an einer guten Stelle, um sich absetzen zu lassen.

Blick von der Kirche auf das Dorf Korogo, oben in der Khada-Schlucht

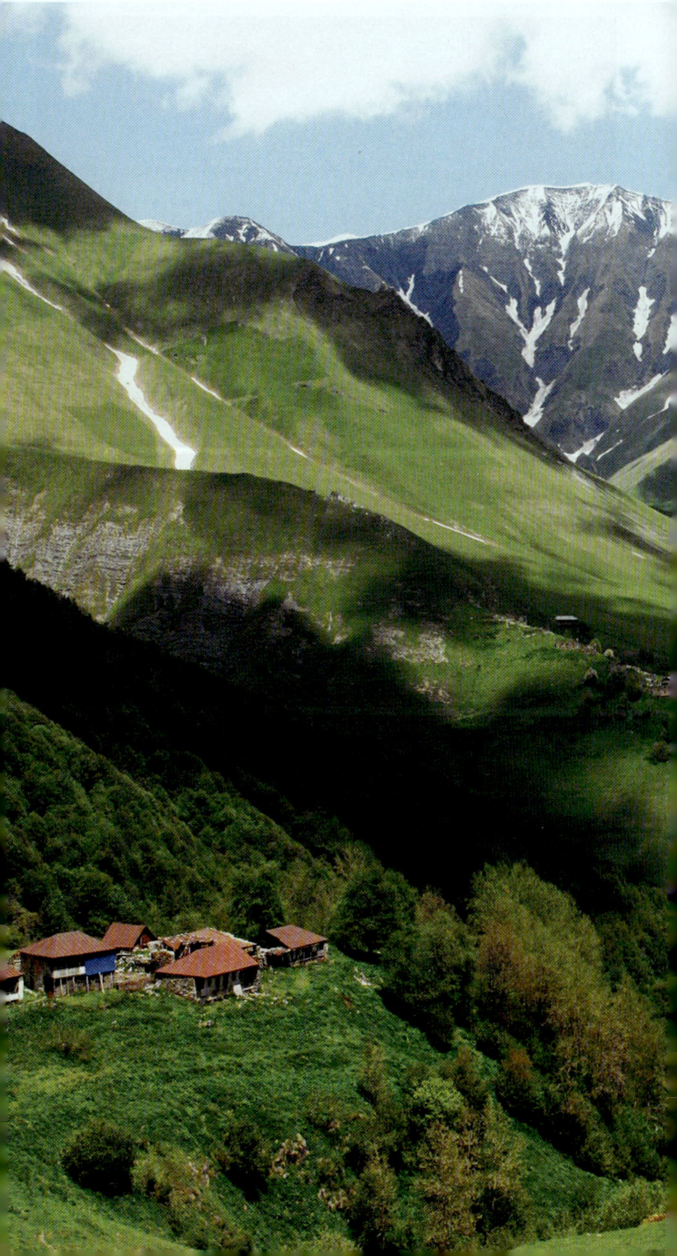

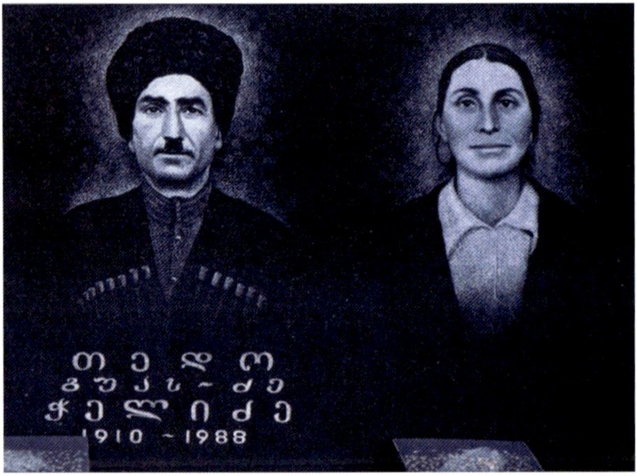

Vor Ihnen präsentieren sich die **gigantischen Klippen** wie eine Hollywood-Kulisse; in eine der ersten wurde ein kleines Gefängnis hineingebaut – ursprünglich bestimmt für nordkaukasische Eindringlinge. Die **Touren 12 und 14** folgen die gesamte Strecke dem Feldweg (Tour 14 bis zum oberen Ende des Dorfes Skere, circa sieben weitere Kilometer) –, so ist es nahezu unmöglich, sich zu verlaufen. Die Straße steigt langsam, aber stetig an und erlaubt bald Aussichten auf die Dörfer Zakatkari und Korogo, die wie Adlerneste auf den massiven Klippen hocken. Es ist schwer, sich dort keine Elfen vorzustellen. Anschließend betreten Sie die herrlichen höheren Bergweiden und die Dörfer und passieren die malerische Kirche des Heiligen Georg sowie den Glockenturm in Bekot Kari. Im Inneren des Kirchhofs entdeckten wir einen neuen **Grabstein,** in den zwei Gesichter gemeißelt wurden, in einem sind Daten zu lesen, in dem anderen nicht. **Hier endet Tour 12** (auch wenn Sie theoretisch so lange das Tal weiter hinaufgehen können, wie Sie wollen).

Grabstein in Bekot Kari

Tour 14: Hinter der Kirche gehen Sie entlang der Straße weiter in Richtung des letzten Dorfes **Skere.** Überqueren Sie die Brücke, biegen Sie aber noch vor Skere links ab Richtung **Mugure**, das letzte Dorf hinten auf der linken Seite des Tals. Der Aufstieg zum Kamm beginnt direkt oberhalb des Ortes. Erscheinen vor Ihnen die ersten Häuser, halten Sie nach einem Pfad Ausschau, der den Berg rechts hinauf verläuft, aber größer ist als jener, der zu einem Haus führt. Dies ist der Hauptweg, der Sie schließlich **hoch und über den Pass** bringt. Bald werden Sie feststellen, dass Sie das Tal erneut hochwandern, allerdings nun oberhalb des Ortes eine kleinen Talschulter entlang. Bald kommen Sie zu deren Kamm, dem Sie bis zu dem Punkt folgen, an dem er mit den Flanken des Haupttals zusammentrifft. Hier teilt sich der Pfad auf wundersame Weise – ein kleiner Weg führt hinunter und etwas nach links. Der Hauptweg verläuft geradeaus weiter den Kamm entlang und scheint dann links der Talflanke entlang einzudrehen. Folgen Sie ihm nicht. Nehmen Sie stattdessen den kleineren nach links führenden Weg. Wenn Sie dem Hauptweg (dem bisherigen Weg) weiter folgen, werden Sie schließlich von einem großen erdrutschbedingtem Schutthaufen angehalten – und müssen wieder umkehren. Der schmalere Weg bringt Sie hinunter in die Biegung eines kleinen Tals, über den trennenden Strom und schließlich die steilen Flanken zum Pass hinauf. Das letzte Stück ist weiter weg als es aussieht und führt auf 2400 Meter hoch. Heben Sie sich also etwas Puste auf.

Oben finden Sie eine **Schäferhütte** und einen Ausblick auf das Marco Polo Hotel unten am Fuße eines langen, flachen Tals eingebettet. Direkt darüber befindet sich die Hauptstation der zweiten Seilbahn sowie „Kosta's hut and restaurant" – „manchmal" auch während der Sommermonate geöffnet.

Vor Ihnen liegen zwei Pfade – ein oberer und ein unterer – die Richtung Hotel führen (links und hinunter). Der obere Weg scheint verlockend zu sein, was sich aber bald ändert, da sich Kühe (die offensichtlichen Übeltäter) auf den Weiden aufgehalten haben müssen. Der **untere Pfad** ist der richtige und erklimmt den Kamm von einer niederen Ebene aus (mit Aussichten hinunter ins Khada-Tal). Auch er teilt sich später und bietet einen schnellen Weg zurück (rechts), indem er den Kamm ganz meidet und das Tal hinunter zu seinem höchsten Punkt folgt, wo alle drei Wege aufeinandertreffen (GPS N 42° 27.968 E 44° 29.487, Höhe 2060 Meter). Dort verläuft ein enger Pfad rechts entlang einem Durchgang zu einer **schmalen Hochebene,** die von einem **früheren See** eingenommen wird. Gehen Sie links um den See herum, dann nehmen Sie den Feldweg zum Hotel am Fuße des Sessellifts (GPS N 42° 27.760 E 44° 29.096, Höhe 2005 Meter).

Tour 13: Folgen Sie der Beschreibung von Tour 12. Ungefähr eine Stunde hinter dem Ort **Kversheti** befindet sich eine **eisenhaltige Quelle** – leicht kohlensäurehaltiges Quellwasser mit orangefarbenem Sinter (hinter dem Gefängnis). Füllen Sie Ihre Flaschen, dann gehen Sie 150 Meter zurück zur ersten Rechtsabbiegung von der Straße hinunter und bergaufwärts. Der Pfad führt zu einem kleinen Dorf, bestehend aus drei Häusern – allen voran eine Kirche. Von dort nehmen Sie einen Weg nach rechts (Norden), der die Flanke durchquert und zur **Kogoro-Kirche** oberhalb des Dorfes führt – einem meiner Lieblingsplätze. Von der Kirche aus schauen Sie nach Westen und Sie sehen in etwa 2 km Entfernung etwas weiter oben den Fire Cross Tower den Horizont durchbrechen. Gehen Sie von der Kirche aus den Kamm hinauf, nach ca. 150 Metern nehmen Sie den Schäferweg zu Ihrer Linken, der den Berghang bis zum Fire-Cross-Kamm durchquert. Es gibt mehrere Wegmöglichkeiten, aber ich bevorzuge den höher gelegenen Pfad. Folgen Sie **Tour 9 in umgekehrter Richtung** vom Turm zurück zum Marco Polo Hotel.

Tour 15
Aragvi-Schlucht und Wasserfall

Start: Sowjetische Aussichtsplattform – 2 km oberhalb von Gudauri
Ende: Georgische Heerstraße, beim Aufstieg nach Mleta
Typ: hin und zurück, meist bergab (manchmal steil)
Zeit: Mai bis Oktober
Dauer: 6 Stunden
Aufstieg: 200 Meter (runter 900 Meter)
Maximale Höhe: 2275 Meter
Schwierigkeitsgrad: mittel/schwierig, mit einigen Klettermomenten
Mobilfunksignal: gut, abgesehen vom oberen Tal

Zusammenfassung

Eine spektakuläre Wanderung – beginnend am höchsten Punkt geht es hinab ins obere Aragvi-Tal und dann – wenn es die Brücken erlauben – zu einem eleganten Wasserfall. **Der Weg kann auch in umgekehrter Richtung gegangen werden,** wenn man sich die oberen Höhen für den Schluss aufheben möchte – in dem Fall erlebt man den steilsten Aufstieg, aber auch die schönsten Aussichten erst zum Ende der Wanderung (kalkulieren Sie eine weitere Stunde mit ein). Ab der zweiten Septemberhälfte ist dies jedoch nicht mehr ratsam, da die herrliche Aussicht des Tals dann nachmittags von Schatten getrübt wird. Der ursprüngliche Abstieg beinhaltet ein paar **Klettermomente,** teilweise auf einem stark überwucherten Pfad – jedoch nichts, was mit einem Funken gesunden Menschenverstand nicht zu bewältigen wäre. Darüber hinaus ist der Weg recht logisch – ich habe es geschafft, ihn allein zu finden. Es gibt **einen Fluss zu überqueren,** der sich am Fuße des Tals befindet – und dank des neuen Wasserkraftwerks und Sees nun über eine Brücke. Die Weiden dahinter werden häufig von Rindern genutzt und der Himmel darüber von Drachenfliegern. Diese Route wird sich wohl drastisch verändern, wenn der geplante Straßentunnel gebaut wird (statt im Inneren der Khada-Schlucht).

Man kann sie **abkürzen,** indem man den Wasserfall auslässt und diese herrliche Talschlucht direkt hinuntergeht – vorbei an

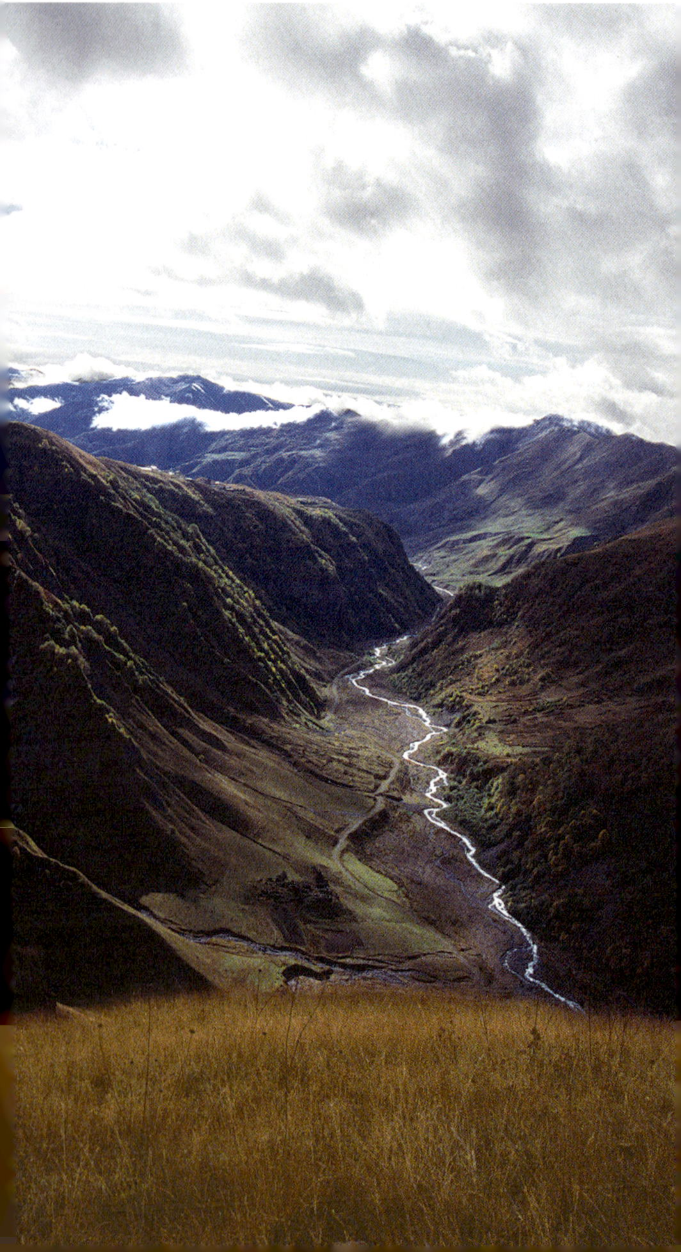

den verlassenen Dörfern und Steilklippen, bis zur Straße Richtung Mleta – und sich den etwas kleineren Wasserfall weiter unten ansieht. Vergessen Sie aber nicht, dass Sie eine **Mitfahrgelegenheit/Marschrutka zurück nach Gudauri** brauchen (wenn Sie dort bleiben), es sei denn, Sie möchten am Schluss noch eine zusätzliche Stunde an der Straße entlangspazieren.

Anmerkung: Beide Fahrten, zum Startpunkt und zurück, können mit Marschrutkas (Mini-Bussen) zurückgelegt werden. Steigen Sie bei der Aussichtsplattform aus, machen Sie Ihre Wanderung und gehen Sie anschließend, nachmittags, zur Straße hinauf nach Mleta. Möchten Sie diese Wanderung an einem Tag von Tiflis aus beginnen, sollten Sie früh aufstehen.

Wegbeschreibung

Lassen Sie sich bei der **sowjetischen Aussichtsplattform** absetzen. Dies ist das große, kreisförmige Mosaik, das die „Freundschaft" zwischen den Völkern Georgiens und Russlands symbolisiert und sich auf der Ecke der Aragvi-Schlucht befindet, ungefähr 150 Meter unterhalb des Gipfels des Jvari-Passes (Kreuzpass) (einen Kilometer hinter dem Lawinen-Tunnel). Wegen ihrer Skurrilität ist sie unmöglich zu übersehen – die Aussichtsplattform, die die Aussicht stört (mit ihrer sowjetischen Propaganda). Der **exakte Startpunkt** dieser Wanderung ist von größerer Bedeutung als bei den anderen. Sie müssen genau den Punkt finden, an dem der Pfad die Hochebene der Aussichtsplattform erreicht (GPS N 42° 29.353 E 44° 27.486, Höhe 2250 Meter). Ohne auf elektronische Geräte zurückzugreifen: Gehen Sie nach links wenn Sie vom aufsteigenden Pfad kommend zur Plattform gelangen. Dort befindet sich ein nur schwer erkennbarer Pfad, der auf geradem Wege zum letzten Haus gegenüber der Schlucht im oberen Gudauri führt. Folgen Sie dieser Sichtlinie durch ein paar Halbsümpfe zur östlichen Kante der Hochebene und sehen Sie hinunter. (Wenn Sie bei dem Steinmännchen – in Form eines Kreuzes – ankommen, sind Sie zu weit rechts. Folgen Sie dann der östlichen Flanke der Hochebene nach links.) Sie sollten den Pfad nun ca. 25 Meter unterhalb der Spitze erkennen

Das Aragvi-Tal von oben, Blick nach Süden

können, ungefähr auf halbem Wege entlang der Hochebene. Sobald Sie ihn gefunden haben, ist der weitere Verlauf des Wegs offensichtlich (er senkt sich sehr steil nach unten) und führt bald zu einem atemberaubenden Aussichtspunkt und weiter das Aragvi-Tal hinunter (inklusive des Wasserfalls).

Der **Abstieg zum Aragvi-Fluss** dauert ungefähr eine Stunde. Bei der Ankunft treffen Sie auf einen unverwechselbaren **einsamen Gedenkstein,** in den ein beinahe lebensgroßer Mann eingemeißelt wurde, der eine Tschocha trägt (ein traditionelles kaukasisches Kleidungsstück mit Kartuschenhalter). Überqueren Sie den nächstgelegenen Fluss (etwas weiter unten treffen zwei Flüsse aufeinander) und gehen Sie am Stausee vorbei hinauf zu den gegenüberliegenden Talflanken in das oben liegende verlassenene Steindorf. Im Westen können Sie den **Wasserfall** ausmachen; der weiterführende Weg ist offensichtlich.

Bleiben Sie oben und versuchen Sie nicht, zum Fuß des Wasserfalls hinunterzuklettern. Betrachten Sie ihn von der Klippe aus, die direkt vor ihnen liegt, dann folgen Sie Ihren Fußspuren zurück zum Fluss. Etwas weiter befindet sich ein unverwechselbarer Feldweg, der durch das gesamte schöne Tal hinunter- und bis zur Straße nach Mleta führt. **Oder: Für die Wagemutigen** gibt es kurz nach dem sich links befindenden verlassen Dorf auf einem Bergsporn eine Abkürzung durch die felsige Schlucht direkt nach Gudauri. **Extrem steil und gefährlich,** doch die Schäfer benutzen sie. Ich bin den Weg öfter gegangen, aber meistens auf allen Vieren.

Anmerkung: In der Mitte des Aragvi-Tals ragt ein kleiner Hügel empor, auf dem **ein weiteres verlassenes Dorf** liegt (rechts). Wenn Sie es besuchen möchten, überqueren Sie den zweiten Fluss (als ich das letzte Mal dort war, existierte eine kleine Brücke, die zwischenzeitlich aber wohl verschwunden ist), aber bedenken Sie, dass Sie denselben Weg zurückgehen müssen, den Sie gekommen sind, um wieder zum Feldweg nach Mleta zu gelangen (es sei denn, inzwischen ist eine neue Brücke weiter unten aufgetaucht).

Eine Statue, die Wanderer am Fuße der Schlucht des Weißen Aragvi willkommen heißt

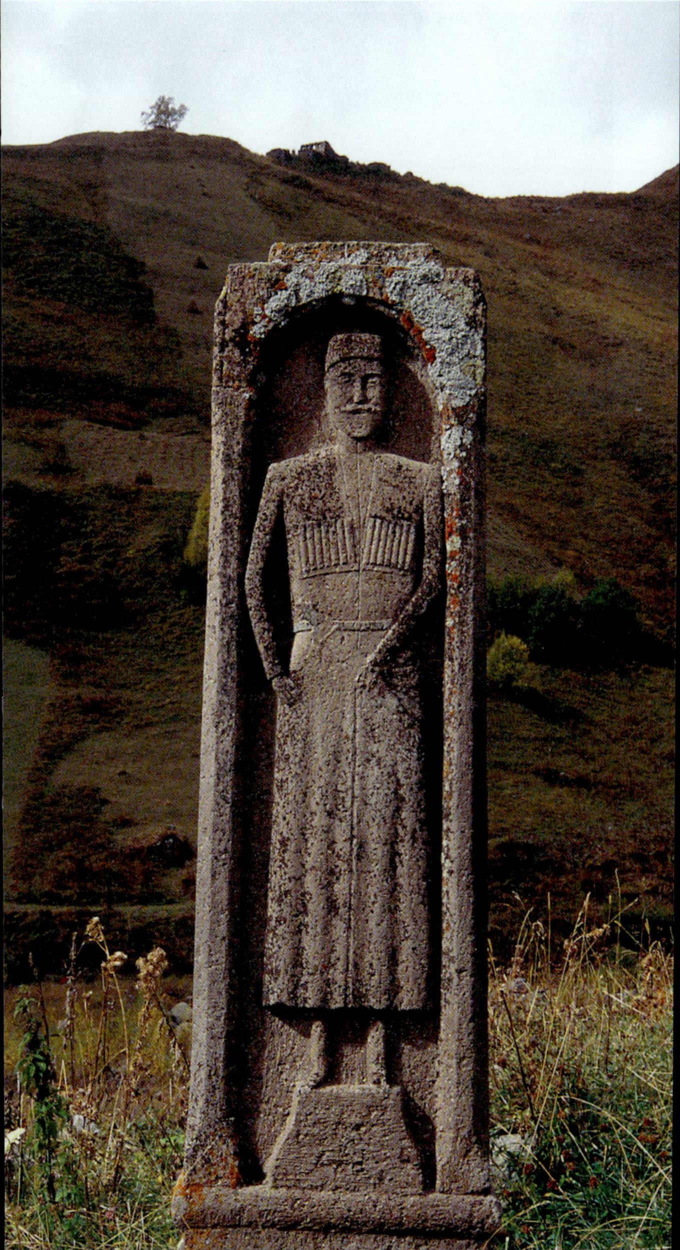

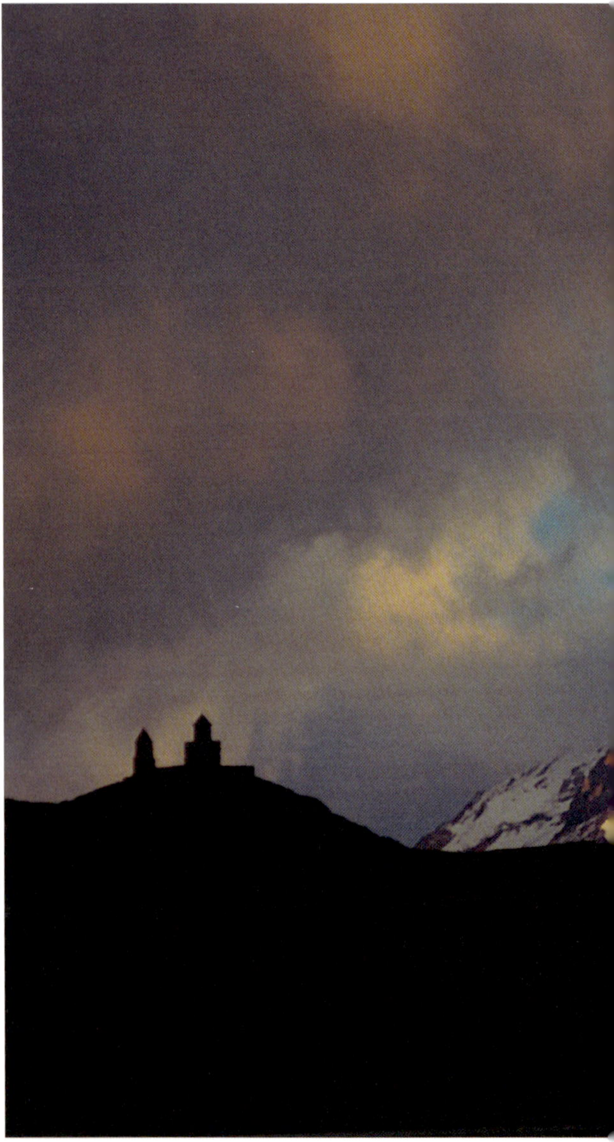

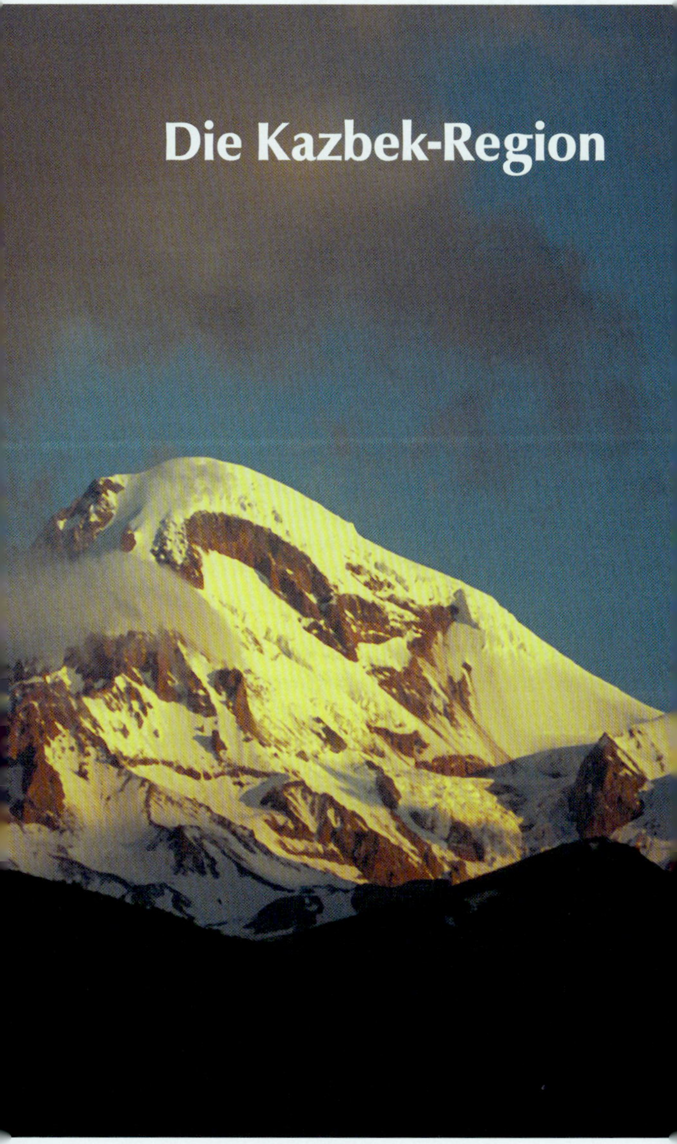
Die Kazbek-Region

Die Kazbek-Region

Einleitung

Die Gegend um den Berg Kazbek zieht mehr Wanderer an als jede andere Gegend Georgiens. Nur drei Autostunden von Tiflis entfernt – die Georgische Heerstraße hinauf – befindet sich die **Stadt Stepantsminda** (ehemals Kazbegi) unterhalb des **5033 Meter hohen Bergs Kazbek.** Zudem wird sie überragt von der aus dem 14. Jahrhundert stammenden **Dreifaltigkeitskirche von Gergeti (Sameba),** die sich auf einem kleinen Hügel 400 Meter direkt über dem Dorf **Gergeti** befindet. Abends heben sich die Kirche und ihre Glockentürme als schwarze Silhouette vor dem ewigen Schnee des Kazbek ab und hinterlassen einen von Georgiens bleibenden Eindrücken. **Wanderwege gibt es dort im Überfluss** – von jedem Schwierigkeitsgrad, jeder Beschaffenheit und Dramatik: von dem flachen, geologisch intensiven Truso-Tal über den Ehre bringenden Versuch, den Kazbek selbst zu bezwingen, bis zum betörenden Gergeti-Gletscher auf 3300 Metern. In der Kazbek-Region spürt man die enormen geologischen Kräfte, die Georgien seine dramatisch-spektakulären Landschaften verliehen haben, und so auch, stellvertretend, den Menschen ihren Charakter.

Hier werden vier separate Wanderrouten vorgestellt – ausgehend von Kazbegi als Basis. Drei erfordern Mitfahrgelegenheiten hin und zurück, eine (die erste) kann vom Dorf aus gestartet werden – oder von Gergeti aus (der Nachbarort direkt auf der anderen Seite des Terek-Flusses – in Georgien auch Tergki genannt).

Lage

Kazbegi (heute Stepantsminda) ist eine kleine Stadt von circa 2000 Einwohnern, nördlich von Tiflis gelegen und zweieinhalb bis drei Stunden mit dem Auto entfernt (35 Minuten mit dem

Kapitelstartseite: Berg Kazbek und die Silhouette der Sameba-Kirche

Helikopter). Die Region wird **Khevi** genannt und die Menschen, die sie bewohnen, **Mokheve.** Vom Tbilissis Zentraluri Sadguri („Bahnhof") aus gibt es einen guten Marschrutka-Service (Mini-Bus). Gewöhnlich sind die **Busse** mit „Kazbegi" markiert. Am besten aber ist die Anreise mit dem Auto - ich nehme am liebsten ein stabil aussehendes **Taxi** vom Taxistand. Wenn man sich eins teilt, kostet es nur wenig mehr als eine Marschrutka - und so lassen sich an Orten wie Ananuri am Zhinvali-Stausee sogar Fotostopps einlegen.

Sie fahren durch Gudauri hindurch (ein weiteres Wandergebiet), wo einige Menschen aussteigen. Von Kazbegi aus gibt es ebenfalls Taxis zurück - manche allerdings mit Formel-3-Champions am Steuer (ich wurde die Strecke, die man eigentlich in über drei Stunden fährt, einmal in zwei Stunden und fünf Minuten zurückgebracht - und habe unterwegs mehr geschwitzt als während der gesamten Wanderung den Kazbek hinauf).

Das **„Rooms Hotel"** von Stepantsminda ist eine wahre Erfolgsgeschichte, über die international berichtet wurde und die zudem zahlreiche russische Besucher aus Vladikavkaz anzog - einen Besuch wert, allein schon wegen des Panoramas. Es gibt aber ebenfalls zahlreiche günstige Gästehäuser/Homestays und sogar ein kleines **Bergsteigermuseum.** Der **Hauptplatz** ist ein **Taxizentrum für diverse Trips,** entweder zur Gergeti-Kirche hinauf oder für eine der anderen Routen, die in diesem Buch beschrieben sind. Es gibt dort auch ein kleines, belebtes, privates **Informationszentrum** direkt hinter dem Platz in Richtung Brücke.

Kazbegi (Stepantsminda)

Geschichte

Die Namen Kazbek und Terek (Kazbegis Fluss) haben **mongolische Wurzeln** und stammen aus der Zeit der mongolischen Belagerung im 12. Jahrhundert. Damals wurden sie der noch recht kleinen Siedlung aufgezwungen. Und blieben hängen. Nachdem der Einfluss der Mongolen langsam verblasst war, setzten sich die **Georgisch-Orthodoxen** an diesem bedeutenden Ort durch, der Georgien im Norden abgrenzte - indem sie die **spektakuläre Sameba-Kirche** direkt unterhalb des Kazbeks erbauten

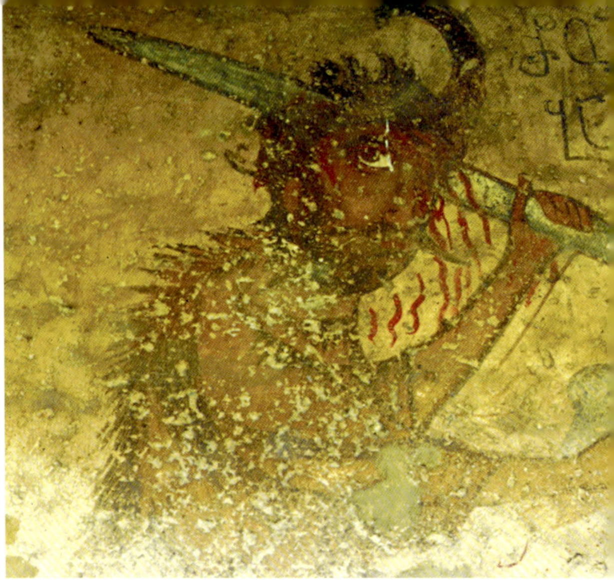

(im 14. Jahrhundert, eine Zeit, in der noch Kirchen und nicht Karten Territorien markierten).

Die Georgier haben ihren eigenen Namen für den Kazbek (ein erloschener Vulkan) – **Mkinvartsveri** („Höchster aller Gletscher"). Sie hatten ebenfalls ihren eigenen Namen für Kazbegi – Stepantsminda –, doch der einheimische Dichter Alexander Kazbegi, eine Art georgischer Walter Scott, benannte ihn im 19. Jahrhundert um. Im Zentrum der Stadt gibt es ein interessantes Museum, das ihm gewidmet ist, neben der Kirche im armenischen Stil – mit zahlreichen Fotografien der Türme, denen man auf diesen Routen begegnen kann (beachten Sie das alarmierende Ausmaß ihres Zerfalls). Kazbegi, nun wieder Stepantsminda, sitzt ebenfalls oben auf der berühmten **Darialschlucht,** die von den Dichtern der russischen Romantik im 19. Jahrhundert hochgepriesen wurde (siehe Tour 21). Weitere Informationen über den Berg selbst finden Sie in dem kleinen **Museum of Alpinism,** das Besucher in der ersten Parallelstraße oberhalb des Stadtzentrums willkommen heißt, gegenüber des „Kazalikishvili House". Dieses soll auch bald ein Zentrum für Kletterer werden.

Ein Teil des Wandbildes von Lashtkhveri

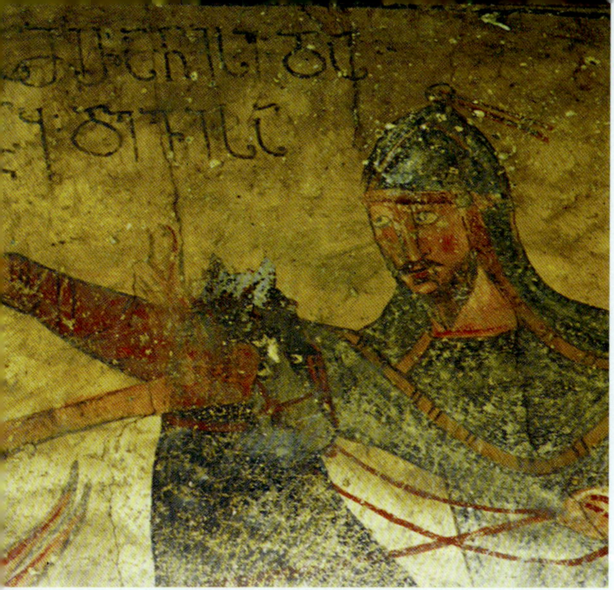

Die Mythologie

Viele Geschichten liegen unter den heruntergefallenen Steinen der Bergdörfer begraben. Gern bitte ich die Einheimischen, mir Geschichten zu erzählen, an die sie sich noch erinnern (denn so bleiben sie am Leben). Der Mythos um **Amirani** ist eine davon. Es gibt ihn in verschiedenen Versionen, einige ähneln dem griechischen Mythos von Prometheus. Beide Halbgötter wurden als Strafe an den Kazbek gekettet. Prometheus stahl Feuer für die Menschheit, während sich Amirani nach einer Reihe übermenschlicher Heldentaten und Drachentötungen dazu entschloss, Gott zu einem Wettkampf herauszufordern. Nachdem all seine Warnungen ungehört geblieben waren, stieß Gott seinen Stab in den Boden und bat Amirani, ihn wieder herauszuziehen. Der versuchte dies, doch natürlich versagte er. Der Stab hatte bereits tiefe Wurzeln in der Erde geschlagen. Für seine Torheit wurde Amirani an den Berg gekettet und ein Rabe sollte ihm täglich Wein und Brot bringen. Eine ausführlichere Wiedergabe finden Sie in meinem Buch „Georgia in the Mountains of Poetry". In der Kirche von Lashtkhveri in Lengeri, nahe Mestia in Swanetien, findet sich ein eindrucksvolles Wandbild aus dem 14. Jh., das einen Teil des Mythos von Amirani darstellt.

Touren 16/17
Die Gergeti-Dreifaltigkeitskirche und der Gergeti-Gletscher

Start/Ende: Kazbegi oder Gergeti
Typ: hin und zurück, zusätzliche Rundwege möglich
Zeit: April bis Dezember (Tour 16); Mai bis Oktober (Tour 17), Schneefall möglich
Dauer: 2½ und 7/8 Stunden
Aufstieg: 400 Meter und 1400 Meter
Maximale Höhe: 2210 Meter und 3300 Meter
Schwierigkeitsgrad: einfach (Tour 16); mittel, aber anstrengend (Tour 17)
Mobilfunksignal: durchgängig (Tour 16); durchgängig bis auf 2950 Meter, dann stellenweise (Tour 17)

Zusammenfassung

Diese zwei Touren sind die **Klassiker** unter den Touren durch die georgischen Berge und werden häufiger gewandert als alle anderen. Die erste führt Sie hinauf zur **Sameba-Kirche** (Dreifaltigkeitskirche) aus dem 14. Jahrhundert, zu ihrem Glockenturm und dem kleinen Kloster, welche das Dorf Kazbegi überblicken. Die zweite führt weitere 1000 Meter hinauf **Richtung Gipfel des Kazbek** (endet jedoch davor, die kürzeste Variante hinauf dauert zwei Tage) zu einer spektakulären Klippe, die die Eisschicht des Gergeti-Gletschers überblickt. **Eine von beiden zu wandern, ist nahezu essentiell** bei einer Reise nach Georgien. Auf dem zweiten Weg treten Sie in die Fußstapfen von Douglas Freshfield vom London Alpine Club, der 1868 als Erster den Kazbek erklomm, später Direktor der Royal Geographic Society wurde und die zwei Bände „The Exploration of the Caucasus" verfasste. Heutzutage lässt sich der Kazbek in einer viertägigen Expedition erklimmen. Für nähere Informationen siehe Kap. „Wandern im Kaukasus, Allgemeine Informationen zum Finden von Wanderführern".

Tour 16 zur Sameba-Kirche. Gehen Sie (von Kazbegi aus) hinunter zum **Fluss Terek** (Terki auf Georgisch), über die Brücke und dann gleich links die Straße hinauf zum oberen Teil des Dor-

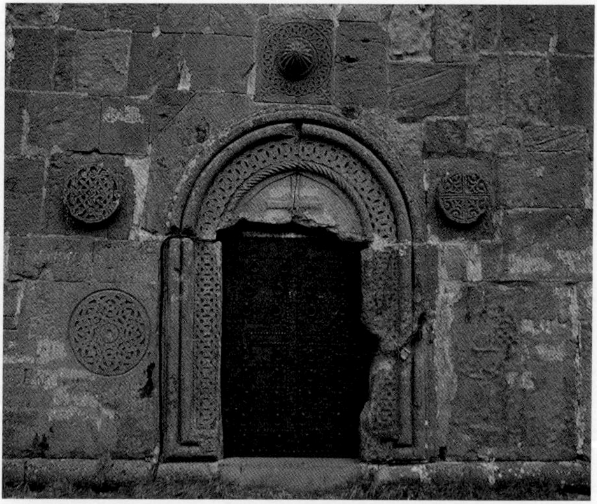

fes Gergeti. An der T-Kreuzung haben Sie **drei Möglichkeiten,** sie alle führen zur Kirche. **Links** führt Sie an den Ruinen eines kleinen Wachturms vorbei zur linken Seite des Hügels. Am Turm betreten Sie die Schlucht und folgen dem Bach. Nehmen Sie dann einen der zahlreichen Wege hinauf (nach rechts). Schließlich erblicken Sie die Kirche oben auf einer offenen Alm. **Rechts** folgt lediglich einem Feldweg den gesamten Weg hinauf (die langsamste, einfachste Route). **Geradeaus** beginnt erst ungefähr 20 Meter nach rechts ab, wo Sie zunächst links abbiegen und einen kleinen Pfad zwischen den Häusern hinaufgehen (GPS N 42° 39.787 E 44° 37.798, Höhe 1850 Meter). An der nächsten Möglichkeit gehen Sie geradeaus einen anderen Weg entlang, der Sie schließlich bis über die Häuser bringt. Steigen Sie weiter hinauf an einem kleinen Friedhof und offenen Weiden vorbei, bis Sie zu einem Wald gelangen. Dort geht es weiter durch die Bäume hindurch und schließlich kommen Sie wieder auf die Straße. Folgen Sie ihr zur Hochebene mit den Weiden und der Kirche (GPS N 42° 39.735 E 44° 37.213, Höhe 2210 Meter).

Tür zur Sameba-Kirche

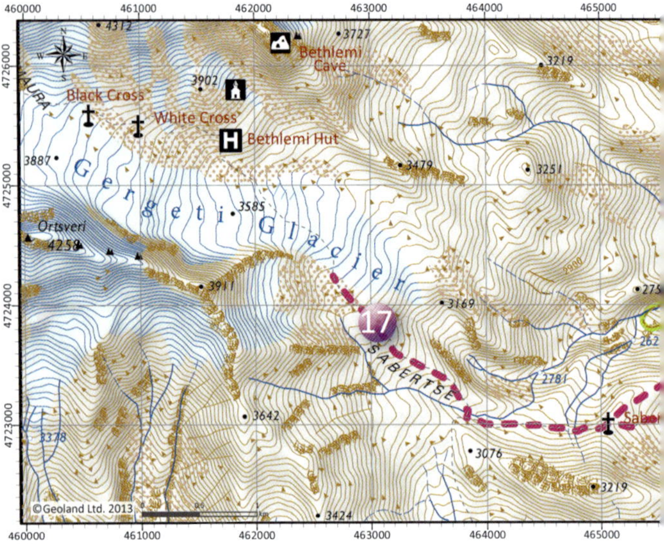

Tour 17 zum Gergeti-Gletscher beginnt kurz nach dem Punkt, an dem die Straße zur Kirche den Hügel erreicht (GPS N 42° 39 931 E 44°36 868 Höhe 2180 Meter). Der Weg ist **deutlich zu erkennen** – hinauf, den Kamm entlang und nach rechts. Ein fantastischer Weg. An einem guten Tag bleibt der Kazbek den gesamten Weg über Ihnen, und der Kamm eröffnet sich über einem tiefen Tal mit verschiedenfarbigen Steinen und Bäumen (im Herbst). In der Zwischenzeit schießt der Kamm förmlich nach oben in den Himmel, lässt die Sameba-Kirche zu zwei kleinen Punkten zusammenschrumpfen und entblößt mehr und mehr Gipfel.

Es gibt **einen weiteren Weg,** eine eher **gut ausgetretene „Kletter-Route",** die den manchmal stürmischen Kamm auslässt (und Aussichten auf den Kazbek). Nach ungefähr 200 Metern des ersten Stücks auf dem Kamm führt ein Pfad nach links weg und verläuft die linke Flanke des Berghangs entlang (GPS N 42° 39.980 E 44° 36.441, Höhe 2320 Meter). Sie **gilt als einfacher** und verläuft parallel zur Kammroute etwas unterhalb und führt den gesamten Weg hinauf zum Rücken, wo beide Wege neben

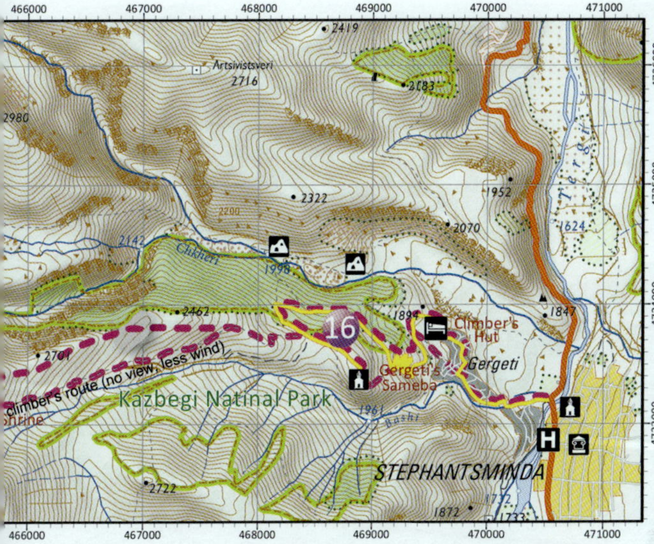

dem **„salotsavi“** (heiligen Ort) aufeinandertreffen – ein großes Steinmännchen, manchmal mit Kerzen und/oder Kreuzen dekoriert (GPS N 42° 39.521 E 44° 34.402, Höhe 2960 Meter). Ein Ort mit atemberaubendem Panorama und eine würdige Belohnung nach all dem Schnaufen.

Beachten Sie aber, dass nun die **Höhe** ein Faktor ist. Wird Ihnen schwindelig oder fühlen Sie sich ungewohnt müde, sollten Sie sich nicht zu sehr anstrengen. Machen Sie häufig Pausen, trinken Sie viel (ausreichend Wasser befindet sich in den vor Ihnen liegenden Bächen – nun sauber, da sie sich oberhalb der Sommerweiden befinden).

An diesem Punkt beginnt die **Bergmoräne;** der Gergeti-Gletscher ist deutlich zu sehen und befindet sich direkt unterhalb des Kazbek-Massivs. Sein **drastischer Eisschwund** ist an zwei gigantischen, leeren Klippen aus rotem Stein zu erkennen, die sich unterhalb der Zunge eröffnen. Das Ziel des Wegs befindet sich oben auf der linken Klippe, gleich über dem Ende der Zunge. Vom Salotsavi aus führt der Weg direkt dorthin – und ist durch die Steinmännchen der Wanderer gut markiert.

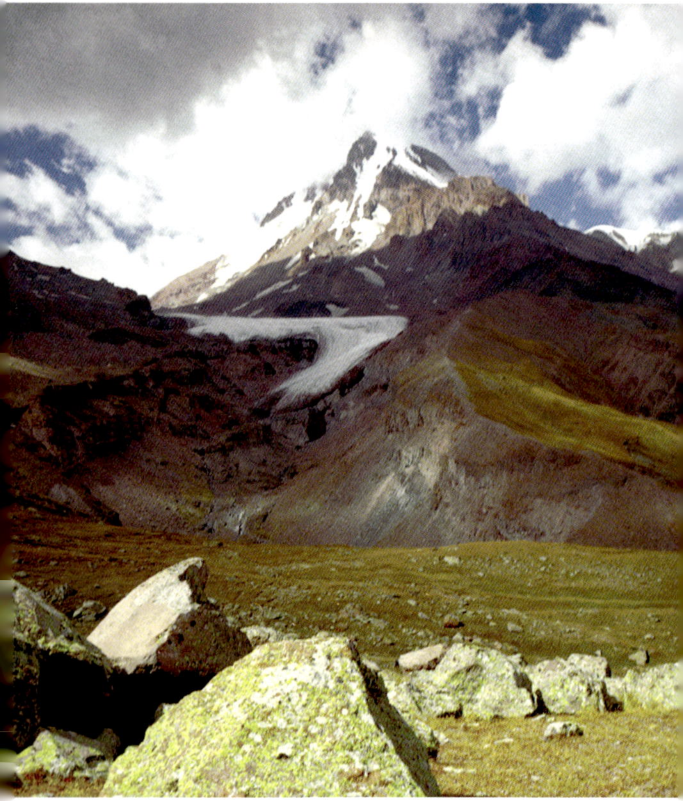

Während unseres Trips zogen plötzlich schwere Wolken auf und es begann zu schneien, circa 40 Minuten lang, direkt unterhalb der **„Schneeschaufel"** – ein surrealistisches meteorologisches Stück Schmiedearbeit nahe des Klippenrands (GPS N 42° 39.667 E 44° 33.505, Höhe 3040 Meter). Wir verbrachten dort eine kurze Mittagspause und eilten nach unten – der Weg aber hätte noch einen Kilometer oder mehr die Klippe hinaufgeführt.

Gergeti-Gletscher und Berg Kazbek. Das Foto wurde 1997 aufgenommen, die Zunge ist inzwischen geschrumpft

Vergessen Sie nie, dass Sie von hier aus **gute drei Stunden für den Abstieg** benötigen (wir haben wegen eines spätnachmittäglichen Wolkenabzugs, der weit mehr Fotostopps verursacht hat, als gesund war, vier gebraucht).

Zurück. Der Weg, den Sie gekommen sind.

Zwei-Tages-Option. Gehen Sie vom höchsten Punkt dieser Tour weiter zum Gergeti-Gletscher hinauf, der auf ungefähr 3300 Metern liegt (mit der Hilfe eines **Wanderführers**), überqueren Sie anschließend das Eis und gehen Sie weiter zur Wetterstation auf 3652 Metern, um dort die Nacht zu verbringen. Lebensmittel und einen warmen Schlafsack müssen Sie sich selbst mitbringen.

Juta

Einleitung

Das Dorf Juta liegt **auf 2150 Metern,** eine kleine Häusergruppe am Ende einer langen, unbefestigten, aufsteigenden Straße an der Schnittstelle zweier Täler. Das eine führt weiter Richtung Tschetschenien, 7 km nach Osten (schwer bewacht hinter hohen Gipfeln), das andere zum spektakulären Berg Chaukhi. Juta soll im tiefsten Winter nur zwei Stunden Sonne pro Tag haben und wird von den Chewsuren (Khevsurs) bewohnt (friedlicher und heidnischer als die trinkfreudigen Mokheben). Als ich meinen Wanderführer fragte, wie viele Familien dort lebten, antwortete er: „Eine – Arabuli." Damit meinte er, dass faktisch alle Einwohner verschiedenen Zweigen derselben Familie angehören.

Der **Chaukhi** ist auf dem Weg dorthin zu sehen, wie er über dem Tal ragt, schiefergrau und geriffelt, mit einem langen, gezackten Gipfel. Mir erschien er eher wie ein viktorianisches Organ am Kopf eines baumlosen und völlig dürren Tals.

Im Winter wird es dort **sehr kalt,** weil die Baumgrenze einiges niedriger liegt als in Kazbegi und sich auf der nördlichen, sonnenlosen Seite des Bergkamms befindet. Die Bevölkerung wird durch die Hauptleitung der transkaukasischen Pipeline mit Gas versorgt, die in den unteren Tälern verlegt wurde. Inzwischen gibt es auf der Hochebene über dem Dorf zwei hervorragende **Hotels/Restaurants für Wanderer** – inklusive Routenkarten für Kletterer.

Touren 18/19
Der Berg Chaukhi

Start/Ende: Juta, 50 Minuten mit dem Geländewagen von Kazbegi entfernt
Typ: hin und zurück
Zeit: Ende Mai bis Ende Oktober (Tour 19 kann durch Schnee eingeschränkt sein)
Dauer: 3 Stunden und 7 Stunden
Aufstieg: 400 Meter und 1000 Meter
Maximale Höhe: 2575 Meter (Tour 18); 3050 Meter (Tour 19)
Schwierigkeitsgrad: einfach (Tour 18); mittel, aber anstrengend (Tour 19)
Mobilfunksignal: nur am Anfang

Zusammenfassung

Zwei unvergessliche Wege in einem abgeschiedenen Tal – der eine wie ein hervorragender Aperitif zu einem herrlichen Hauptgang. Bei beiden Wegen ist das Ziel praktisch den gesamten Weg über sichtbar – der **prächtige Chaukhi,** die kaukasische

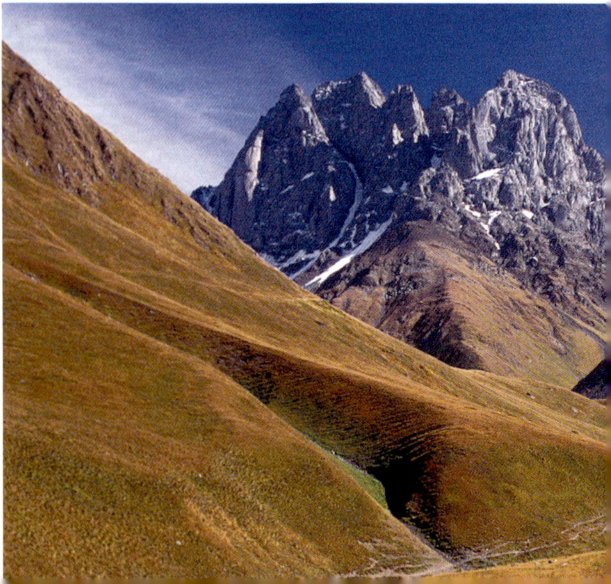

Antwort auf die Dolomiten. Die Gipfel erscheinen wie eine Reihe steifer, steiniger Finger, die am Ende eines öden, baumlosen Tals am Himmel kratzen **(Tour 18).** Wenige einfache Wanderwege im Kaukasus sind durchgehend so **spektakulär.**

Tour 19 schließt an Tour 18 an und führt Sie weiter; Sie überqueren einen steilen Hang neben diesen organähnlichen Steinsäulen und enden direkt bei der östlichsten – ganz nah an einem Klettererparadies (einer der Gipfel wurde „Cameron" genannt, nach dem ersten Menschen, der ihn erklommen hat, eine Britin). Die senkrechten, schiefergrauen Klippen sehen höher aus, als sie sind. Tatsächlich sind es 3842 Meter. Aber diese fehlende Höhe erlaubt das Gefühl von Vertrautheit. Tour 19 endet auf ungefähr **3050 Metern** und widersteht dem 3338 Meter hohen Roshka-Pass – um ausreichend Zeit für Fotos und den Rückweg zu lassen.

Als ich diese Tour ging – Ende September –, badeten wir innerhalb einer Stunde in Sonne, Schnee, Hagel und Regen – während die Gipfel des Chaukhi durch die Wolken wirbelten. Ein **gewaltiges Naturschauspiel.** Danach war der Roshka-Pass völlig eingeschneit.

Der Berg Chaukhi

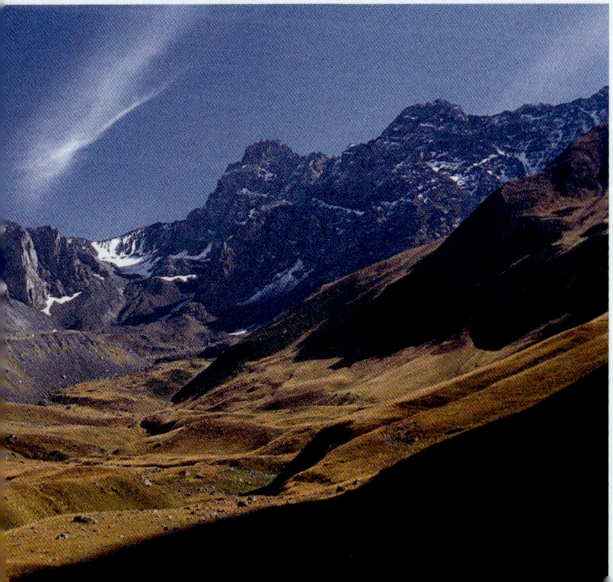

Wegbeschreibung

Gehen Sie durch **Juta** hindurch und folgen Sie den Markierungen hinter dem Hotel geradeaus hinauf zum Touristencamp. Unter der gebogenen Gasleitung befindet sich eine Abkürzung, doch dort treffen Sie womöglich auf einzelne freilaufende Hunde. Oberhalb des Dorfes befand sich einmal ein gelegentlich genutzter Fußballplatz mit schiefen Torpfosten und fehlenden Netzen (ich bezweifle, dass ein Spiel je über 1:0 hinausging, denn der treffende Ball wäre 150 Meter ins darunterliegende Tal gestürzt). Hinter den Touristenhütten wird der Weg flacher und mündet in ein geräumiges kahles Tal – ein einfacher Spaziergang links vom kleinen Fluss (obwohl dieser bis Mitte Juli stellenweise mit Lawinenschutt überhäuft sein kann). Orientieren Sie sich am Tal, überqueren Sie den Fluss (zur Zeit eher ein Bach) nahe dem kleinen Wasserfall und gehen Sie weiter hinauf zum **Klettercamp** (GPS N 42° 33.263 E 44° 46.208, Höhe 2575 Meter). Das **Wasser** aus dem Bach können Sie beruhigt trinken. Es kommt, vollständig gefiltert, aus dem Grund der ca. 200 Meter

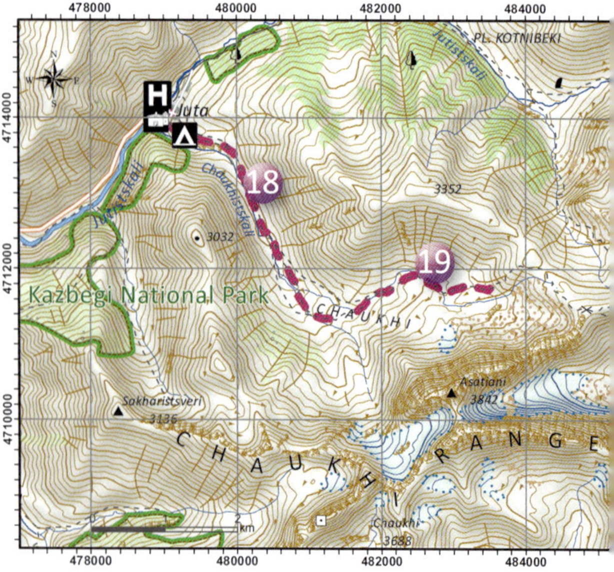

entfernten Moräne. Keine Chance auf Verseuchung durch Vieh. Und damit **endet Tour 18.**

Nun weiter zum „Hauptgang" ...

Tour 19: Gehen Sie weiter in Richtung der drei gigantischen purpurnen Steine, an denen der Pfad nach links oben abbiegt. Der Weg kommt und geht die gesamte Strecke hinauf bis zum Talende und steigt dabei recht stetig an. Da das Ziel weniger bedeutend ist als die Sicht auf das sich beständig nähernde Chaukhi-Massiv, ist der Weg nicht wichtig – er macht das Wandern aber deutlich einfacher. Die goldene Regel lautet: **niemals den Fluss überqueren** – auch wenn zunächst alles danach aussieht, als liefe es darauf hinaus. Behalten Sie den Hauptfluss stets zu Ihrer Linken und folgen Sie dem Pfad, wann immer er wieder auftaucht. Ihr Ziel ist ein Aufgang in der ganz rechten (östlichen) Ecke des Tals, der am Ende eines grünen Hangs beginnt (GPS N 42° 33.438 E 44° 48.132, Höhe 2980 Meter). Offiziell endet diese Route auf dem **Hügel,** der von dem Fluss oberhalb des grünen Hangs emporragt (GPS N 42° 33.340 E 44°48.207, Höhe 3050 Meter). Wenn Sie aber Zeit haben (und kein Schnee liegt), können Sie noch höhersteigen.

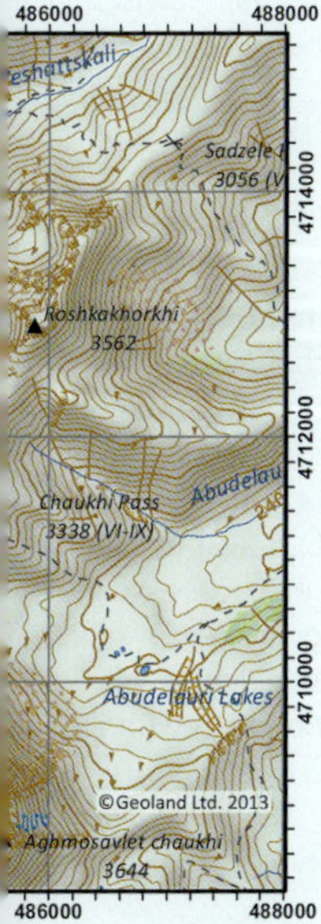

Zurück: Entweder gehen Sie den Weg, den Sie gekommen sind, oder Sie überqueren die rechte Seite des Tals und folgen dem Roshka-Pass-Weg in einem kleinen Rundweg wieder hinunter nach Juta.

3/5-Tagestour: Gehen Sie über den **Roshka-Pass** hinunter in den Ort Roshka (siehe Tour 40) und/oder nach Shatili, das spektakuläre Steindorf aus dem 9. Jahrhundert im Zentrum von Chewsuretien (Khevsureti) beim Fluss Argun nahe der tschetschenischen Grenze. Diese Tour beinhaltet das **Übernachten im Zelt, einen Führer und Pferde** – ist aber herrlich.

Truso

Geschichte und Hintergrund

Die schöne Gegend um die Truso-Schlucht bietet einen interessanten Überblick über die **Zusammensetzung der kaukasischen Nationalitäten.** Das Gebiet ist georgisch, doch haben die Osseten (mit ihrer dem Persischen ähnlichen Sprache) jahrhundertelang dort gelebt, wie viele teilweise verfallene Türme aus dem 11. bis 14. Jahrhundert sowie Gehöfte bezeugen. Leider befinden sich die georgische und ossetische Regierung noch immer im Streit um die Gebietsherrschaft, insbesondere seit dem Krieg im Jahr 2008. Soldaten sind in dem Tal stets präsent und der Zugang zu seinem hinteren Ende ist gesperrt. Die schönsten Gegenden aber sind **wieder zugänglich.** Interessanterweise scheint die **kaukasische Flexibilität** fortzubestehen. **Tolstoi** war von dieser Wandelbarkeit des Geistes fasziniert und schrieb darüber in seinem „Hadschi Murat" (über einen tschetschenischen Kämpfer, der sich mit den Russen anfreundete). Was die heutige Zeit betrifft, so gehen diese Abläufe doch etwas schneller vonstatten. In der Tat beheimatet das Tal inzwischen ein neues Nonnenkloster und ist Ziel zahlreicher Jeeptouren.

Die Mythologie

Der georgische **„Jikhvi"** oder **Kaukasische Steinbock** war Tausende von Jahren Ziel der Jäger. In vorchristlichen Zeiten war einer der bedeutendsten Götter der Berge eine Göttin namens **Dali,** auch bekannt als **Göttin der Jagd.** Einer Legende zufolge brachte sie bestimmten Jägern Glück oder Pech, davon abhängig, ob sie sich auf eine Nacht mit ihr einließen. Insbesondere einer verschmähte sie, Mepsey. Bald darauf erschoss er einen „Jikhvi" mit goldenen Hörnern und ein schreckliches Unglück suchte ihn heim. Man glaubte, dass die Göttin gelegentlich die Form dieser Bergziege annahm, und so wurden ungewöhnlich aussehende Ziegen in der Regel von den Jägern verschont.

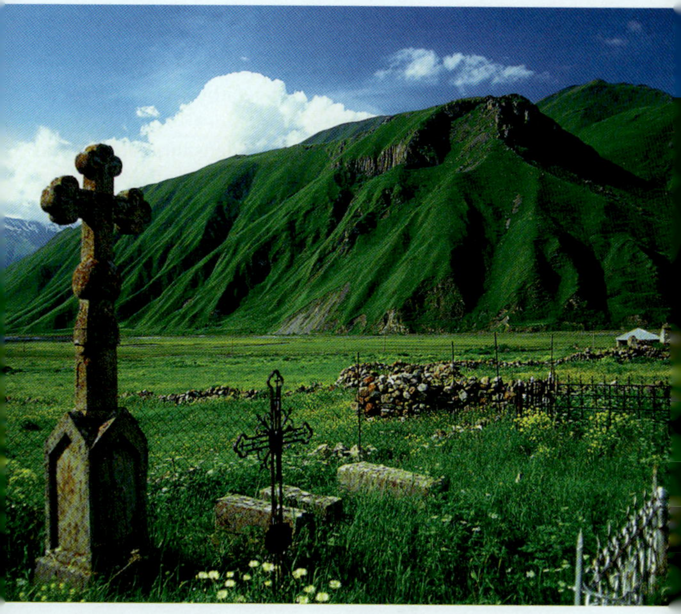

Tour 20
Truso-Schlucht, Tal und der Mineralsee

Start/Ende: das Dorf Kvemo Okrokana am Eingang der Truso-Schlucht
Typ: Teil- oder gesamte Rundwanderung
Zeit: Mai (wenn der Schnee schmilzt) bis Ende November
Dauer: 4 bis 7 Stunden, abhängig von der Wahl der Route
Aufstieg: 150 oder 400 Meter
Maximale Höhe: 2175 oder 2335 Meter
Schwierigkeitsgrad: einfach oder ziemlich einfach, aber lang
Mobilfunksignal: eingeschränkt

Eingang zur Truso-Schlucht, Nähe Kobi

Zusammenfassung

Der Weg beginnt in der **Truso-Schlucht** (am schönsten im Herbst, wenn die Bäume gelb und rot gefärbt sind) und folgt einem Fluss hinein in die Geogas-Kuriosität des Truso-Tals. Innen befindet sich ein bizarrer, natürlicher **kohlensäurehaltiger See** – CO_2 bringt die Oberfläche beständig ins Wallen wie in einer fortwährend geschüttelten Perrier-Flasche. Das Becken ist mit einem Rand aus strahlend roten Eiseneinlagerungen versehen, die zum Hauptfluss hinabfließen wie offene Adern. Ein Besuch ist völlig sicher, aber zelten Sie in ruhigen Nächten nicht direkt neben dem Fluss – Sie könnten ersticken (oder schwimmen!). Drum herum haben zahlreiche Mineralquellen Teppiche aus weißen, gelben und orangefarbenen Kalkeinlagerungen ausgerollt, vermengt mit Eisenoxid, um den Boden des Tals zu dekorieren. Weiter oben in einem Dorf namens **Abano** („Bäder" – wegen einer früheren heißen Quelle) ziehen heftige Wolken auf von den nahe gelegenen Schwefelsümpfen. Um sie zu finden, gehen Sie Ihrer Nase nach. Blasen sitzen auf der Oberfläche von

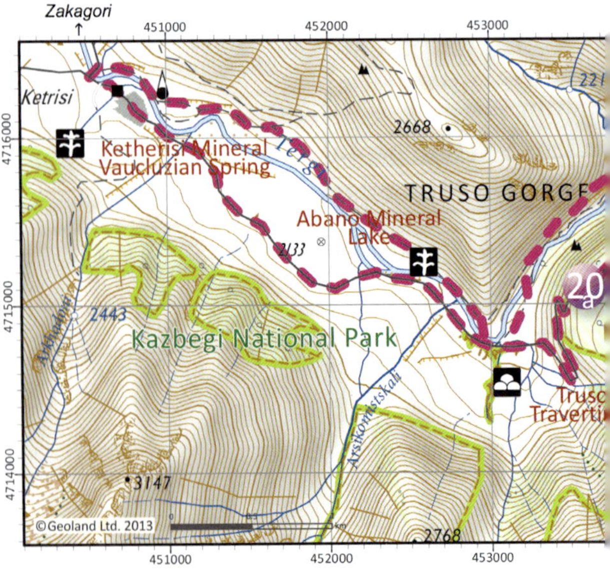

etwas, das wie ein schmutziger brauner Pool aussieht – das Wasser aber ist klar wie Gin (nicht trinken!). Die besten **Türme** des Tals befinden sich in **Ketrisi** und **Abano** (das erste und das zweite Dorf im Tal).

Wegbeschreibung

Verlassen Sie die Georgische Heerstraße beim Dorf **Almasiani** am Fuße der Straße zum Jvari- oder Kreuzpass (nahe Kobi). Die **Truso-Schlucht** beginnt 2,5 km später im Dorf **Okrokana.** Beginnen Sie Ihre Wanderung hier – den Feldweg entlang. Auf der linken Seite ragen bald spektakuläre Klippen in die Höhe. Verpassen Sie nicht den Schrein des Heiligen Georg, der sich – mit einem Wunschbaum – am Straßenrand befindet. Sobald Sie die Schlucht verlassen haben (sie ist ca. 3 km lang) und sich im Truso-Tal befinden, schauen Sie nach rechts über den Fluss. Dort sehen Sie den **kochenden, kohlensäurehaltigen Mini-See** – am Fuße der Berghänge (direkt gegenüber GPS N 42° 36.227 E 44° 25.223, Höhe 2150 Meter). Inzwischen führt eine Brücke

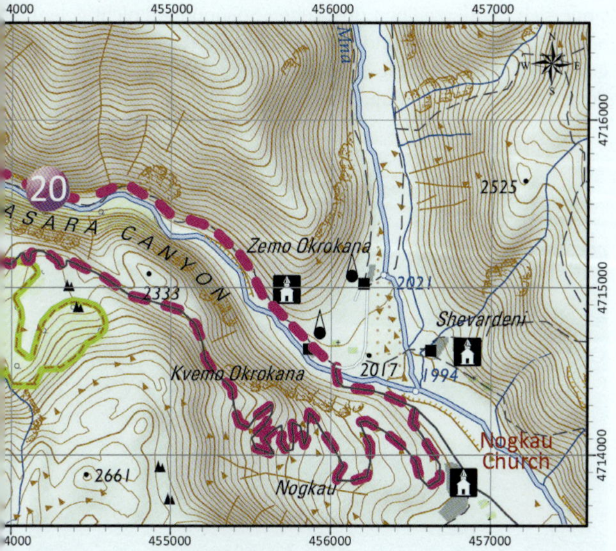

hinüber. Folgen Sie aber weiter dem Feldweg über die weißen Sinter-Terrassen, vorbei an den zwei Steingräbern links hoch Richtung Keterisi. Dort überqueren Sie den Fluss und gehen auf der anderen Seite zum See zurück, wo Sie den Fluss erneut überqueren können – über die neue Brücke. Dann haben Sie **die Wahl:** Entweder gehen Sie durch die Schlucht zurück – ein insgesamt sehr einfacher, flacher Weg – oder Sie folgen dem Pfad weiter hoch über den Berg (auf der Karte als **20a** markiert), um sich etwas sportlicher zu betätigen. Dadurch laufen Sie eine weitere Stunde, vervollständigen aber beinahe den Rundweg.

Eine andere, siebenstündige Möglichkeit besteht darin, weiter hinauf und durch das Tal zu gehen, von Keterisi aus in das wehrhafte Dorf Zakagori und wieder zurück. Eine Tageswanderung ...

2/3-Tages-Optionen: Auch wenn dies zur Zeit nicht erlaubt ist – es gibt einen wunderschönen Wanderweg südlich und oberhalb von Abano auf die **3000 Meter hoch gelegene vulkanische Hochebene** mit ihren verschiedenfarbigen Seen. Von dort geht es ins Tal des Aragvi-Flusses hinunter und weiter nach Gudauri. Dazu benötigen Sie Zelte, Verpflegung und einen Fremdenführer – Sie sollten sich aber nicht dazu verleiten lassen, so lange sich die derzeitigen politischen Spannungen nicht gelegt haben. Wann dies sein und wie lange es halten wird, ist stets die große Frage im Kaukasus, wo man sagt: „Wer an die Folgen denkt, der kann nicht mutig sein."

Kohlensäurehaltiger See – heute kocht er jedoch weniger

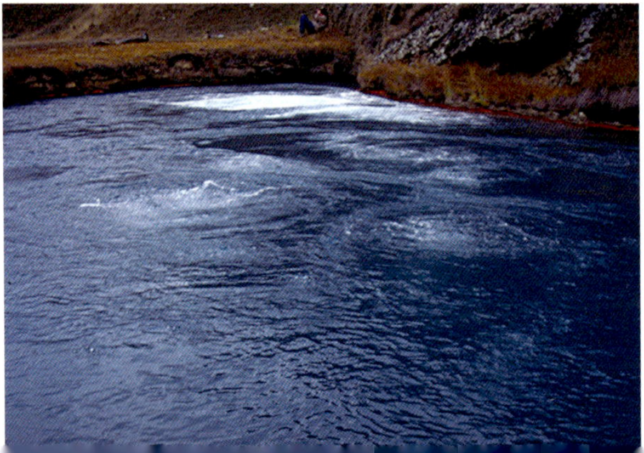

Touren 21/22 Devdoraki-Schlucht und Devdoraki-Gletscher

Start/Ende: das Dorf Gverleti (8 km nördlich von Kazbegi)
Typ: hin und zurück
Zeit: Mitte Mai bis November, am besten im Juni/Juli
Dauer: 4/5 Stunden und 9 Stunden
Aufstieg: 550 und 1200 Meter
Maximale Höhe: 2300 und 2650 Meter
Schwierigkeitsgrad: einfach (Tour 21); schwierig (Tour 22)
Mobilfunksignal: nur am Anfang

Geschichte

Diese zwei Touren führen durch die berühmte **Darialschlucht** - die historische Route durch den Großen Kaukasus. Die wegen ihrer Dramatik von Malern, Dichtern und Komponisten gelobte Schlucht sah zahlreiche Armeen vorüberziehen - darunter die Römer, Mongolen und Russen (und beinahe auch die Deutschen im Jahr 1941, die jedoch in der Nähe von Vladikavkaz aufgehalten wurden, 35 Kilometer nördlich). Eine lange Zeit führte nicht mehr als ein Reitweg hindurch, der schließlich von den Russen zur **Georgischen Heerstraße** erweitert wurde, als diese am Ende des 18. und Beginn des 19. Jahrhunderts nach Süden zogen (davon träumend, Konstantinopel für das Christentum zurückzuerobern). Seine gelegentlich sehr engen und tiefen Stellen ermöglichten es kleinen Gruppen, ganze Heere aufzuhalten. Als die russischen Dichter Lermontow und Puschkin im frühen 19. Jahrhundert dorthin reisten (siehe die Bücher „Ein Held unserer Zeit" und „A Journey to Arzrum"), gelangten Reisende nur in großen, schwer bewaffneten Konvois hindurch. Täler wie das **Devdoraki** zweigen häufig zur Seite ab und boten so Banditen gute Verstecke.

Wichtige Anmerkung: Nach dem Eis- und Schlammrutsch im Jahr 2014 waren diese zwei Routen vorübergehend gesperrt (mit Ausnahme der ersten Stunde von der Hauptstraße hinauf). Informieren Sie sich vorher im Touristeninformationszentrum von Stepantsminda.

Zusammenfassung

Eine schöne Wanderung **entlang der Südflanke einer gewaltigen Schlucht,** die zum Devdoraki-Gletscher führt – der von der weißen Hochebene des Kazbek aus 4500 Meter in die Tiefe stürzt. **Eine der (schwierigeren) Kletterrouten des Kazbek** und seltener von Touristen bewandert. Die kürzere Strecke **(Tour 21)** ist recht einfach, vermittelt aber das Gefühl großer Dramatik ohne allzu viel Anstrengung – und den Eindruck, durch einen Steingarten zu spazieren. Die längere Strecke **(Tour 22)** vergrößert die Dramatik erheblich – nach der Überquerung von fünf Lawinenhängen landet man schlussendlich auf dem **zerklüfteten weißen Eis der Gletscheroberfläche. Tour 21** endet an der Ecke des ersten Hangs (auf ungefähr 2300 Metern) – Sie benötigen jedoch einen Geländewagen (der den ersten 350-Meter-Anstieg von Gverleti aus bewältigt). **Tour 22** erfordert hingegen bloß eine Mitfahrgelegenheit die berühmte Darialschlucht hinunter (von Michail Lermontow in seinem Gedicht „Der Dämon" gewürdigt) entlang der Georgischen Heerstraße zu dem kleinen Ort **Gverleti** (einfacher und günstiger zu arrangieren) –

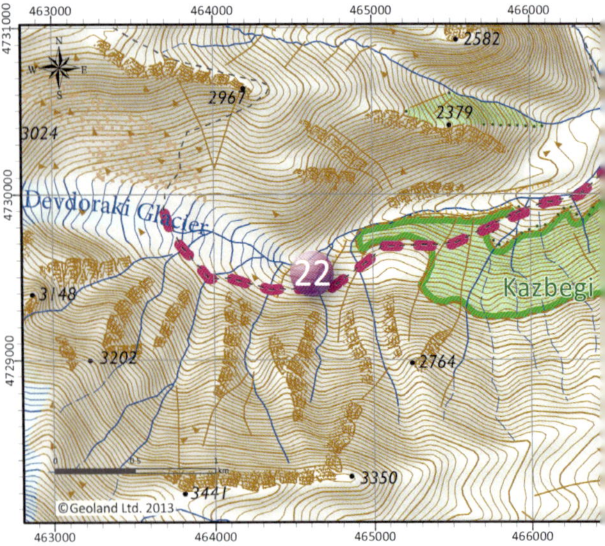

und eine Fahrt zurück nach Kazbegi (wir sind per Anhalter gefahren, ohne Probleme). Der kürzere Weg erfordert eine Mitfahrgelegenheit zum Eingang des Devdoraki-Tals.

Wenn Sie die Wanderung im **September** unternehmen, ist das Eis der Hänge vielleicht schon geschmolzen – sie sind an der Seite jedoch noch immer steil und schwer einzuschätzen (insbesondere bei Tour 22).

Anmerkung: Tragen Sie **wasserdichte Kleidung,** an einer Stelle gehen Sie unter einem kleinen Wasserfall hindurch.

Wegbeschreibung

Diese Beschreibung gilt für beide Strecken – die längere schließt vorne und hinten lediglich an die kürzere an. Fahren Sie 8 km nördlich von Kazbegi die Georgische Heerstraße entlang nach **Gverleti** (3 km von der russisch-georgischen Grenze entfernt). Der lange Weg **(Tour 22)** beginnt mit dem Feldweg, der bei Gverleti links verläuft, unmittelbar vor der ersten Brücke hinter Kazbegi, die den Terek-Fluss überquert (GPS N 42° 42.627 E 44° 37.590, Höhe 1430 Meter). Folgen Sie ihm den gesamten

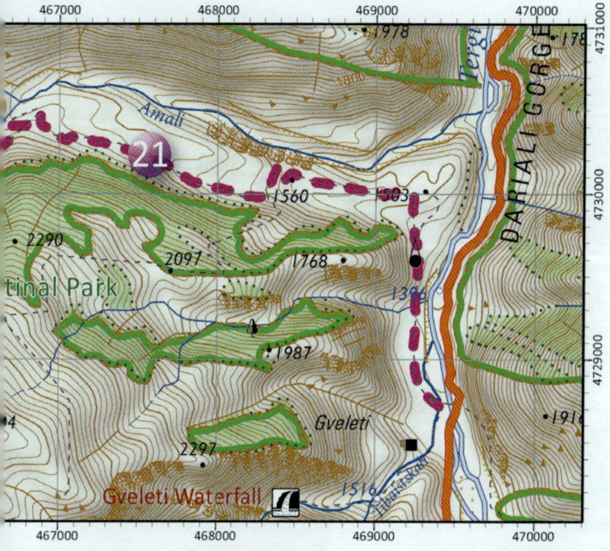

Weg bis zum Ende (eine Stunde). Oben angekommen, treffen Sie auf die Schnittstelle zweier großer Täler; das linke ist Devdoraki. Für die kürzere **Tour 21** wählen Sie diesen Streckenabschnitt.

Der Weg liegt nun gut sichtbar vor Ihnen und verläuft die Talscheide links bergauf – beginnt aber nicht bei dem „World Wildlife"-Schild, sondern etwas weiter, unterhalb der Schneeschaufel aus Metall (GPS N 42° 42.520 E 44° 35.683, Höhe 1775 Meter), wo Sie kehrtmachen.

Der Weg ist gut zu laufen und diente früher dem Erreichen einer Kupfermine, die sich ein Stück weiter oben befindet. Folgen Sie ihm für etwas mehr als zwei Stunden hinauf bis zum unmittelbaren **Beginn der Baumgrenze** und der ersten Klippe. **Hier endet die kürzere Tour 21.**

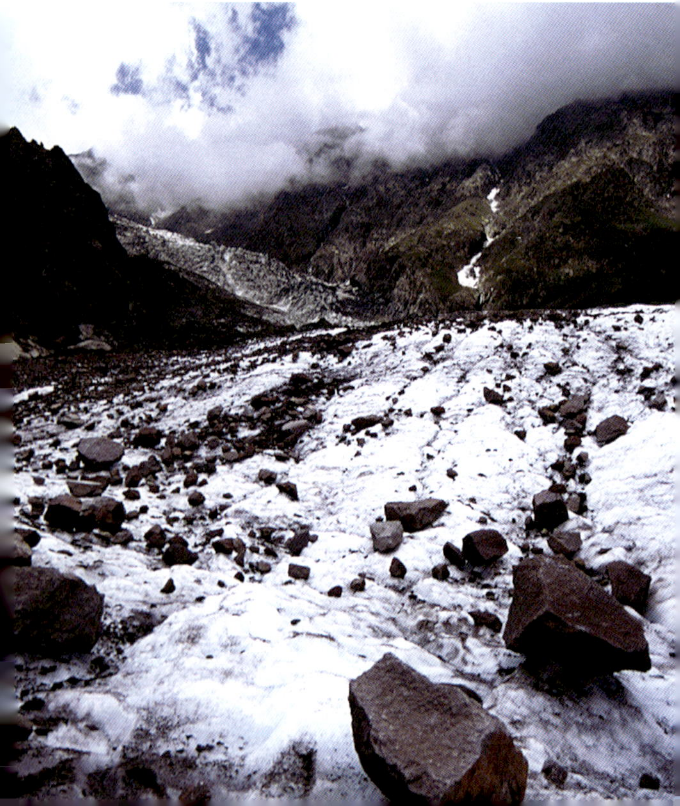

Tour 22 führt weiter die Lawine hinauf, über die verlassene Hütte der Minenarbeiter (links daneben befindet sich ein Teich), bis Sie sehen, wie der Weg auf der anderen Seite des Schnees weiterverläuft (GPS N 42° 43.026 E 44° 34.333, Höhe 2300 Meter). Nun überqueren Sie den Lawinenhang – ich empfehle, in den Schnee hineinzutreten und einen Stock als Stütze zu verwenden. Vier weitere Hänge verbleiben (es sei denn, Sie laufen im Sommer, wenn der Schnee womöglich geschmolzen ist), bis Sie auf dem **Hauptgletscher Devdoraki** ankommen – das Ziel der Wanderung. Seit 2014 ist in diesem unteren, zugänglicheren Abschnitt allerdings recht viel Eis verschwunden. Steigen Sie stets hinauf auf Weghöhe und folgen Sie ihm auf die andere Seite – dann überqueren Sie den Hang. Bei Hang vier steuern Sie auf die verlassene Hütte zu. Bei dem fünften angekommen, befinden Sie sich neben dem Gletscher, das Klareis ist nicht mehr weit. Nun müssen Sie Ihren eigenen Weg finden – die ständigen Bewegungen des Gletschers verändern nämlich die Koordinaten (wir sind über den Gletscher hinabgestiegen auf ungefähr GPS N 42° 43.100 E 44° 33.451, Höhe 2500 Meter). **Gehen Sie aber nicht zu weit aufs Eis hinaus und achten Sie auf Spalten und Risse. Bleiben Sie ihm fern, wenn er von Neuschnee bedeckt ist**, unter dem sich oft Spalten verbergen.

Zurück nehmen Sie den Weg, den Sie gekommen sind. Trödeln Sie nicht, wenn Sie sich auf Lawinenhängen oder unter hohen Klippen aufhalten, da Felsen und Eisbrocken gelegentlich hinunterfallen.

Hinweis für eine mittellange Wanderung. Eine Möglichkeit besteht darin, bis zum Beginn von Tour 21 zu fahren (die ersten 350 Meter Aufstieg, den Feldweg entlang, auszulassen) und dann Tour 22 zu gehen (nun 7 bis 8 Stunden).

Wasserfall-Option: Bei Gverleti fließt ein kleiner Fluss hinunter und stößt im Westen auf den Terek. Wenn Sie diesem eine halbe Stunde lang in die Berge hinein folgen, gelangen Sie zu einem großen und prächtigen Wasserfall. Dieser ist seit Kurzem ein beliebter Touristenstopp für Besucher der russischen Grenze und befindet sich weiter unten in der Darialschlucht.

Die Oberfläche des Devdoraki-Gletschers, Höhepunkt von Tour 22. Das Foto wurde vor dem Eisrutsch im Jahr 2014 aufgenommen – inzwischen ist die Kuppel konkav und nicht konvex

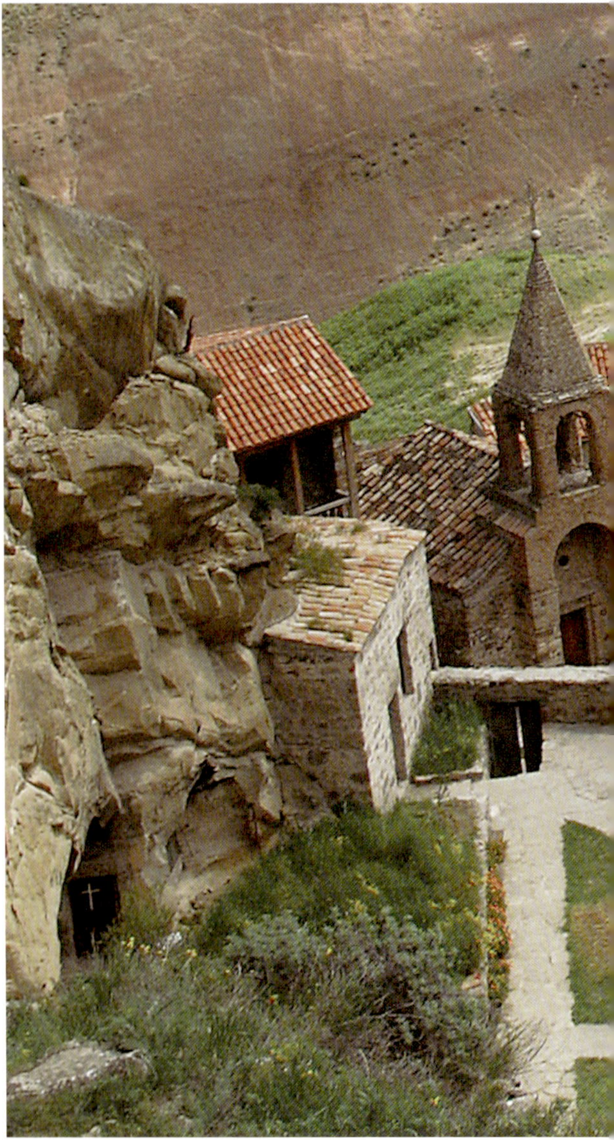

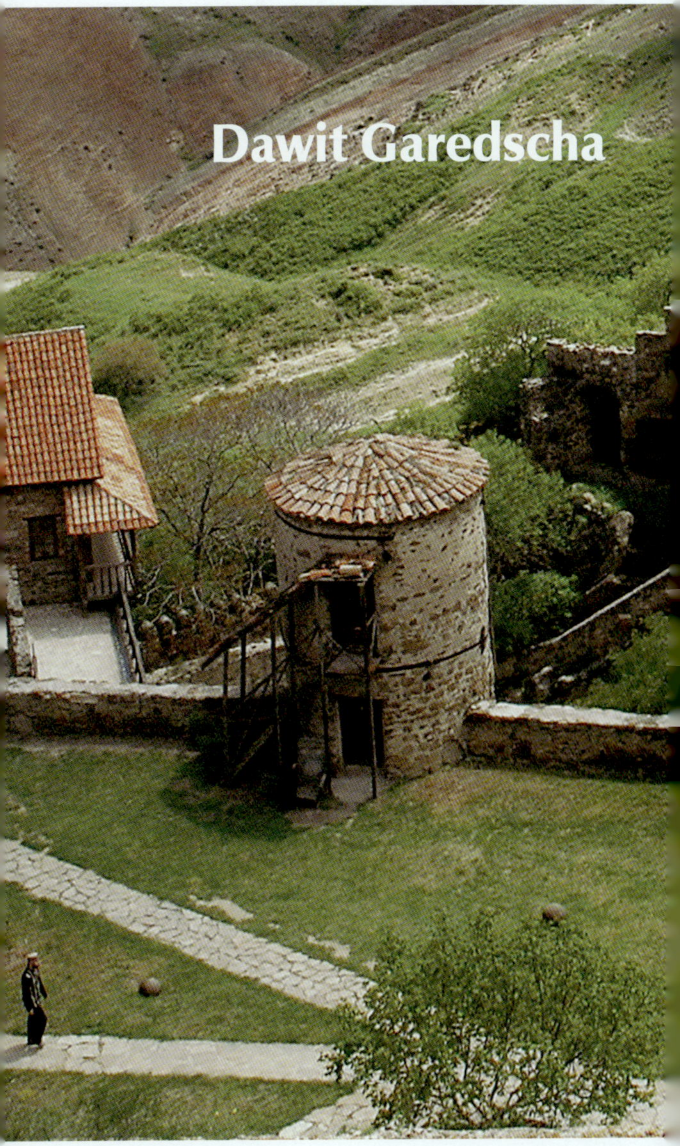
Dawit Garedscha

Dawit Garedscha

Einführung und Geschichte

Mit einem Besuch des **Klosters Dawit Garedscha (David Gareji)** folgen Sie den Spuren eines Mannes (der Namenspatron), der die Zivilisation des 6. Jahrhunderts verließ und in dieser Halbwüstenlandschaft ein Leben als Mönch begann. Er wählte eine **Höhle** unter einer großen Sandsteinklippe, in der sich (für die langen Sommermonate) Wasser in Becken ansammelte – später verwendete er Wassertanks. Sein neues Zuhause überblickte eine malerische Landschaft aus orangefarbenem, rotem und gelbem Sandstein – und zahlreichen Vögeln. Seit seiner ersten Reise fällten Tausende von Mönchen genau die gleiche Entscheidung, sodass zum Ende des 12. Jahrhunderts der Dawit-Garedscha-Komplex **das größte Klostergefüge im Kaukasus** bildete (in seiner Hochphase konnten im Umkreis von 20 Kilometern bewohnte Höhlen gefunden werden).

Heute sind nahezu alle verlassen, dennoch ist die ursprüngliche Wüstenatmosphäre erhalten geblieben, insbesondere in den Udabno-Höhlen („Wüste") auf dem Kamm. Die Mauern über dem nun wieder bewohnten **Lavra-Kloster** sind mit Fresken aus dem 10. bis 12. Jahrhundert versehen, wurden aber auch mit Graffiti aus der Sowjetzeit beschmiert als das Gelände für militärische Trainingszwecke genutzt wurde.

Kapitelstartseite:
Blick hinab auf das Lavra-Kloster

Tour 23
Zu den Höhlen von Udabno

Start/Ende: Lavra-Kloster
Typ: Rundweg
Zeit: ganzjährig
Dauer: 2 bis 3 Stunden (abhängig von der Dauer des Aufenthalts in den Höhlen)
Aufstieg: 200 Meter
Maximale Höhe: 875 Meter
Schwierigkeitsgrad: einfach, aber gelegentlich steil
Mobilfunksignal: stellenweise

Zusammenfassung

Dieser kurze, klassische Weg gehört zu Georgiens besonderen **Touristenattraktionen** und birgt eine Fülle an Sandstein-Farben, Fresken aus dem 12. Jahrhundert, Vogelwelten und die stille Landschaft der Halbwüste. Der anfänglich steile Aufstieg schreckt viele Touristen ab, mehr noch die Gerüchte über **Schlangen.** Ja, Schlangen leben in und um die Höhlen herum, aber die meisten sind nicht giftig. Eine aber, die Levantotter, ist es und auch recht verbreitet (Foto siehe im Kapitel „Flora und Fauna"). Macht Sie dies nervös, meiden Sie die Gegend im April, Mai und Juni – allerdings ist sie dann am schönsten, da sich die Wüste grün färbt und alles erwacht: Blumen, Insekten, Vögel, Säugetiere und Reptilien. Ich persönlich laufe dann einfach etwas vorsichtiger; bei meinen zahlreichen Ausflügen dorthin habe ich nur einmal eine Schlange gesehen. Addieren Sie dies zu den außergewöhnlichen, **mit Fresken verzierten Höhlen von Udabno** und das malerische **Lavra-Kloster** darunter – und diese Wanderung sticht als wahrlich unvergesslich hervor.

Sind Sie oben bei Udabno angekommen, empfehle ich, sich hinzusetzen und einige Minuten lang nur zu lauschen. Dieser Ort strotzt nur so vor Tieren – **Vogelliebhaber** befinden sich dort an einem der schönsten Ziele des Landes (siehe den nachfolgenden Exkurs). Neben dem dort quasi ansässigen Schmutzgeier (April bis Oktober) mit seinem prächtigen weißen Gefieder entdecken Sie bald Eidechsen, Schildkröten und viele kleinere Vögel.

Wegbeschreibung

Gehen Sie vom Parkplatz hinauf zum Laden der Kirche kurz vorm Eingang des Lavra-Klosters. Unmittelbar danach führt ein rauer, sandiger Pfad steil nach oben zum **Lavra-Turm.** Dies ist der Startpunkt. Gehen Sie zum Turm und an dem Punkt, an dem der Weg den Abstieg zum Kloster beginnt, biegen Sie ab und folgen einem anderen Pfad den Hang hinauf (wenn Sie dem Weg weiter hinunter folgen, gehen Sie die Strecke in umgekehrter Richtung). Gehen Sie 15 Minuten lang steil bergauf bis Sie neben dem Pfad auf verrostete **Eisenbahnschienen** treffen. Diese sind quasi Ihr Guide zum Kamm hinauf und auf der anderen Seite hinunter zum Udabno-Kloster mit seinen Höhlen. Haben Sie sie einmal gefunden, können Sie sich nicht mehr verlaufen.

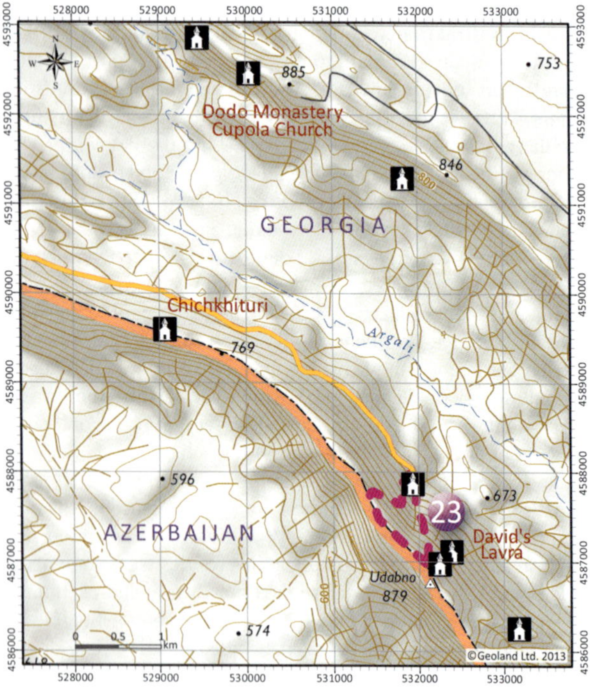

Die Stützpfosten der Schienen sind den gesamten Klosterkomplex entlang zu finden und führen fast bis zur wiedererbauten **Kapelle auf dem Kamm.** Diese markiert auch den Endpunkt der Höhlen und den Beginn des Abstiegs hinunter nach Lavra.

Ein Pfad verläuft diagonal von der Kapelle weg den Hang hinab, mit Blick auf den großen, kahlen Sandsteinhügel und seine hineingearbeiteten Wasserkanäle und bringt Sie schließlich zum Hintereingang des **Lavra-Klosters.** Versuchen Sie nicht, das Kloster zu betreten. Dies ist das Privatgelände der ohnehin schon Touristen-müden Mönche. Kürzen Sie stattdessen um ein kleines hölzernes Nebengebäude herum ab, bis Sie ein paar Stufen erreichen, die bergauf führen, bis ein Weg nach rechts abgeht. Dieser bringt Sie zurück zum Turm, der das Kloster überblickt – wo Sie Ihre Wanderung begannen, aber den Weg weiter nach oben nahmen. Gehen Sie nun ganz hinunter zum Parkplatz.

Schlangen: Schlangen halten den gesamten Winter über in ihren Löchern Winterschlaf – von November bis März. Sie sind hauptsächlich nachtaktiv und am aktivsten Mitte April, Mai und Juni, wenn sie sich paaren. Jungtiere werden im August geboren. Seien Sie vorsichtig, wenn Sie über Steine greifen. Sollten Sie sich sorgen, können Sie beim Gehen heftig auf den Boden treten – Schlangen spüren die Vibration – und gehen Sie langsam. Von ein paar Hotspots abgesehen, gibt es Schlangen in Georgien eher selten. In den 35 Jahren, die ich den Kaukasus nun regelmäßig besuche, habe ich nur von einer Person gehört, die gebissen wurde – ein georgischer Kunsthistoriker, der in den Höhlen von Dawit Garedscha übernachtete. Er überlebte „mit ein paar Unannehmlichkeiten".

Das Kloster der Vögel

Der georgische Schriftzug auf dem kleinen, verschmierten Schild lautete „Gareji ...". Wir hatten den richtigen Weg eingeschlagen ... Schließlich erhob der Niva seine stämmige Nase auf die Hochebene des staubigen Beckens des Rustavi-Talkessels. Dann änderte sich alles. Stille erdrückte die Luft um unseren Jeep herum, der nun durch ein Meer aus gelbem Gras glitt. Wir hielten für einen Moment an, machten den Motor aus und ließen sämtliche Begleitgeräusche verstummen ... bis schließlich dieser andere Motor – die Natur – nach und nach seine Lautstärke erhöhte ... **Feldlerchen.** Die hohe, wässrige Stimme des Himmels ertönte aus allen Richtungen – hell und sacht. Die Vögel schienen genauso glücklich wie wir zu sein, sich weit weg von der Stadt zu befinden, fern von den Schornsteinen des Kraftwerks von Guldani, das in dem Nebel unten gerade so zu sehen war. Klein und braun saßen sie auf den Pfosten am Straßenrand und sangen in voller Lautstärke – und hießen uns damit zu unserer einsamen Expedition willkommen. Nichts konnte weiter entfernt sein von dem Gehupe der Rennstrecke von Tiflis. Keine rasenden Autos, keine Werbeanzeigen und kein aufgezwungenes, automatisches Abschalten des Geistes der Stadt. Die Straße erstreckte sind in ein leeres, baumloses Hochland. Nur Gras, mehr Gras und Himmel.

Instinktiv stimmten sich unsere Sinne auf die neue Umgebung ein. Kein Ort für Sonnenbrillen, sondern für **Ferngläser.** Und bald kam ein Zeichen, dass dieser Ort in der Tat ein besonderer war. Die sich am nahesten befindende Feldlerche trug einen gefiederten Schopf auf ihrem Kopf. Keine gewöhnliche Lerche, wie sie im Vereinigten Königreich zu sehen ist, sondern die exotischere **Haubenlerche** – und sang sich die Seele aus dem Leib.

15 Minuten später folgte das nächste Zeichen. Ein riesiger Vogel ließ seine Flügel gemütlich schleifenförmig gerade so über dem Boden schweifen und sauste schließlich ins Tal hinab. Ein kurzer Blick auf das Weiß der unteren Flügelseite mit schwarzen Fransen identifizierte ihn als den ehrwürdigen **Schmutzgeier.** Einer der kleineren, eleganteren Geier, der bekannt ist für sein schneeweißes Gefieder – und laut dem Buch „Raptors of Georgia" existieren hier bis heute schätzungsweise 120 Paare. Wir beobachteten ihn, wie er über die grünen Felswände segelte, gleich einem schwarz-weißen Polizeiwagen, wie er sich schlän-

gelte wie er wollte, und den Boden abkämmte nach Verstößen gegen das Gesetz der Natur.

Doch kaum hatte er uns verlassen, schoss ein türkis leuchtender Blitz durch den Himmel ... Viel zu groß für den einzigen fliegenden türkisfarbenen Vogel, den ich kannte – den Eisvogel. Und dann ein flüchtiger Blick auf etwas fantastisch Buntes, das sich im Gebüsch bewegte. Nun nicht nur türkis, sondern gelb, rot und blau. In einer Art Rausch hielten wir den Wagen an und blickten durch unsere Ferngläser. Das war bestimmt kein Vogel?

War es doch ... und etwas Einzigartiges für diejenigen von uns, die auf dem britischen Land aufgewachsen waren. Eine hervorragende Regenbogenfantasie einer Kreatur mit langem, spitzen Schnabel, dessen Kopf von einer Seite zur anderen schnellte. Warum platzierte die Natur nur so viele kräftige Farben auf einem einzigen Tier? Welchen irdischen Grund konnte es dafür geben, außer vielleicht den, uns zu erfreuen? Später identifizierte ihn ein Vogelbuch als **Bienenfresser.**

Und der Zauber von Dawit Garedscha ging weiter. Als wir das erste **Kloster** aus dem 12. Jahrhundert passierten (seine Höhlen mit so vielen Fresken verziert wie draußen auf dem Boden zu finden), verdichteten sich die Blumen am Straßenrand zu einem lebendigen Teppich aus Farben. Gelbe und purpurfarbene Blüten vermischten sich mit dem Rot der Mohnblumen – und dann wieder der türkisfarbene Vogel, posierend, nur wenige Meter entfernt auf einem Pfosten. Später bestätigte er sich als mein erster **Racken.** Größer als der Bienenfresser, mit einem kürzeren Schnabel zum Picken von Samen – dieses Mal erhob ich meine Kamera und öffnete den Verschluss.

„Ich hab ihn", hörte ich mich selbst sagen – und klang auf unheimliche Weise wie ein Jäger, der sein erstes Mohrhuhn erlegt hatte. Ich blickte zu meinem Freund und sah ihn zu mir zurückblicken.

„Peter ...", sagte er, „ich glaube, du bist gerade **Vogelbeobachter** geworden."

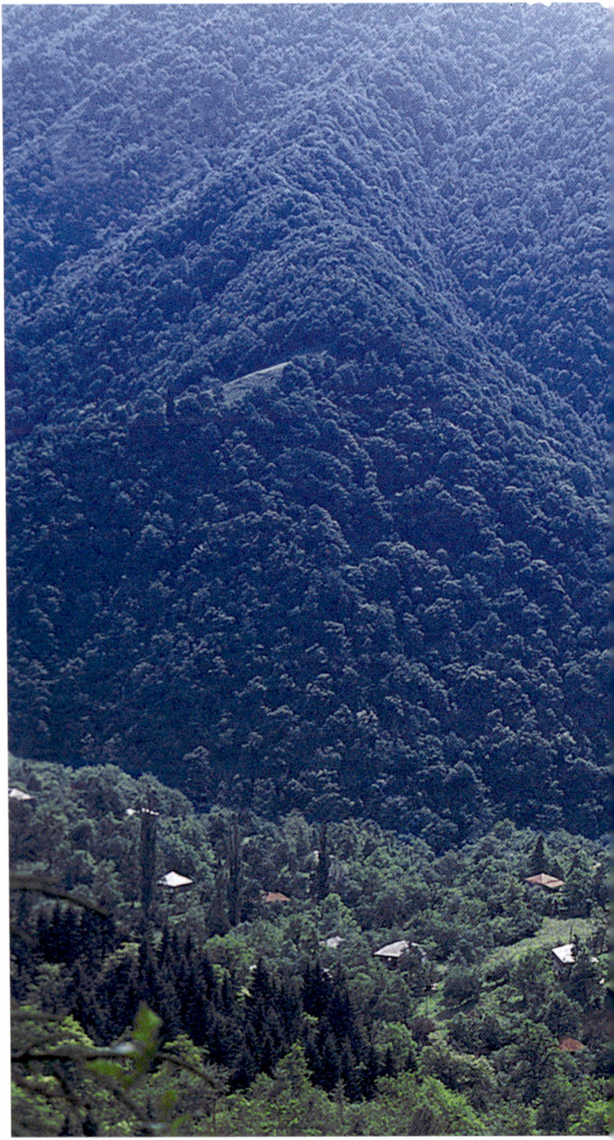

Die Borjomi-Kharagauli-Region

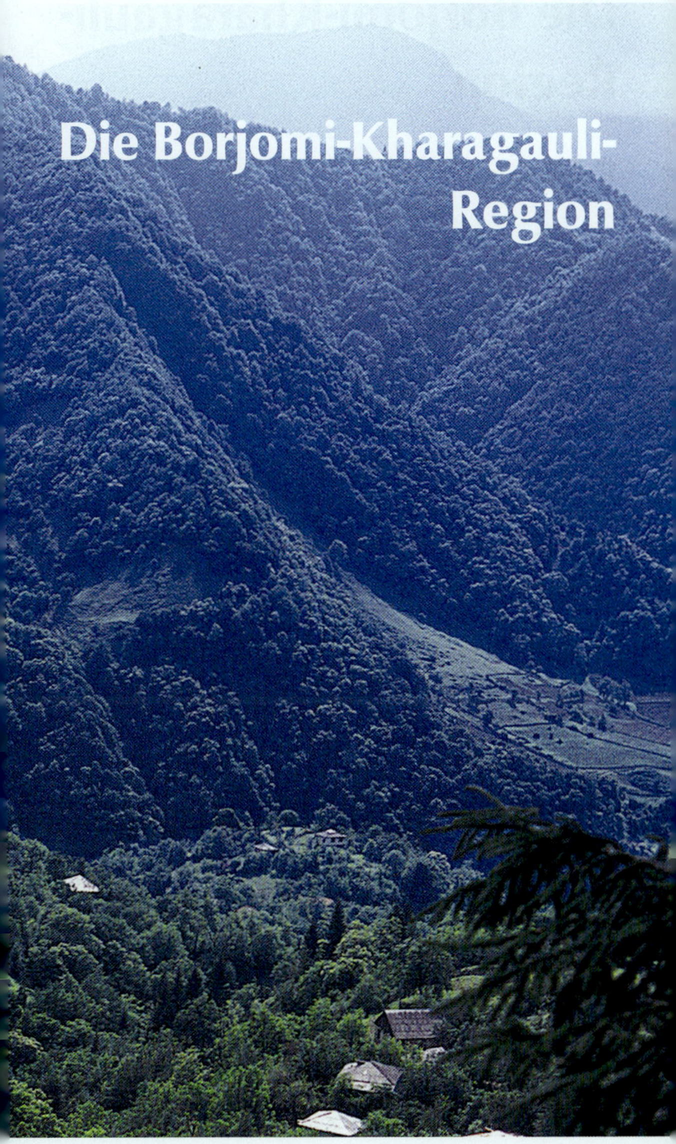

Die Borjomi-Kharagauli-Region

Einleitung

Der stark bewaldete Borjomi-Kharagauli-Nationalpark ist der **größte und am weitesten entwickelte Nationalpark Georgiens** (76.000 Hektar oder 1 % von Georgiens gesamter Landfläche). „Entwickelt" allerdings nur in dem Sinne, dass ein Teil abgegrenzt ist, in dem sich die Natur vollends selbstständig entfalten kann, mit markierten Wegen, Berghütten, einer offiziellen Besuchsstruktur für Touristen, einem Besucherzentrum und Informationsbroschüren.

Im Herzen des Kleinen Kaukasus befinden sich eher **tiefe Wälder** als offene Berglandschaften. Für **Wanderer, Vogelbeobachter** und **Botaniker** gibt es spezielle Wanderwege. Zu danken ist dem World Wildlife Fund und der deutschen Regierung, die dieses Pilotprojekt für die übrigen Nationalparks Georgiens finanziell unterstützt haben. Die deutsche Organisation kommt sowohl der Tierwelt zugute (die Anzahl der **Bären und Luchse** beginnt sich nach Jahren übermäßigen Jagens wieder zu stabilisieren) als auch potentiellen Wanderern – die die markierten Wege mit größerer Zuversicht entlangschlendern können (davon ausgehend, dass die Wege auch dann noch gepflegt werden, wenn die Finanzierung endet).

Geografisch unterscheidet sich die Gegend von den anderen Bergregionen, da sie deutlich niedriger liegt – der höchste Punkt des Parks befindet sich auf **2642 Metern** (der höchste Weg auf 1750 Metern) – und kann so nahzu ganzjährig gewandert werden.

Kapitelstartseite:
Blick hinab auf das Dorf Vakhani

Der Park besitzt viele markierte Wege, die in der Obhut der Parkverwaltung stehen (zu finden in der Meskheta Street 23, auf der anderen Seite von Borjomi, ungefähr 15 Minuten zu Fuß vom Zentrum aus Richtung Likani; weitere Informationen finden Sie auf https://apa.gov.ge), die meisten Routen aber erfordern das Mitführen von Schlafsäcken, Verpflegung usw. oder Übernachtungen in einer der zahlreichen entlegenen **Schutzhütten.**

Anmerkung: Die Wanderwege in dieser Region beginnen an unterschiedlichen Übernachtungsorten – auf jeder Seite des Parks. Es sei denn, Sie entschließen sich dazu, eine der hervorragenden 2/3/5/6-Tagestouren zu unternehmen und wandern von einer Seite zur anderen und übernachten in den dafür vorgesehenen Holzhütten.

Standorte

Diese Wanderungen können von zwei Hauptstandorten aus begonnen werden – Borjomi (deutsch: Bordschomi) und Marelisi – abhängig davon, wo Sie übernachten wollen. Beide Gegenden haben Unterkunftsmöglichkeiten und sind leicht zu erreichen.

Borjomi liegt zweieinhalb Stunden Autofahrt von Tiflis entfernt. Am Bahnhof Didube in Tiflis gibt es ausreichend Marschrutkas. Sind Sie einmal dort, lassen sich im Stadtzentrum Taxis und Hotels finden. Borjomi hat inzwischen ein gutes **Touristeninformationsbüro** in der Innenstadt.

Marelisi ist das Zentrum des Kharagauli-Bezirks zwei Stunden und vierzig Minuten mit dem Zug von Tiflis (Hauptbahnhof) entfernt – auf der sich ständig verbessernden Strecke Tiflis–Batumi (der Zustand der Straßen zieht das Autofahren in die Länge und ist nicht empfehlenswert). Marschrutkas (Mini-Busse) bringen Sie gewöhnlich zum Zug, mit dem Sie dann die 4 km nach Marelisi hinauffahren, aber Taxis sind in der Regel ebenfalls verfügbar. Um den herrlichen Weg am Fluss entlang zum Marelisi Guest House zu gehen, biegen Sie nach Verlassen des Bahnhofs rechts ab, überqueren Sie die Brücke über den Fluss, nehmen Sie die erste links und folgen Sie dann dem Fluss die gesamte Strecke, bis Sie hinter der Schule auf das unverwechselbare **Gästehaus** mit seinem großen, grünen Zeichen treffen, das auf den Borjomi-Kharagauli-Park hinweist. Gia, der Verwalter, lebt in dem Haus darüber.

Borjomi

Geschichte

Borjomis Geschichte als ein Erholungs- und Naturreservat beginnt im 19. Jahrhundert nach der Ankunft der Russen in Georgien. Als der Großherzog Michael Romanov, Bruder des Zaren Alexander II., das Gebiet als potentielles **Kurzentrum** erkannte, begann dessen Entwicklung im Jahr **1872.** Die Villa in Likani wurde 1895 erbaut, anschließend folgten ein Wasserkraftwerk und eine Wasserabfüllanlage. Das **Wasser aus Borjomi** wurde bald in ganz Russland berühmt (und ist es bis heute), und das Kurzentrum begrüßte Gäste wie Tschaikowski und Tschechow. Der Nationalpark entstand auf gleiche Weise und war zunächst ein Wildreservat für die russische Aristokratie. Ein Teil des Waldes wurde abgezäunt und Wächter wurden aufgestellt. Viele der Abgrenzungen sind bis heute in Verwendung.

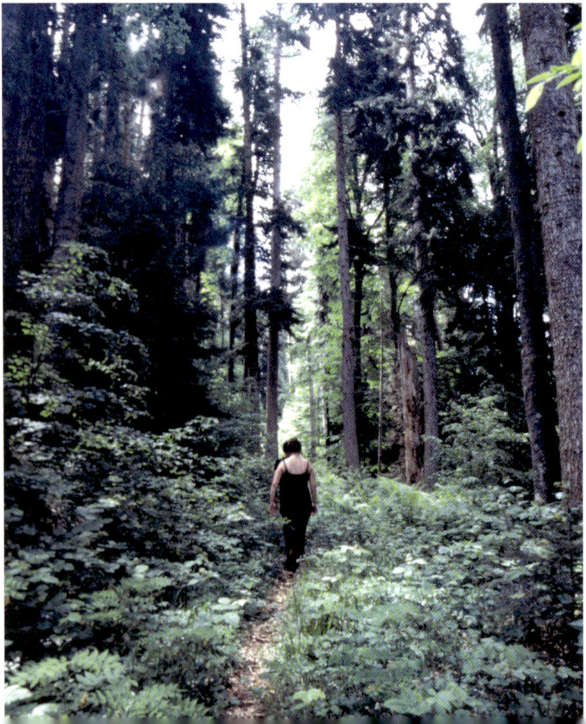

Tour 24
Vom Dorf Likani zur Kvabiskhevi-Schlucht

Start: Eingang zum Nationalpark oberhalb von Likani
Ende: Ausgang des Nationalparks oberhalb vom Dorf Kvabiskhevi
Typ: Hinweg
Zeit: März bis Dezember
Dauer: 6 Stunden
Aufstieg: 850 Meter
Maximale Höhe: 1750 Meter
Schwierigkeitsgrad: mittel
Mobilfunksignal: am Start, am Ende und ganz oben

Zusammenfassung

Ein schöner Weg durch einen **Buchen- und Kiefernwald,** über einen **Kamm** (größtenteils zwischen Bäumen) und hinunter in eine schöne **Schlucht zwischen Vulkanklippen.** Ein gut ausgeschilderter Weg, obwohl einige der höhergelegenen Schilder recht instabil aussehen, sodass die **Mitnahme eines Navigationsgeräts oder einer Karte zu empfehlen** ist. Diese Route hat den Vorteil, dass sie vom **Besucherzentrum** des Borjomi-Kharagauri-Nationalparks erstellt wurde. Das Zentrum liegt auf dem Weg, sodass Sie kurz hineinschauen und **Broschüren, Karten und Informationen** erhalten können (lassen Sie lediglich den „Informational Walk" aus, denn zur Zeit richtet sich dieser eher an Kinder). Besser geeignet ist die Website https://apa.gov.ge, dann klicken Sie auf „ecotourism". Allerdings kann nichts einen **einheimischen Fremdenführer** für 30 Lari (ca. 9 Euro) am Tag überbieten – vorab zu buchen über das Besucherzentrum.

Sie werden für die Broschüre womöglich einen kleinen Beitrag zahlen müssen, dieser ist es aber absolut wert – zur Zeit sind sie die besten rund um Georgiens Flora und Fauna.

Im Urwald des Borjomi-Kharagauli-Nationalparks

Wegbeschreibung

Fahren Sie mit einem Taxi zum gut ausgeschilderten **Parkeingang oberhalb des Dorfes Likani** am westlichen Ende von Borjomi (ca. 15 Lari, 5 Euro). Folgen Sie dem Wanderweg zum Startpunktschild von Weg „1“, der neben einer hölzernen Picknickhütte beginnt. Wandern Sie den gut erkennbaren Pfad hinauf – ca. 3 Std. (sämtliche Abzweigungen sind Abkürzungen).

Dass Sie oben angekommen sind, ist einfach zu erkennen an einer **länglichen Lichtung,** einer **Bank** und einem **Wegweiser;** einer zeigt nach rechts – zur Touristenherberge Lomistmta –

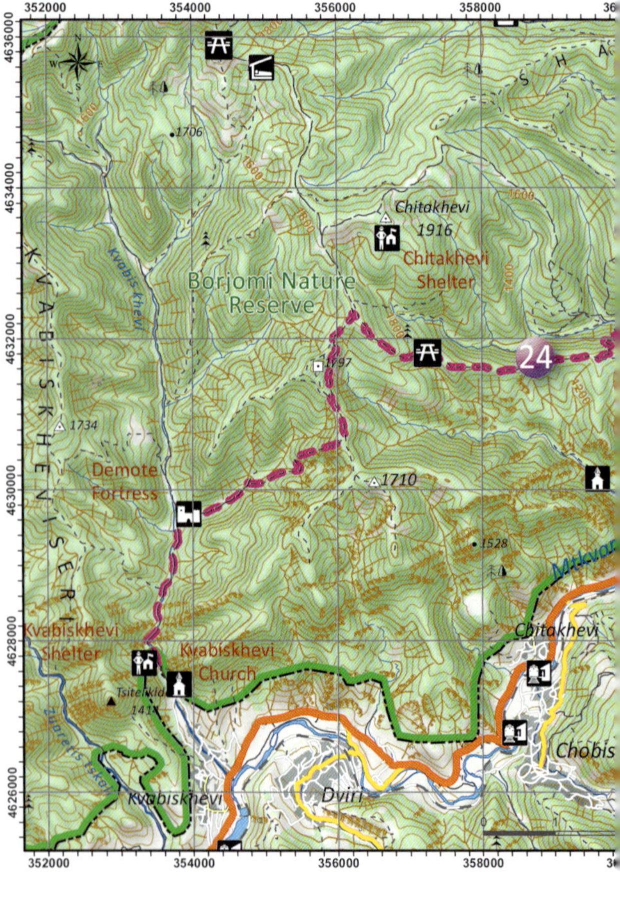

und einer nach links zum Weg „6“. Biegen Sie nach links ab und folgen Sie **Weg 6,** der zusätzlich mit schwarz-gelb-schwarz-gestreiften Markierungen an den Bäumen versehen ist, allerdings nicht ganz so deutlich wie bei Weg „1“. Manchmal verschwindet der Pfad, dann gilt die Regel: **„Im Zweifel dem Kamm nach“.** Damit im Hinterkopf gelangen Sie bald an eine eindeutige Abzweigung – an der Sie dem Kamm auf keinen Fall weiter folgen sollten. Eine gelb-schwarze Markierung an einem Baum führt Sie auf den hinuntersteigenden Weg. Der trifft bald auf einen anderen Kamm, der plötzlich mit atemberaubenden Aussichten überrascht. „Folgen Sie dem Kamm“ hinunter und wieder hinauf. Verschwindet der Pfad zwischendrin, kehrt er bald zurück.

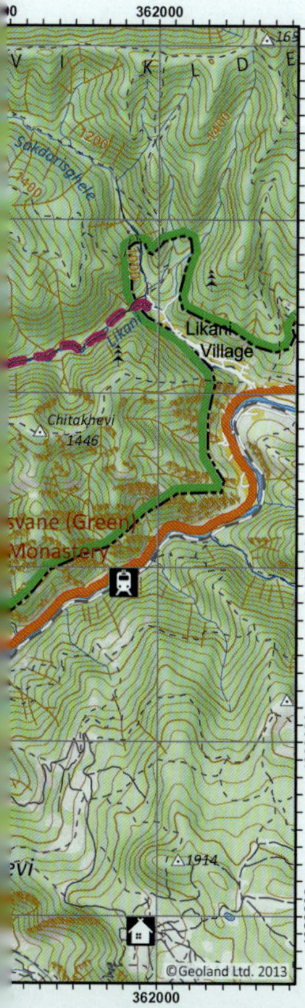

Schließlich gelangen Sie an ein Schild, das auf einen Weg rechts hinunter verweist (bald sehr steil). Nehmen Sie ihn – und er bringt Sie zu einem weiteren Kamm. Benötigen Sie für den Rückweg ein Taxi oder eine Mitfahrgelegenheit, berücksichtigen Sie bitte, dass Sie **kein Mobilfunksignal** mehr haben werden, sobald Sie sich nicht mehr auf dem Kamm befinden. Von hier an dauert es ungefähr anderthalb Stunden bis zum Ausgang des Nationalparks in der Kvabiskhevi-Schlucht. Rufen Sie also jetzt an.

Hier beginnt die neue Regel **„Bleiben Sie auf dem Weg nach unten“,** sollte sich der Weg teilen oder sollten Sie auf einen anderen Weg treffen. Dies bringt Sie zu einer herrlichen offenen Alm und von dort gelangen Sie bald in die Schlucht – angekündigt von einer Quelle neben einem Picknicktisch. Halten Sie sich links und schlendern Sie die eindrucksvollen Klippen entlang. In 20 Minuten befinden Sie sich am Eingangstor.

Tour 25
Die Dabatszvali-Seen

Start/Ende: Dorf Chobiskhevi (12 km südlich von Borjomi)
Typ: Teilrundweg
Zeit: April bis Dezember (oder ganzjährig mit Schnee auf der Spitze)
Dauer: 5 bis 6 Stunden
Aufstieg: 900 Meter
Maximale Höhe: 1800 Meter
Schwierigkeitsgrad: mittel
Mobilfunksignal: nicht schlecht, abgesehen vom Sadgeri-Kamm

Zusammenfassung

Ein **stetiger 900 Meter langer Aufstieg** vom engen Mktvari-Tal zu offenen Sommerweiden und den malerischen Dabatszvali-Seen (einige Einheimische werden womöglich glauben, Sie meinen den „Tsabaskuri-See", der sich 50 km weiter südlich befindet, also üben Sie die Aussprache der Endung). Zwei kontrastierende Landschaften mit den **wunderschönen kleinen Seen** als Belohnung.

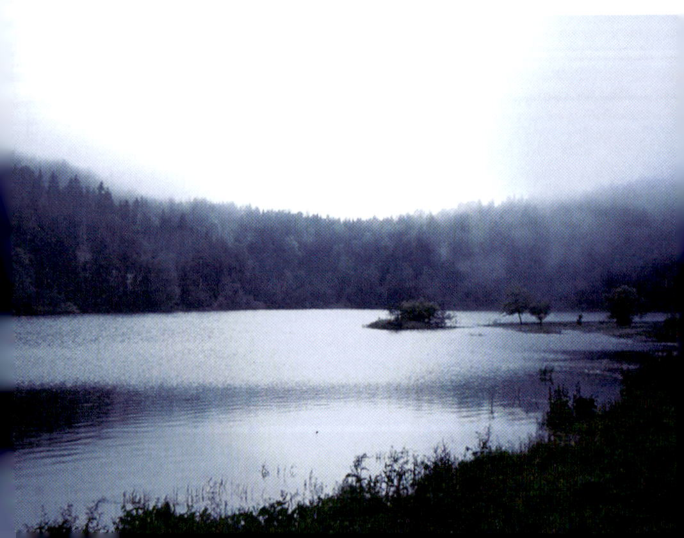

Steigen Sie den eindrucksvollen, mit **Stiefmütterchen** gepflasterten Pfad hinunter, um – wegen seiner Heftigkeit – einen kleinen Rundweg zu gehen. Die Gesamtlänge der Strecke ist ungefähr 15 km – 9 km bergauf einen Feldweg entlang und 6 km vorsichtig die steile Abkürzung hinunter.

Wegbeschreibung

Um eine Stunde zu sparen, lassen Sie sich von einem Taxi oder Ihrer Mitfahrgelegenheit ins Dorf **Chobiskhevi** bringen, von dort folgen Sie einfach der Hauptstraße bergauf. Den Weg findet ein Blinder (klingt nach den berühmten letzten Worten, so ist es aber nicht ...), den Feldweg entlang zu den oberen Sommerweiden und den Seen. Wenn Sie unsicher sind, schauen Sie hinauf zu den **Metallsesseln**, die ganz in der Nähe des einstigen Lifts noch in der Luft hängen. Oben versteckt sich der niedlichste See ganz weit rechst (südlich) und wird von Bäumen umgeben. Nehmen Sie ein Bad, wenn Sie sich trauen.

Hinunter. Gehen Sie zur Hauptstation der Seilbahn zurück, halten Sie sich dann rechts (nördlich). Nach ungefähr 50 Metern treffen Sie wieder auf den Stiefmütterchenweg. Er folgt mehr oder weniger der Bahn geradeaus hinunter zum Feldweg.

Wenn Sie den Weg **andersherum gehen** möchten – die Stiefmütterchen hinauf – halten Sie nach einem Pfad Ausschau, der bei einem kleinen Grasdreieck nach rechts abgeht, ungefähr dreiviertel des Wegs bergauf (GPS N 41° 44.540 E 43° 32.610, Höhe 1440 Meter), wenn die Straße in eine Linkskurve verläuft (schwierig zu sehen).

Anmerkung: Bei Nässe ist der Stiefmütterchenweg nicht zu empfehlen.

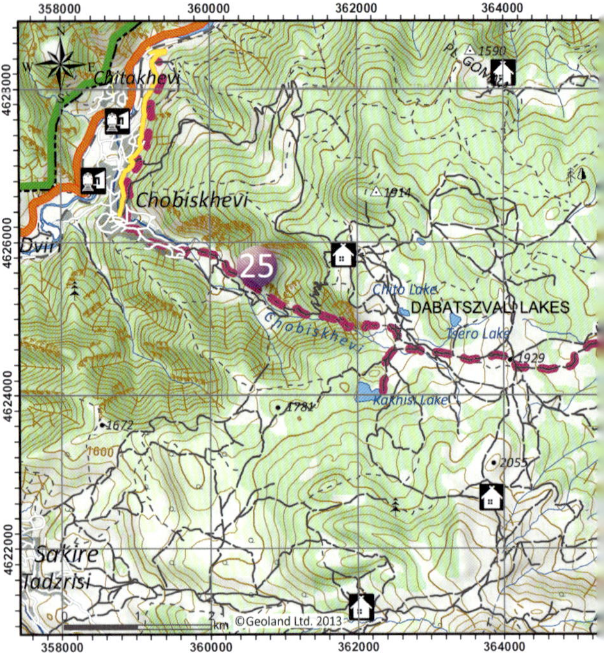

Marelisi

Einleitung

Mit Verlassen des Bahnhofs in Marelisi liegt der Trubel von Tiflis hinter Ihnen – ein Augenblick des reinsten Vergnügens. **Herrliche bewaldete Berge** ragen an allen Seiten empor und der Ort strotzt nur so vor **Entspannung.** Soeben sind Sie in dem eher subtropischen Westen Georgiens angekommen, und Ihr Zuhause für die Nacht sollte sich im Dorf Imeretian von Marelisi befinden – es sei denn Sakartwelos Rkinigsa (die Georgische Eisenbahngesellschaft) fügt zwischenzeitlich einen weiteren Zug nach Marelisi hinzu oder Sie wagen sich auf die eigentlich nicht

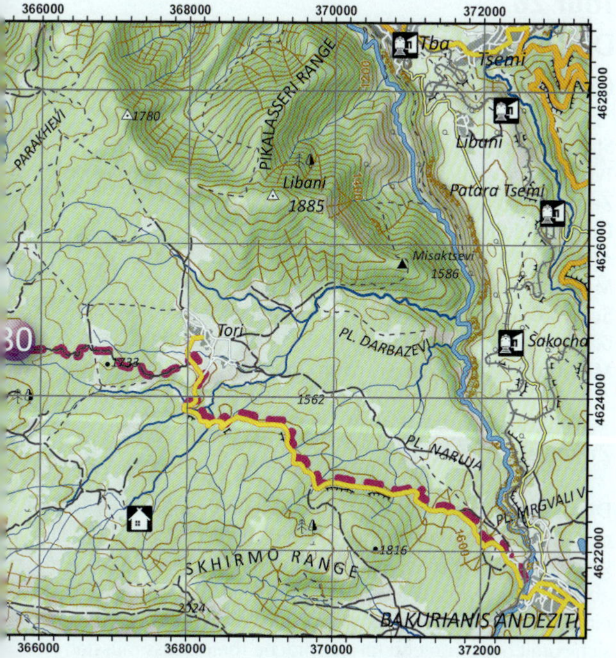

befahrbare Straße. Doch das ist ein weiteres wahres Vergnügen, denn die **Atmosphäre in dem Dorf** ist so **authentisch;** es versorgt sich nahezu vollständig selbst. Die Einwohner mahlen sogar ihren Mais noch in ihren eigenen gemeinschaftlichen **Wassermühlen, genannt „Ttiskvili".** Ich habe im **Marelisi Guest House** übernachtet, das einfach zu finden ist (siehe „Standorte"). Es ist sauber und hatte damals vier Doppelzimmer. Möchten Sie den kürzeren Weg 1 um eine Stunde verlängern, können Sie vom Bahnhof aus hinauflaufen, vielleicht zum Mittagessen im Guest House einkehren (in dem Fall warnen Sie das Gästehaus bitte vor), und dann den (kürzeren) Hauptweg nehmen. Für den langen Weg sollten Sie bei Tagesanbruch aufbrechen.

Tour 26
Der Bjoliskhevi-Fluss (ein Weg, zwei Strecken)

Start/Ende: das Marelisi Guest House
Typ: hin und zurück
Zeit: ganzjährig
Dauer: 4 oder 10 Stunden
Aufstieg: 200 oder 800 Meter (insgesamt)
Maximale Höhe: 600 oder 1050 Meter
Schwierigkeitsgrad: einfach (davon ausgehend, dass sich die Brücken an ihrem Platz befinden)
Mobilfunksignal: keines, nur am Anfang

Zusammenfassung

Diese Route folgt fast durchgängig einem wilden, strömenden Bergfluss (abgesehen von einer Abweichung auf der längeren Strecke). Die kürzere ist relativ eben und ereignislos, wirkt aber auf mysteriöse Weise belebend. Der Pfad ist fortwährend ein breiter Feldweg – unmöglich, sich zu verlaufen – und eignet sich somit hervorragend für Gespräche (beim Fluss müssten Sie womöglich gelegentlich etwas schreien) oder zum Nachdenken. Sie spazieren durch **verschiedenartige Waldlandschaften** – mit etwas tropischerer Atmosphäre als auf der Borjomi-Seite des Parks (er beginnt 400 Meter tiefer). Sie passieren Wasserfälle, Quellen, eine Vielzahl an Pflanzen und Bäumen, überqueren eine niedliche aus Holzstämmen gefertigte Brücke – bis Sie nach ungefähr zwei Stunden an dem hohen, schönen Wasserfall auf der rechten Seite ankommen, und, zumindest bei meiner ersten Wanderung dorthin, einem sich nach oben windenden Sturzbach, gefolgt von ein paar **Watübungen durch den Fluss.**

Dies bedeutete das Ende des Wegs für gewöhnliche Wanderer. Der Bach war knifflig und das Waten anstrengend (mehr als knietief in einer starken Strömung). Es gelang mir aber dennoch, beides zu meistern – indem ich den Bach barfuß durchquerte (für besseren Halt) und den Fluss nach kaukasischer Art durchwatete (ohne Hose). Glücklicherweise gibt es inzwischen auf der gesamten Strecke gute **Brücken.**

Danach verläuft der Pfad weg vom Fluss und schließlich nach unten, wo er wieder auf ihn trifft. Zweieinhalb Stunden später kommen Sie an Ihrem Ziel an, bei der unbewohnten **„Touristenherberge“** (Schlafmöglichkeit für 12 Pers.), tief im Herzen des Waldes, wo Sie zu Mittag essen. Definitiv ein langer Weg.

Wegbeschreibung

Folgen Sie dem Weg den Hauptfluss entlang hinauf - und dann wieder hinunter. Wenn Sie dies wörtlich nehmen, können Sie sich nicht verlaufen. Gibt es unterwegs mehrere Möglichkeiten, wiederholen Sie einfach im Kopf diese Worte.

Das Marelisi Guest House

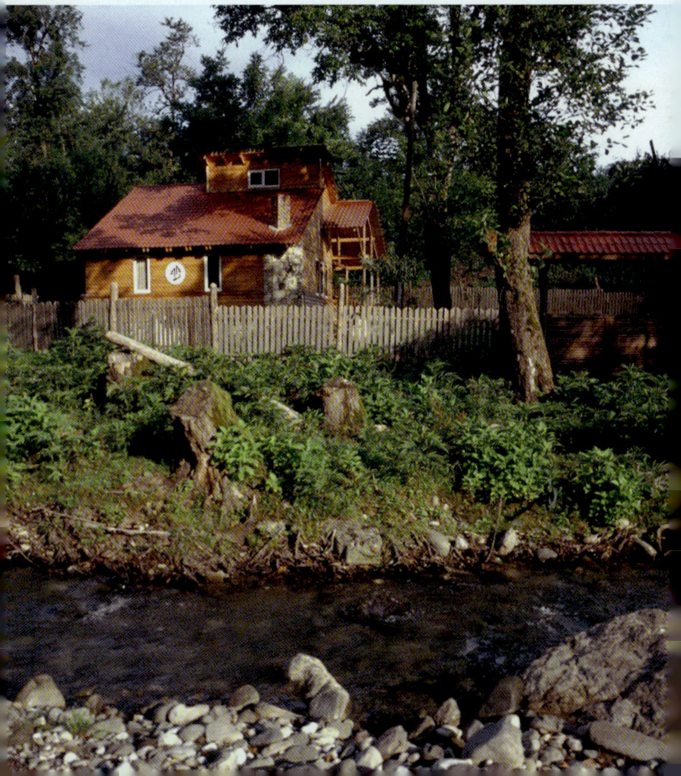

Der parfümierte Weg

Ich schlenderte allein den Feldweg neben dem Bjoliskhevi-Fluss entlang – immer tiefer hinein in den **Kleinen Kaukasus.** Mehrere Stunden war ich bereits unterwegs. Der Wegesrand war **übersäht mit Blumen** jeglicher Form und Farbe. Gelegentlich wurde die Luft erfüllt von dem Duft einer großen **Lilie** *(Lilium szovitsianum),* ihr Kopf ein gelbes Gesicht, das vom Wegesrand hinaufspähte. Dadurch wusste ich, wohin ich schauen musste, und nun konnte ich sie aus 30 Metern Entfernung erschnuppern. Zahlreiche andere Wildblumen umgaben sie und ich fragte mich, ob einige davon zu den 300 Arten gehörten, die in Georgien endemisch waren. Soeben hatte ich den Fluss barfuß über einen rutschigen Holzpfosten überquert, um dann wiederum hindurchzuwaten, das Wasser halbwegs hüfthoch (entgegen meinem eigenen Rat bezüglich starker Ströme und Kniehöhe). Plötzlich tauchte rechts ein hoher Wasserfall auf, erzeugte einen leichten Sprühregen über den Rand der Felsen und stürzte anschließend in die Tiefe.

Da erwachte ein unbekanntes Gefühl **von großer Vertrautheit mit diesem Ort.** Ich war allein zwischen den steilen, bewaldeten Bergen, Flusswasser floss um die Felsen herum und ein namenloser Gipfel spähte durch die Wolken hindurch nach unten. Es fühlte sich an, als wäre ich durch ein unsichtbares Tor gegangen und hätte das Designstudio einer Kreatur betreten, die um einiges intelligenter war als der Mensch. Um mich herum wurden neue Arten entwickelt, die Muster der Blumen aufgefrischt, Felsen, Schmetterlinge verbessert – und ich begriff nicht, wie das bewerkstelligt wurde. Tatsächlich könnte ich selbst ein solcher Entwurf sein, der sich durch das Storyboard bewegte, beobachtet, studiert und vielleicht sogar ausrangiert wurde.

Ich sah nach oben und wurde mir bewusst, dass ich keine Ahnung hatte, wohin der Weg führte. Gestern hatte mir jemand gesagt, er folge dem Fluss in die Berge, und ich könnte es ihm nach tun. Es gäbe dort wohl eine Touristenherberge, aber das sei an einem Tag nicht zu schaffen. So stand ich also vor einer Herausforderung ... In den letzten drei Stunden hatte ich keine einzige menschliche Seele gesehen. Wo war ich gelandet?

Doch in dem Moment war das kaum von Bedeutung. **Es war so einfach, dem Weg zu vertrauen.** Folge dem Pfad einen halben Tag lang hinauf und die zweite Hälfte hinunter. Einfacherer Wege gab es nicht. Ich hob meine Kamera und richtete sie auf den unbekannten Gipfel, der sich zwischen den Bäumen abzeichnete. Plötzlich war ich mir meiner selbst bewusst, wie ich dort stand, mein Objektiv inmitten von Eichen und Buchen ausrichtete, nur ein kleiner Fleck bei einem rauschenden Fluss in neuen Wanderschuhen – und ich empfand es als ebenso möglich, dass der Berg ein viel schärferes Bild von mir aufnahm.

Wasserbetriebene Getreidemühle („tsiskvili")

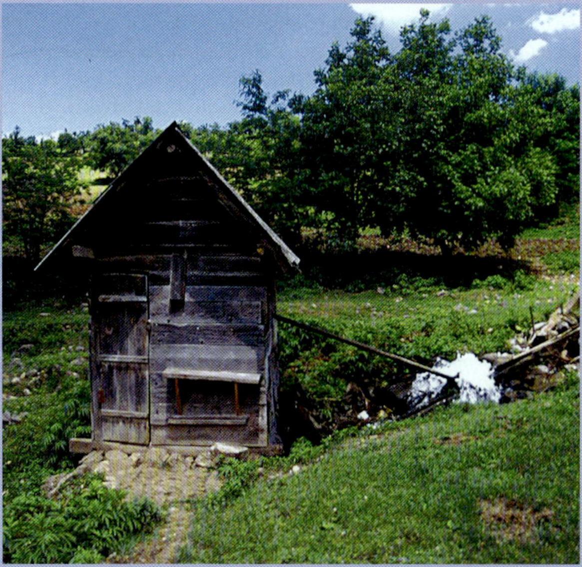

Touren 27/28
Zur Vakhani-Burg

Start: Bahnhof Marelisi
Ende: Bahnhof Marelisi (Tour 27); das Marelisi Guest House (Tour 28)
Typ: hin und zurück (Tour 27); Teilrundweg (Tour 28)
Zeit: ganzjährig
Dauer: 5/6 Stunden, beide Touren
Aufstieg: 500 oder 650 Meter (insgesamt)
Maximale Höhe: 875 Meter
Schwierigkeitsgrad: einfach (Tour 27); einfach, aber komplizierte Wegfindung (Tour 28)
Mobilfunksignal: fast immer

Zusammenfassung

Zwei Dorfwanderungen durch stetig ansteigende Landschaft bis zu einem kleinen Bergfried aus dem 12. Jahrhundert. Dort blicken Sie hinab auf **Georgiens ländliches Herzstück,** sehen die zahlreichen, alleinstehenden Höfe, meistens selbstversorgend, welche hier und da die Landschaft verzieren. Sie passieren Weinberge, wasserbetriebene Getreidemühlen, mehrfach bepflanzte Felder, von denen die meisten bearbeitet werden. Der Nationalpark erstreckt sich dramatisch Richtung Süden.

Die ersten zwei Drittel der beiden Wege sind identisch – bis hoch zur **Vakhani-Burg** und wieder zurück hinab ins Zentrum des Dorfes Vakhani – meistens entlang Feldwegen (bis auf das letzte Stück hinauf zur Burg). Dann haben Sie die Wahl: Entweder gehen Sie auf dem Weg, den Sie gekommen sind, zum Bahnhof zurück (und nehmen dort ein Taxi oder einen Mini-Bus zu Ihrer Unterkunft), oder Sie biegen nach links ab und gehen „tief hinein" ins Dorf. Von dort aus schlendern Sie Reitwege entlang, an Bächen vorbei und hinein in kleine bewaldete Täler, die sich durch ein Labyrinth aus Pfaden hindurchschlängeln und zahlreiche Einzelhöfen passieren, bis Sie schließlich wieder auf den Bjoliskhevi-Fluss treffen, von wo aus Sie zum Marelisi Guest House gelangen.

Dort erhalten Sie eine Wegbeschreibung – diese aber ist recht kompliziert, sodass ein **einheimischer Führer** empfehlenswert ist, sollten Sie sich für **Tour 28** entscheiden (oder kalkulieren Sie einiges mehr an Zeit mit ein). Um einen zu finden, fragen Sie im Besucherzentrum des Parks nach.

Wegbeschreibung

Verlassen Sie Ihren Zug am **Bahnhof von Marelisi** und gehen Sie links den Schotterweg neben den Schienen entlang. Nach vierzig Minuten gelangen Sie in das kleine Nest **Vakhaiskikhe,** wo Sie nach der Überquerung eines Flusses neben einer bergaufführenden Abzweigung einen grünen, metallenen Dorfkiosk erblicken. Nehmen Sie diese und gehen Sie circa 200 Meter weiter zu einer Gabelung. Wählen Sie den unteren Feldweg und schlendern Sie eine weitere Stunde bis ins Dorfzentrum von Vakhani (eindeutig zu erkennen an einer Bushaltestelle, einem Basketballplatz und einem Laden). Die Schule befindet sich links, gleich um die Ecke. Folgen Sie der Straße an dieser vorbei, bis sie sich teilt– dies ist wichtig (GPS N 41° 56.888 E 43° 18.971).

Beide Wege führen zur Burg hinauf, aber die untere, linke Abzweigung ist die bessere und führt zu einer malerischen **Getreidemühle („tsiskvili"),** die über einen Bach gebaut wurde. Dort mahlen die Dorfbewohner ihr getrocknetes Getreide („simindi") zu Mehl, woraus später „chadi" wird oder Maisbrot. Beachten Sie die nackten Maisstangen, die zwischen den einsamen Bäumen am Wegesrand hervorragen, während der Burghügel über den Häuptern allmählich näherrückt.

Der Weg führt an einem kleinen Teich vorbei, hebt sich steiler an und trifft auf einige Abzweigungen; steigen Sie aber weiter hinauf bis Sie neben einer Hütte, in der Getreide gelagert wird, an eine T-Kreuzung gelangen. Biegen Sie rechts ab. 150 Meter weiter, auf dem höchsten Punkt des Wegs, führt ein Pfad links geradewegs nach oben (GPS N 41° 56.815 E 43°19.812). Geradeaus liegt ein **alter Holzhof** mit Balkon; gehen Sie an diesem vorbei und halten Sie dich dahinter gleich rechts. Dies ist der Weg zur Burg. Sie können entweder den direkten Weg hinauf nehmen, geradeaus, oder Sie bleiben auf dem Pfad und folgen ihm schlangenförmig nach oben. Beide bringen Sie nach ganz oben. Ungefähr 30 Meter unterhalb dieser befindet sich eine Quelle, nun durch ein Rohr geleitet, das jedoch leckt.

Hinunter. Nehmen Sie den Weg ins Dorfzentrum von Vakhani zurück. Dann können Sie entweder die gesamte Strecke zum

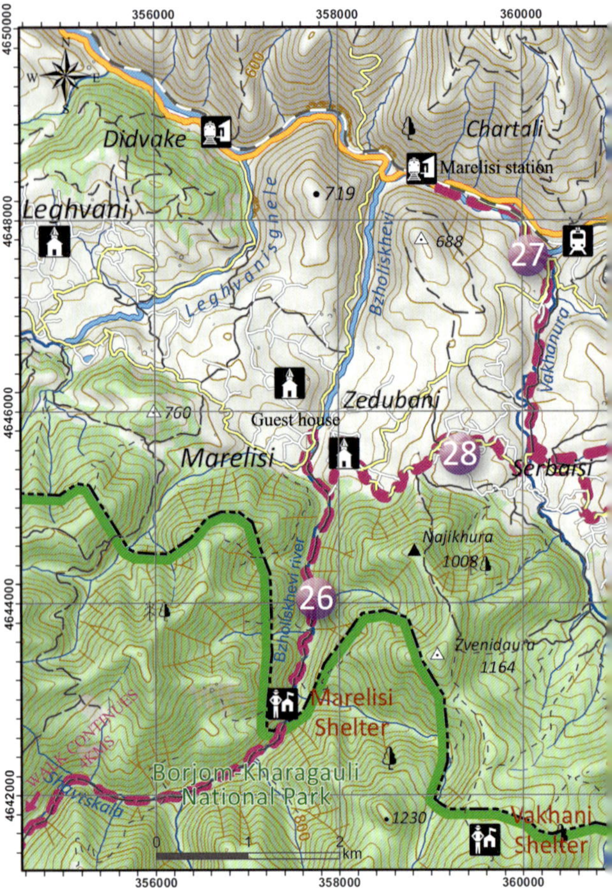

Bahnhof laufen **(Tour 27)** und mit einem Taxi zu Ihrer Unterkunft fahren, oder Sie gehen geradeaus zum Marelisi Guest House **(Tour 28)** und mitten hinein in das Leben im Dorf. Sie verlassen Tour 27, indem Sie den Fluss im Dorfzentrum überqueren, neben der Bushaltestelle, die sich nun links befindet. Dann wird der Weg etwas komplizierter. Nach 150 Metern nehmen Sie die linke Abzweigung und folgen dem Feldweg den Hügel hinauf nach

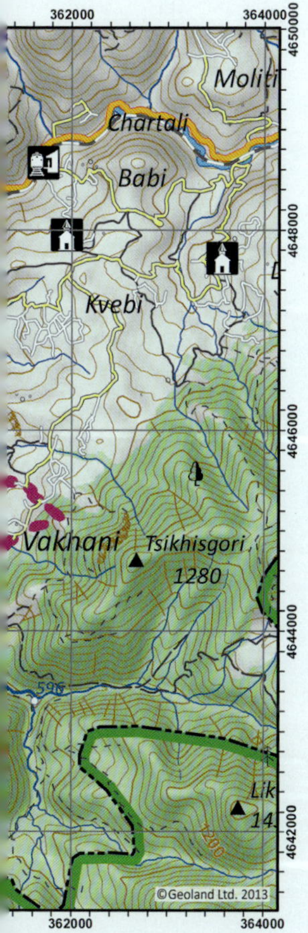

Serbaisi. Gehen Sie durch das Dorf hindurch hinauf zum Kamm des nächsten Hügels (GPS N 41° 56.865 E 43° 17.849). Dort angekommen gehen Sie nicht links in Richtung Berg, sondern geradewegs hinunter zur anderen Seite der Häuser. Biegen Sie an dem Lattenzaun rechts ab auf einen schmalen Reitweg. 100 Meter weiter, an der T-Kreuzung zwischen den malerischen Höfen, schlagen Sie links ein auf einen breiteren Weg. 100 Meter weiter, beim der nächsten T, gehen Sie rechts. Wieder 100 Meter weiter, bei der nächsten T-Kreuzung, biegen Sie links ab (nahe des Quellrohrs). Unten angekommen, stoßen Sie auf einen kleinen Fluss, dem Sie den gesamten Weg hinab folgen bis zum **Hauptfluss Bjoliskhevi.** Dort biegen Sie rechts ab. Das **Marelisi Guest House** befindet sich einen Kilometer stromabwärts neben dem Fluss. Knifflig, aber möglich. Sich unterwegs zu verlaufen, ist nicht gefährlich, weil Sie sich ständig in der Nähe von Häusern befinden. Sie können jederzeit nach dem Weg nach Marelisi fragen.

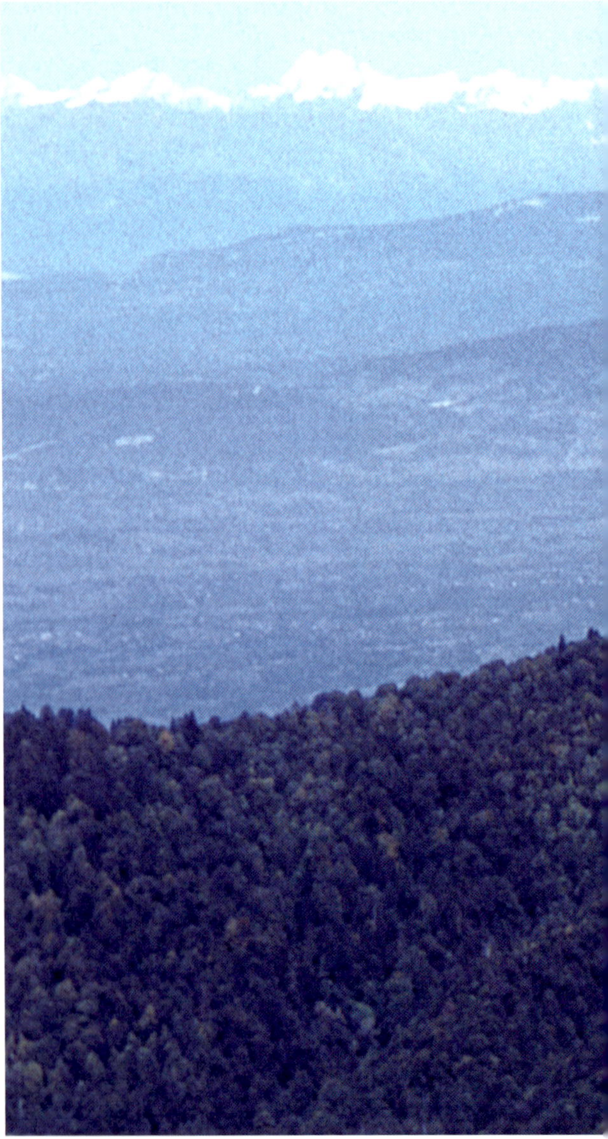

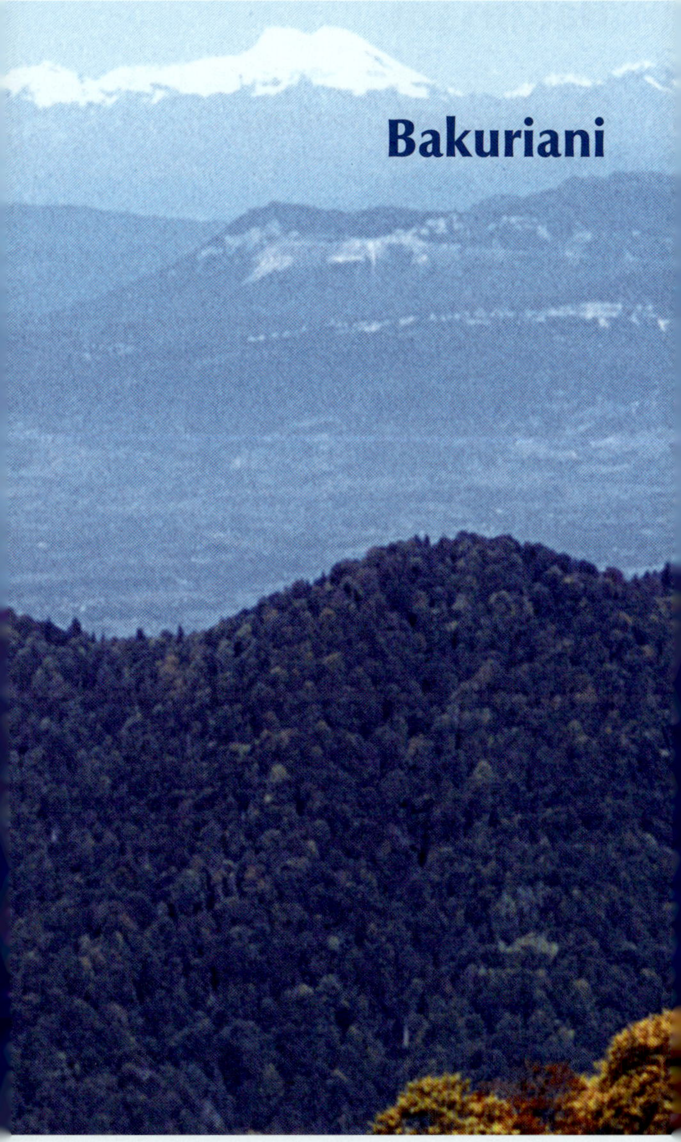

Bakuriani

Bakuriani

Einführung und Geschichte

Vor 150 Jahren existierte Bakuriani noch kaum. Dann begannen die **Russen,** sich unten im Borjomi-Tal anzusiedeln, und benötigten einen **„Rückzugsort" in den Bergen.** 1902 erbauten sie die **Schmalspurbahn,** die den gesamten Weg hinauf in dieses kleine Nest führte, und beauftragten sogar **Gustave Eiffel,** eine **Brücke** zu konstruieren. Heute ist Bakuriani kein kleines Nest mehr. Die Sowjets machten daraus ein **Skigebiet** mit nicht weniger als drei Sprungschanzen (es stand sogar mal als Austragungsort der Winterolympiade zur Debatte). Nach Georgiens Bürgerkrieg (1992–1993) verwahrloste es jedoch, wird aber nun saniert, um schnellstmöglich wieder als Skigebiet zu fungieren. Die herrlichen Wanderwege sind glücklicherweise erhalten geblieben.

Auf 1650 Metern im Kleinen Kaukasus ist die Atmosphäre weniger streng und grüner als auf den Wanderwegen im Großen Kaukasus (wie Kazbeg/Swanetien). Es gibt viele schöne Wege direkt aus Bakuriani heraus – hier wird nur einer davon vorgestellt. Der zweite „See"-Weg ist lang, aber schön, vor allem im Oktober mit seinen prächtigen Herbstfarben.

Lage

45 Minuten Fahrt von Borjomi mit Taxis oder Marschrutkas (Mini-Bussen) vom Stadtzentrum. Oder eine zweieinhalbstündige Fahrt mit der „kukushka" – der engen **Schmalspurbahn** (extrem langsam, günstig und herrlich). Sie fährt zwei Mal täglich von oben und unten und überquert die Eiffel-Brücke. Zahlreiche Hotels und Homestays sind das ganze Jahr über verfügbar. Im Kino der Stadt befindet sich eine **Touristeninformation,** die aber eher auf Skiurlauber ausgerichtet ist (zur Zeit).

Kapitelstartseite:
Ein flüchtiger Blick auf den Berg Elbrus vom Borjomi-Nationalpark aus

Tour 29
Der Berg Kokhta

Start/Ende: Bakuriani Zentrum
Typ: Rundweg
Zeit: April/Mai bis November
Dauer: 4 Stunden
Aufstieg: 500 Meter
Maximale Höhe: 2160 Meter
Schwierigkeitsgrad: mittel, allein wegen eines steilen Aufstiegs am Anfang
Mobilfunksignal: durchgängig

Zusammenfassung

Dies ist der offensichtlichste Weg in Bakuriani. Der Kokhta überblickt den Ferienort aus jedem Winkel und ist anhand einer Reihe von Mobilfunkmasten und der Sesselliftstation auf seinem grünen Gipfel eindeutig zu erkennen. **Kokhta** bedeutet „niedlich“ auf Georgisch, aber natürlich war er niedlicher bevor die Masten kamen. Man sagt, an einem klaren Tag sei von ihm aus **der gesamte Kaukasus von Kasbek nach Elbrus** zu sehen. Ich jedenfalls habe nie mehr als ein paar verschwommene Buckel in der Ferne erkennen können – dennoch eine **hervorragende, offene Wanderstrecke,** insbesondere, wenn man sie an einem sonnigen Tag gemütlich entlangschlendert. Der untere Teil des Weges führt durch einen herrlichen blumenreichen Wald. Ideal im Herbst wegen der spektakulären kaukasischen Farben.

Wegbeschreibung

Nehmen Sie irgendeine Straße aus dem Stadtzentrum heraus Richtung Osten. Sie alle **werden irgendwann zu einem einzigen Weg,** der aus dem Tal und zum neuen „Rooms“-Hotel führt. Darüber liegt das alte Lotus-Hotel sowie die Kokha-Sesselliftstation. Gehen Sie unter den Hängesesseln entlang bergauf und halten Sie sich dabei stets etwas links von den Sesseln, hinauf zu einer offenen, steilen Skipiste, bis Sie oben auf dem **Berg** ankommen (im Frühling und Sommer in Blumen eingebettet).

Hinunter: Gehen Sie weiter den Weg entlang, der zur Liftstation führt – abwärts. Es gibt nur eine Möglichkeit – ungefähr nach drei Vierteln des Wegs hinab in den **Krater von Bakuriani** (ein erloschener Vulkan) öffnet sich die Zugangsstraße zu einer Lichtung und teilt sich schließlich (N 41° 44.540 E 43° 32.610). Nehmen Sie den Weg nach links. Dieser bringt Sie zu den alten, verfallenden Sprungschanzen und schließlich hinab zur Ringstraße.

Der Weg lässt sich **auch in umgekehrter Richtung** gehen. Schlendern Sie in Richtung der ersten Sprungschanze, die zwischen den Bäumen hindurchblickt, über das offene Feld. Und verlassen Sie die obere Ringstraße neben dem grün gestrichenen Hotel (GPS N 41° 44.784 E 43° 31.986).

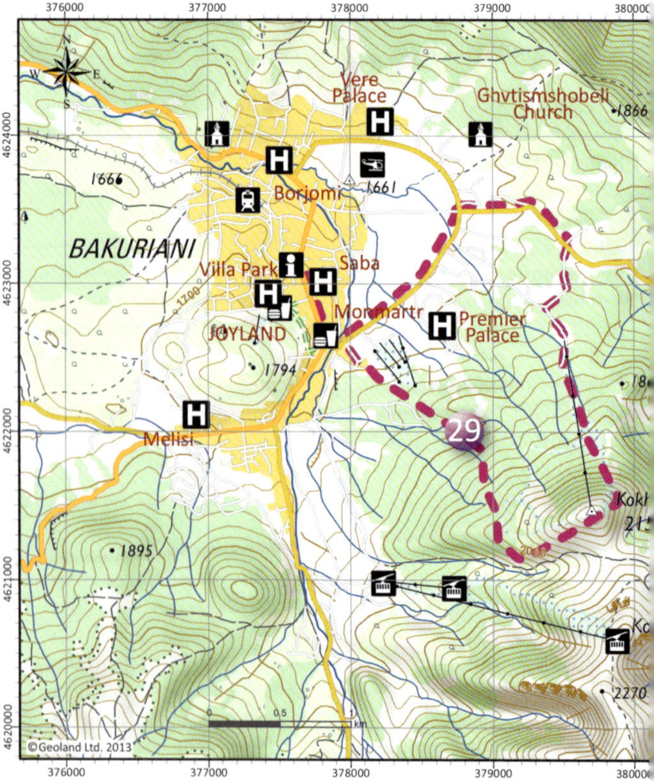

Tour 30
Von Andesiti zu den Dabatszvali-Seen

Start: Dorf Andesiti (4 km westlich von Bakuriani)
Ende: Dorf Chobiskhevi (12 km südlich von Borjomi)
Dauer: 8 Stunden, 9 Stunden bei Nässe
Typ: Hinweg
Zeit: April/Mai bis November
Aufstieg: 500 Meter (abwärts 900 Meter)
Maximale Höhe: 2000 Meter
Schwierigkeitsgrad: mittel, aber lang
Mobilfunksignal: nicht schlecht

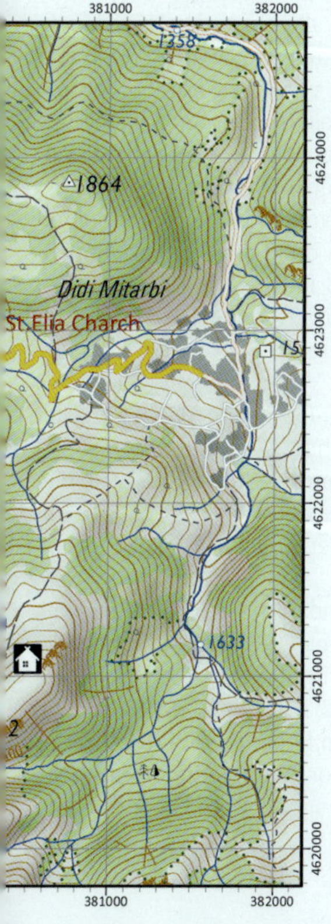

Zusammenfassung

Ein langer, aber herrlicher Weg (insbesondere während der Herbstfarben), der eine Vielzahl an **tiefergelegenen Alpen- und Weidelandschaften** birgt – und bis zu den malerischen Dabatszvali-Seen im Westen von Bakuriani führt (nicht zu verwechseln mit dem größeren, kahleren Tsabaskuri-See im Süden). Es gibt **keine schwierigen Aufstiege,** nur am Ende einen steilen, drastischen Abstieg ins Dorf hinunter und von dort zum Mtkvari-Fluss. Die gesamte Wegstrecke beläuft sich auf ungefähr 20 km.

Zu Beginn der Route folgen Sie einer ehemaligen Forststraße durch einen dichten Kiefernwald hinein in ein bewaldetes Tal. Langsam steigt der Weg an und führt zu einer herrlichen, offenen Hochebene voller grüner Weiden und kleiner Seen. Wenn Sie möchten, können Sie oben einen Hügel erklimmen und einen Blick auf die Baku-Tiflis-Ceyhan-Pipeline erhaschen, die dort den Kleinen Kaukasus übersteigt und bis in den Süden reicht. Schließlich geht es über den Rand des Sadgeri-Kamms hinunter ins wärmere Klima (Glühwürmchen im Sommer). **Brechen Sie zeitig auf.**

Wegbeschreibung

Begeben Sie sich von Bakuriani (beliebtes Übernachtungsziel) mit dem Auto oder einem Taxi Richtung Westen ins nahe gelegene Dorf **Andesiti.** Fahren Sie durch den Ort hindurch und biegen direkt nach der Flussüberquerung an einer T-Kreuzung rechts ab in die obere Straße. Lassen Sie sich dort absetzen (die Straße ist bald nicht mehr befahrbar).

Folgen Sie der ehemaligen Forststraße tief in den Wald hinein – der Berg befindet sich links von Ihnen – für zwei Stunden und mehr (**weichen Sie im Wald nicht vom Weg ab** – wir haben dies einmal in Begleitung eines Einheimischen gemacht und uns völlig verlaufen. Meiden Sie den Führer namens Levan!) Schließlich verlassen Sie den Wald und gehen in Richtung eines kleinen Dorfes. Ungefähr 100 Meter vor dem ersten Haus überqueren Sie den Bach und nehmen sogleich den Pfad, der links abgeht und leicht ansteigend in den Wald führt (GPS N 41° 45.720 E 43° 24.717, Höhe 1625 Meter). Folgen Sie ihm und dem Bach für circa 40 Minuten zu einer Lichtung. Dort halten Sie ganz links nach einer Art Pfad Ausschau. Wenn Sie ihn nicht finden, seien Sie unbesorgt. Gehen Sie einfach nach Westen in den Wald hinein. Behalten Sie diese Richtung bei und Sie gelangen schließlich auf einen Feldweg (ein **Kompass oder GPS** ist an dieser Stelle nahezu unabdingbar, es sei denn, Sie haben einen guten Orientierungssinn). Wenn Sie beginnen, abwärts zu gehen, sind Sie falsch.

Schließlich öffnet sich der Weg und führt in eine leicht bewaldete Wiesengegend und weiter auf eine T-Kreuzung. Halten Sie sich links; bald schwenkt der Weg um und erreicht schließlich den **Kammrücken** (GPS N 41° 45.588 E 43° 21.960, Höhe 1920 Meter). Die **Seen** und **Wiesen** befinden sich direkt davor und darunter. Die drei Seen liegen vor Ihnen (weiter nördlich befindet sich ein vierter, etwas teichartiger See) der schönste und größte See liegt ganz links (südlich), nicht sogleich sichtbar, sondern hinter der südlichsten Sommerweiden-Hütte.

Vom Kamm steigen Sie entweder über den Feldweg hinab oder vorzugsweise über den **Stiefmütterchenweg** (wegen seiner Brillanz). Dieser beginnt gleich rechts (nördlich) der nicht mehr funktionsfähigen Sesselliftstation. Von dort an ist der Weg fast ausschließlich von Stiefmütterchen umgeben, aber einfach zu folgen – den gesamten Weg nach unten bis ins Dorf **Chobiskhevi** (1½ Stunden). **Meiden Sie den Stiefmütterchenweg bei Nässe.** Der steile Pfad trifft auf ungefähr halbem Weg nach unten auf den Feldweg (GPS N 41° 45.909 E 43° 20.007, Höhe 1440 Meter). Das Dorf ist lang und schmal. Gehen Sie hindurch, hinunter zur Brücke über den Mtkvari-Fluss und zur Borjomi-Akhaltsikhe-Straße (eine weitere halbe Stunde). Marschrutkas (Mini-Busse) fahren dort tagsüber alle 30 Minuten nach Borjomi, und von dort aus kommen Sie mit dem Taxi oder Marschrutkas **zurück nach Bakuriani.**

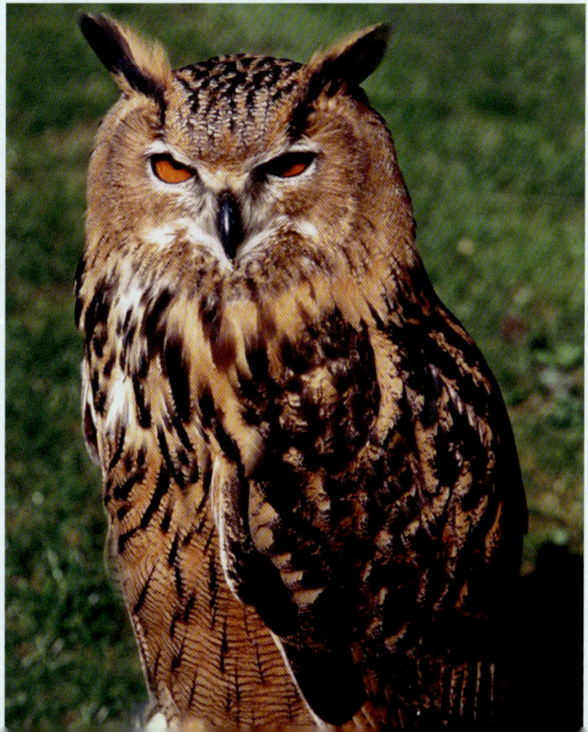

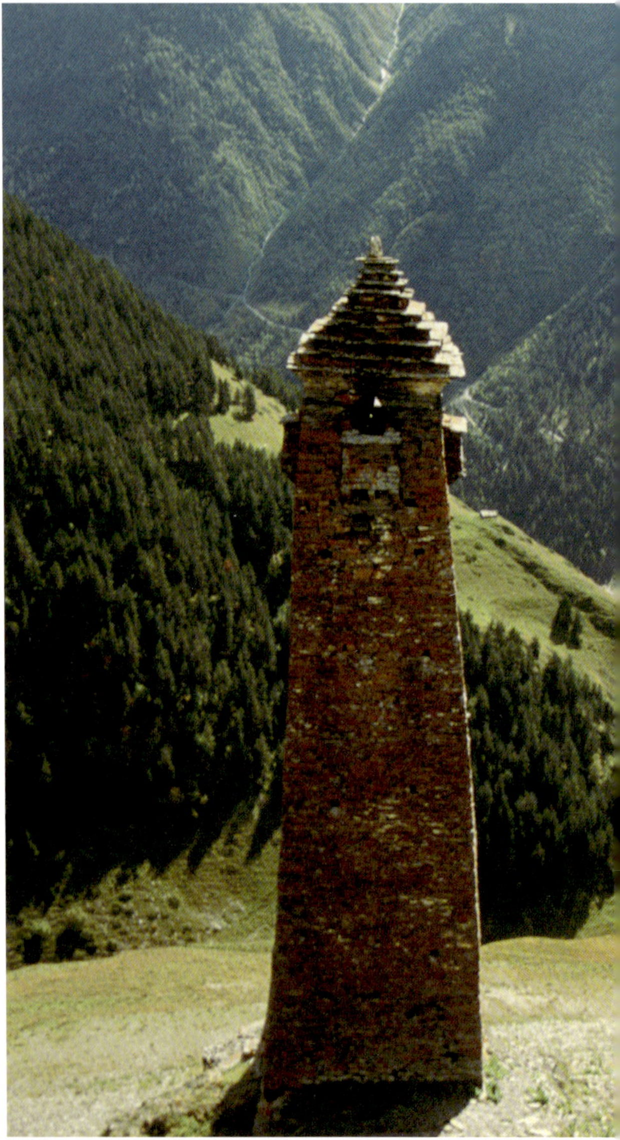

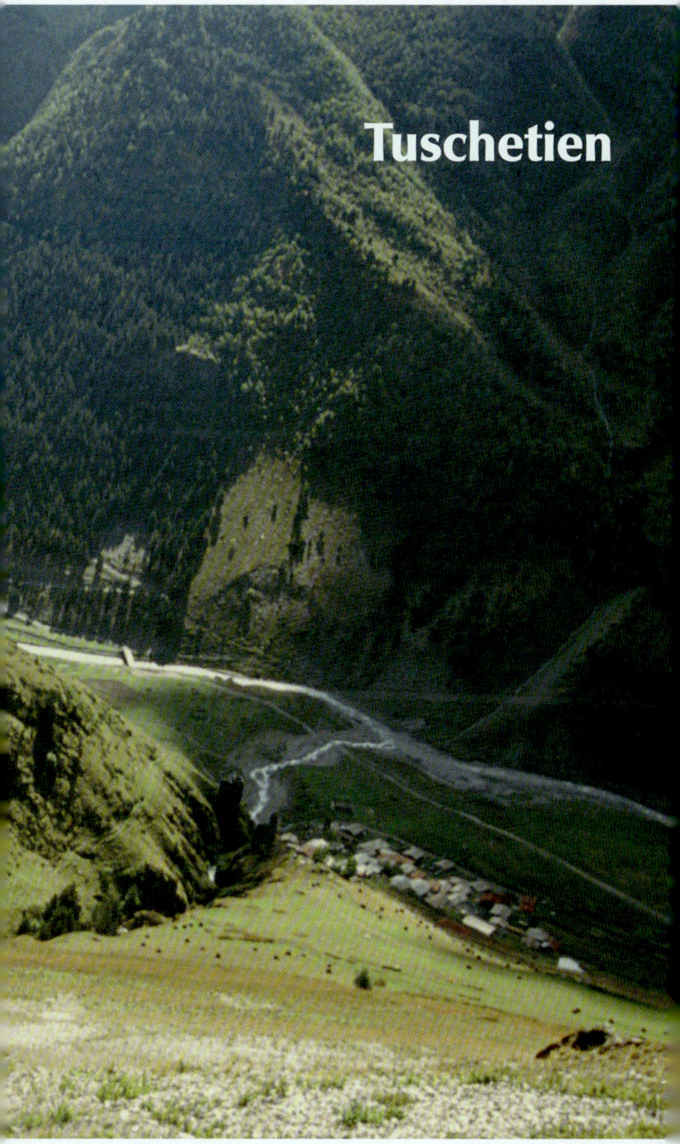
Tuschetien

Tuschetien

Einleitung

Tuschetien (Tusheti) befindet sich in der abgelegenen Ecke auf der oberen rechten Seite Georgiens, neben Dagestan und Tschetschenien. Obwohl die Region **nur vier Monate im Jahr zugänglich** ist, existiert in ihren vier Tälern eine ganz eigene Welt. Tuschetiens Bevölkerung lebt dort bis heute **wie vor einigen Jahrhunderten.** Einige Dörfer sind inzwischen verlassen, die noch immer bewohnten schmiegen sich fest an die Berghänge zwischen 1800 und 2200 Meter Höhe. Vor allem während der Sommermonate sind sie bewohnt. Einige wenige sind auch über die langen, abgeschiedenen Winter bewohnt, aber nur von zwei, drei sehr robusten Familien. Jedes Dorf verehrt seine eigene **heidnische Heiligstätte („khati"),** die im christlichen Georgien auf eine ungewöhnlich unabhängige, aber zerbrechliche Kultur hinweist.

In den 1970er Jahren installierten die Sowjets **Elektrizitätsleitungen** in der Gegend, die jedoch 1985 verschwanden und nicht mehr zurückkehrten. Heute befinden sich dort Solar- und einige wenige Mini-Wassergeneratoren an den Flüssen; doch jedes Haus hat einen benzinbetriebenen Generator, der genug Strom für Licht erzeugt, um Mobiltelefone aufzuladen. Außer in Bezug auf die letzten Neuerungen, WLAN und die gelegentliche Satellitenschüssel, die auf den Winterhäusern sitzt (in Tuschetien gibt es kein Radio), haben sich die Dörfer in den letzten Jahrhunderten kaum verändert.

Die Einheimischen leben dort überwiegend von ihren **Rinderherden** und den selbst angebauten Kartoffeln, die dort während der kurzen Sommerperiode geerntet werden. Im Herbst schicken sie ihren berühmten **Käse** (gilt als der beste in Georgien), **Wolle** und **Bio-Kartoffeln** hinunter nach Tiflis. Im Winter sind die Häuser geschlossen und die Bewohner ziehen sich in das warme, kachetische Tal Alvani zurück.

Kapitelstartseite:
Kvevlo-Turm, Blick hinab auf Dartlo

Die bedeutendste Neuerung des 21. Jahrhundert in der Region ist die **Installation von georgischen Grenzposten,** die die bergige tschetschenische Grenze bewachen. Diese werden von Helikoptern unterstützt, die gelegentlich über den tiefen Tälern zu sehen sind, aber keine Touristen mitnehmen (außer natürlich im Notfall).

Geschichte

Um nach Tuschetien zu gelangen, müssen Sie den 2917 Meter hohen **Abano-Pass** überqueren – die höchste Straße Georgiens. Wenn man bedenkt, dass der Zugang für Fahrzeuge erst 1978 fertiggestellt wurde und **wegen des Schnees nur von Ende Juni bis Mitte Oktober geöffne**t ist, ist es ein Wunder, dass dort oben, in dieser abgelegenen, aber überwältigenden Region, überhaupt menschliche Kultur existiert.

Dennoch wurden in der Nähe von den vielen **schwarzen Schiefertürmen Tuschetiens** Tierfiguren aus Eisen gefunden, die aus dem 5. bis 4. Jahrhundert vor Christus stammen und eingegraben waren – die Türme wiederum stammen aus dem 12. bis 13. Jahrhundert. Diese robusten Steinfestungen sind der Schlüssel zum Überleben der Tuschen (oder Tushs). Gebaut wurden sie auf steilen Hängen zur Verteidigung gegen Angriffe von Tschetschenen und Dagestanern, in zweierlei Formen: der **Wachturm,** zum Warnen der Dorfbewohner bei drohender Gefahr, und der größere, plumpere, **Gemeinschaftsturm** – in den bei Überfällen ganze Dörfer fliehen konnten. Interessanterweise weisen sie zwei sehr unterschiedliche Dachdesigns auf: Der eine besitzt ein Satteldach, der andere eins im Stil eines Bienenstocks – ein Hinweis auf die kulturelle Vielfalt der Berggemeinden. Die ersteren findet man natürlich in der nun restaurierten Keselo-Festung, die zweite im oberen Pirikiti-Tal – in Dartlo, Parsma, Girevi – sowie in den Bergregionen Tschetscheniens.

Anmerkung: Im Jahr 2005 wurde mir erzählt, dass 2700 Euro ausreichten, um einen **tuschetischen Turm** mit Hilfe von einheimischen Handwerkern zu restaurieren. Die Hoffnung lebt weiter, dass die Arbeiten weitergehen – ganz nach dem hervorragenden Beispiel in Omalo (wo ein niederländischer Geschäftsmann Restaurierungen privat finanzierte).

Salotsavi – Heilige Orte

Die Georgische Orthodoxe Kirche hat es nicht weit nach Tuschetien hinein geschafft. Ich kenne nur zwei Kirchen, eine seit langem verlassene in Dartlo und eine neben dem eher angebeteten „khati" in Shenakho – nun wieder restauriert. Die **„khati"** sind **vorchristliche Heiligstätten** und werden von den Dorfbewohnern noch immer verehrt. Frauen im geschlechtsreifen Alter ist es nicht erlaubt, sich ihnen zu nähern (das gilt auch für Touristinnen) – was in animistischen Kulturen nicht unüblich ist. Diese Stätten werden auch **„salotsavi"** (heilige Orte) genannt und jede einzelne ist einem einheimischen Heiligen gewidmet (früher einem Gott) – der normalerweise Außenstehenden unbekannt ist, von denen jedoch einige christianisiert wurden. Einige „khati" scheinen den Heiligen Georg zu verehren, aber wenn man etwas genauer hinsieht, entdeckt man, dass es ihn in einer

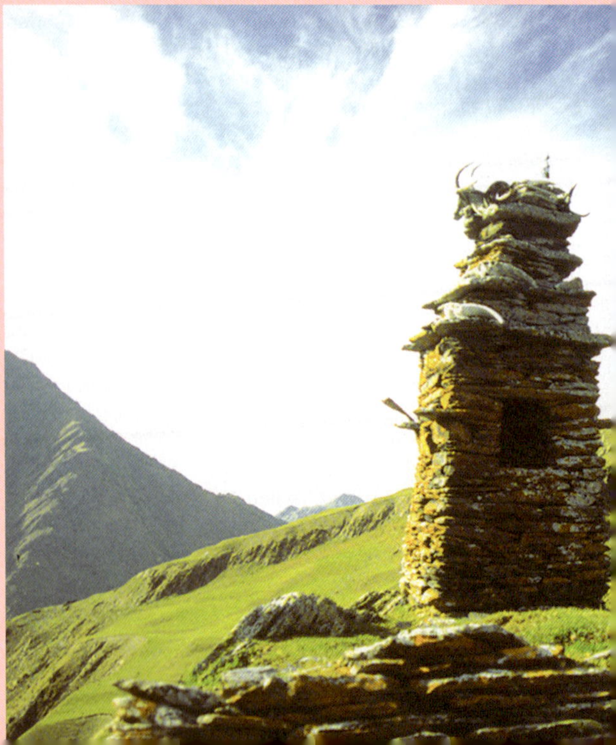

„schwarzen" Version gibt (die in Verbindung mit dem einheimischen Gott Lashara steht) und einer „weißen", die dem uns bekannten vermutlich näherkommt. Die „khati" stehen in direktem Zusammenhang mit **noch immer praktizierten animistischen Glaubensrichtungen** und sind einfach zu erkennen – kleine Steinhaufen, die oft mit Tierhörnern und Kerzen geschmückt sind und auf denen sich weißer Kristall befindet. Eines der wichtigsten Feste ist **Lasharoba** – das ungefähr 100 Tage nach Ostern in den Dörfern Shenakho und Chirho gefeiert wird.

Anmerkung: Im Sommer gibt es in Tuschetien eine Anzahl verschiedener **Festivals,** die mit unterschiedlichen Heiligen assoziiert werden. Das letzte ist **Mariamoba** (Maria gewidmet) und findet um den 28. August herum statt und ist einen Besuch auf jeden Fall wert.

Der „khati" in Dano

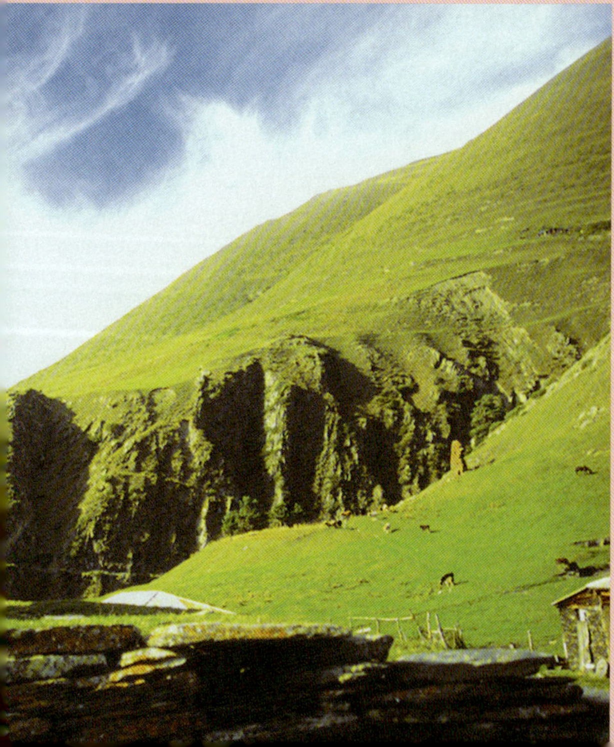

Lage

Der einzige Weg nach Tuschetien führt mit einem **Geländewagen über den Abano-Pass** (ungefähr sieben Stunden von Telavi nach Omalo). Zur Zeit gibt es weder Mini-Busse noch öffentliche Verkehrsmittel. Wenn Sie über das nötige Kleingeld verfügen, können Sie sich für ungefähr 1800 Euro einen **Helikopter** mieten – einfache Wegstrecke (der russische MI-8 bietet Platz für bis zu 20 Passagiere). Dies aber ist kompliziert und sollte am besten durch einheimische Reiseveranstalter organisiert werden – siehe Kap. „Wanderhinweise für den Kaukasus" – (wie auch die Geländewagen). Manche versuchen **per Anhalter** eine Mitfahrgelegenheit in einem der großen Kamazi- oder ZIL-Wagen zu bekommen, die den Pass oft versperren – doch die sind extrem unbequem, unzuverlässig und schwierig zu finden. Außerdem bleiben sie oft liegen.

Wandern in Tuschetien

Tuschetien ist ohne Zweifel **eines der schönsten Wandergebiete Georgiens.** Es ist niedriger gelegen und grüner als die höheren Kaukasus-Gegenden. Außerdem ist es **entspannter** als in Swanetien – die einzige vergleichbare Region in Georgien. Wenn ich dort allein wandere, fühle ich mich viel wohler als in Westeuropa (auch wegen der Abwesenheit anderer Wanderer). Die Menschen dort sind entspannter als die Swanen. Und noch nie habe ich von einem Überfall in Tuschetien gehört.

Auch die Berge sind freundlicher, haben weniger Schnee und Dramatik – die Weiden sind flacher und die Lawinen weniger heftig. Die Bevölkerung ist einiges kleiner und noch immer, größtenteils, animistisch. Im Herbst ziehen die Tuschen hinunter ins warme, weinreiche Kachetien, erleben aber bald das Erwachen der Sehnsucht nach dem Frühling und ihrer Rückkehr nach „oben" in die Heimat – dann mit Blumen bedeckt. Für **Botaniker und Vogelbeobachter** ist die Region ein Paradies.

Langsam entwickelt sich dort der Tourismus und Unterkünfte lassen sich in den freundlichen Homestays recht einfach finden. Umso mehr Besucher sich in einem Ort einfinden, desto mehr Häuser öffnen ihre Türen. Tuschetien ist inzwischen offiziell einer von Georgiens **Nationalparks** und im unteren Teil von

Omalo befindet sich ein **Besucherzentrum** mit Karten, Museen und Informationen zu Unterkünften.

Inzwischen wurden die Berge Tuschetiens von Viehwegen und großen Schafherden geriffelt, die das Gras auf nahezu jeder Höhe aufsaugen und von aggressiven kaukasischen Hunden gehütet werden - denen geht man am besten aus dem Weg. Der Mobilfunk wird stets besser, schwindet aber in den Tälern.

Anmerkung: Frauen im geschlechtsreifen Alter - Kindern und Älteren ist es gestattet - werden gebeten, **sich den „khati" nicht zu nähern** - kleine Steinhaufen, die mit weißem Kristall versehen sind und eine Einbuchtung für Kerzen aufweisen (s. Exkurs „Salotsavi - Heilige Orte"). In den Dörfern sind die Heiligstätten normalerweise eingezäunt. Manche haben eine Steinwand und ähneln Kirchen (wie in Parsma). Stoßen Sie während einer Wanderung auf eine solche Stätte, sollten Frauen sich ihnen nicht mehr als 25 Meter nähern. Manchmal bedeutet das einen ungünstigen Umweg über Berghänge zu nehmen - Sie sollten sich aber daran halten, wenn Wanderer auch weiterhin in Tuschetien willkommen sein sollen. Einen „khati" zu fotografieren ist erlaubt.

Tschurtschchela

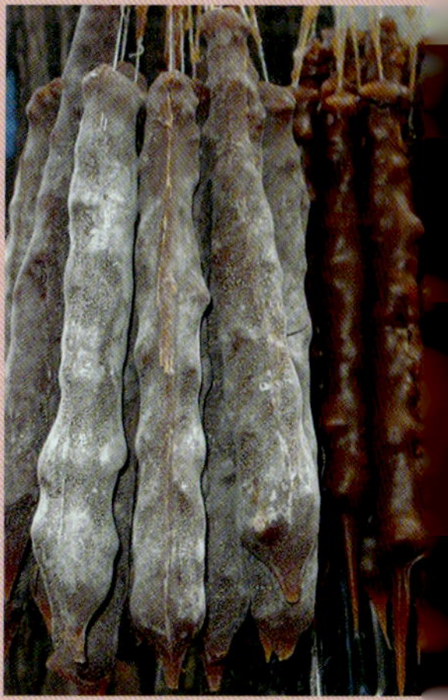

Dies ist **Georgiens überragende Antwort auf Studentenfutter.** Eine Kombination aus **Nüssen** (entweder Wal- oder Haselnüsse) und einer **Traubenpaste,** gut mitzunehmen und lecker. Wenn Blutzucker mit dieser Kombination aus Glucose und Proteinen in Berührung kommt, wird er sogleich im Blut freigesetzt und hilft Ihnen über den Pass. Ursprünglich ist Tschurtschchela eine Erfindung aus Kachetien und kann in ganz Georgien auf Märkten gekauft werden (inzwischen auch manchmal in Supermärkten) - obwohl die kachetische Variante als die beste gilt.

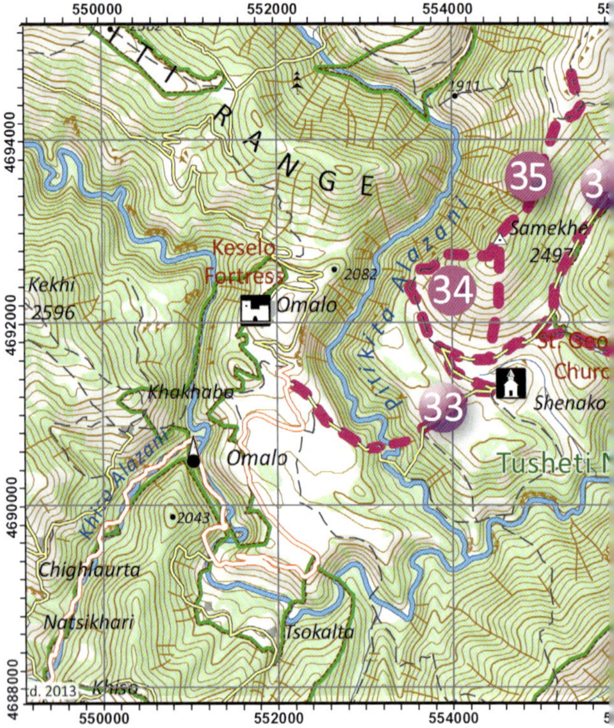

Touren 31/32
Von Shenako nach Diklo

Start/Ende: Shenako
Typ: Rundweg
Zeit: Juni bis Oktober
Dauer: 4 und 5 Stunden
Aufstieg: 300 Meter
Maximale Höhe: 2175 Meter
Schwierigkeitsgrad: einfach (Tour 31); mittel (Tour 32)
Mobilfunksignal: auf ungefähr zwei Dritteln auf beiden Touren

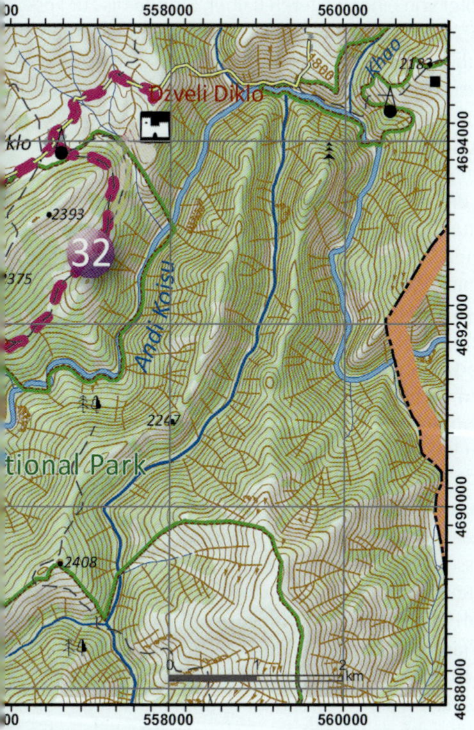

Zusammenfassung

Diese Wanderungen sind eine wunderbare **Einführung ins schöne Tuschetien** und bringen Sie zu einem meiner Lieblingsorte in ganz Georgien – den Ruinen der alten **Festung Diklo.** Sie befinden sich auf einer gewaltigen, hohen Klippe, die Dagestan überblickt, mit einem beinahe 500-Meter-Fall nach unten. Dahinter liegen das idyllische **Dorf Diklo** und sein Tal; zu Ihrer Linken ragt die weiße Pyramide vom **Berg Diklo** in den Himmel.

Um dorthin zu gelangen, wandern Sie durch einen von Kiefern bewachsenen Pass in der Nähe eines antiken, aber gut erhaltenen **Wachturms.** Dann geht es aus dem Wald hinaus direkt nach Diklo gefolgt von einer weiteren halben Stunde bis zur Festung **(Tour 32),** „das letzte Dorf Georgiens“ genannt (nicht ganz korrekt, weil dahinter noch ein weiteres Dorf liegt, das von den Dagestanen besetzt ist). **Tour 31** ist die einfache, weniger interessante Route, sie führt den Feldweg von Shenako nach Diklo ins Tal hinauf und dann hinüber zur alten Festung Diklo. Dort habe ich auch den seltenen Apollo (Schmetterling) gesehen – siehe Kap. „Flora und Fauna“. Beide Routen enden mit einer entspannten einstündigen Wanderung durch ein ausgedehntes, grasbewachsenes Tal hinunter nach Shenakho.

Warnung: Einige Wanderer sind bei einer Schäferhütte auf besonders **aggressive Hunde** gestoßen, auf dem ebenen Stück zwischen Diklo und der alten Festung. Mir ist dort nichts passiert, meine Nerven aber wurden schon strapaziert. Als ich dort 2018 vorbeikam, lächelte mich ein neuer Hund fröhlich an und wedelte mit dem Schwanz. Es kann also gut sein, dass sich die Lage verbessert hat.

Wegbeschreibung

Tour 32: Verlassen Sie **Shenakho** auf dem Pfad Richtung Diklo den Hügel hinunter und beginnen Sie, die andere Seite hinaufzusteigen. Nach ungefähr zwei Dritteln des Wegs hinauf führt ein kleinerer Pfad (nun ausgeschildert) rechts ab (GPS N 42° 22.601 E 45° 40.01, Höhe 1950 Meter) in Richtung eines kleinen Kamms (Lücke zwischen zwei Baumgruppen). Nehmen Sie ihn zum Kamm hinauf; dann geht es wieder abwärts. Folgen Sie aber nicht dem Weg, der bald nach rechts abzweigt und einem Bach folgt, ansonsten landen Sie an einem georgischen Grenzschutzlager. Nach der Kreuzung verschwindet der Bach links in den Bäumen. Passieren Sie die Ruinen einer alten **Getreidemühle** („tiskvili“, wenn Sie eine in Funktion sehen möchten, wandern Sie die Marelisi-Wege, Touren 26–28), dann bleiben Sie links und folgen dem Weg in den Wald hinein.

Anscheinend wurde in dem weiter unten gelegenen Tal, das nun vor Ihnen liegt, einmal Getreide angebaut. Bald treffen Sie auf ein kleines Wasserkraftwerk. Wandern Sie ungefähr 45 Minuten einen ziemlich ebenen Waldweg entlang. Schließlich betreten Sie eine kleine 75 Meter breite Lichtung mit junge Bäumen. Der Weg führt nun bergauf und durch die Lichtung und die noch kleinen Bäume hindurch. Nahe der höchsten Stelle öffnet sich der Pfad in eine weite flachere **Weide** (GPS N 42° 23.244 E 45° 41.747, Höhe 2050 Meter). Kehren Sie am hinteren Ende (linke Seite) auf den Waldweg zurück – entlang einer großen Schlucht mit einem Wachturm, der Sie über den Abgrund hinweg anstarrt. Bald ist die alte **Diklo-Festung** zu sehen, wie sie direkt über Ihnen auf einer der höheren Klippen sitzt (von den Dagestanen Mitte des 19. Jahrhundert zerstört und nie wieder aufgebaut).

Der Pfad führt schließlich hinaus aus dem Wald, an einem kleinen Friedhof vorbei und entweder hinein ins **Dorf Diklo** (für eine Tasse des heimischen tuschetischen Tees) oder Sie wandern rechts außen herum, wo Sie den Weg zur Festung erblicken, der Sie östlich vom Dorf hinaufführt. Bis zur Festung sind es ungefähr 25 Minuten.

Tour 31: Folgen Sie dem Pfad aus **Shenako** hinaus zum Fuße des Hügels, an dem Sie auf den Feldweg nach Diklo treffen. Diesem folgen Sie die gesamte Strecke den Hügel hinauf und weiter nach Diklo. Nichts weiter. Wenn Sie den Verkehr vermeiden möchten, gehen Sie an einer der Seiten entlang. Nach einer Erfrischung im Dorf, in einem der zahlreichen netten Cafés, gehen Sie am östlichen Ende hinaus und nehmen den Weg Richtung Festung – denselben wie bei Tour 32. Dort angekommen, richten Sie Ihr Fernglas auf den hohen Dagestan-Kamm, ungefähr 6 km östlich oberhalb des tiefen Charma-Tals, und erblicken Sie den **russischen Grenzschutzsoldaten,** der sein Fernglas auf Sie richtet. Anscheinend ist es den Wachleuten nicht erlaubt zu sitzen. Sie müssen dort pro Schicht zwei Stunden lang stehen und Ausschau halten.

Genießen Sie Ihre Mittagspause. Gehen Sie anschließend den Weg zurück, den Sie gekommen sind. Es war auf diesem Rückweg, als ich auf die zähnefletschenden **Hunde** traf (siehe Zusammenfassung) – hoffentlich sind sie inzwischen weg. Schlendern Sie durch das Zentrum von Diklo – Frauen meiden den „khati" (zu erkennen an dem großen weißen Kristallstein, der sich darauf befindet) – und bemerken Sie, dass es in den Dörfern Tuschetiens **keine Schweine** gibt. Tuschen essen nämlich kein Schwein, während sie sich in Tuschetien aufhalten, außerhalb schon. Jenseits des Dorfes verläuft ein eindeutiger Feldweg das Tal hinunter und den gesamten Weg zurück nach Shenakho (ungefähr eine Stunde).

Vazha Pshavela (1861–1915)

Behind the buried gloom of night
icy, pale to the eye
Chechnya is a bare rocky throne.
In a gorge below the river roars
its seething, inward wrath.
The mountains bend down,
wash hands, faces in the spray,
the souls of dead men
living on their flanks ...
... in the distance appears a Chechen village
perched like an eagle's nest
and as beautiful to observe
as a woman's breast.

Dies sind die ersten Zeilen des Gedichts **„Gastgeber und Gast"** von Vazha Pshavela, der von vielen als Georgiens bester und modernster Dichter betrachtet wird. Pshavela lebte in der hohen Berggegend Pshavi, nahe Tuschetien. Die beiden Kulturen sind sich sehr ähnlich. Ich würde ihn als den **Dichter der Bergwanderer** beschreiben. Seine Gedichte zeichnet ein faszinierender animistischer Unterton aus. Sie beschäftigen sich nahezu ausschließlich mit den Bergdorfbewohnern, deren Leben und Beziehungen innerhalb der Höhlentäler. Osip Mandelstam, der berühmte russische Dichter, der Georgien einst besuchte, sagte über Pshavelas Werk in „A Word or Two about Georgian Art":

„Seine Metaphorik, in seiner epischen Meisterlichkeit beinahe mittelalterlich, besitzt eine urgewaltige Kraft. Es schäumt vor dem Konkreten, dem Greifbaren, der Realität des Alltags. Jede Äußerung wird unvermeidlicherweise ein Bild, und selbst das Wort reicht nicht aus – er muss ein jedes in seine Einzelteile zerreißen, mit seinen Zähnen, um das meiste aus dem leidenschaftlichen Charakter georgischer Dichtung herauszuholen."

Für akademische Hintergrundinformationen zur reichen literarischen Tradition Georgiens empfehle ich **„The Literature of Georgia"** von Donald Rayfield. Das Buch ist gewöhnlich bei Prospero's Books in Tbilisi erhältlich – 34 Rustaveli Avenue.

Die Passage ist ein Auszug aus **„Georgia in the Mountains of Poetry"** von Peter Nasmyth (...), 4. Auflage, verlegt von Duckworth, 2018.

Tour 33
Von Omalo nach Shenakho (oder andersrum)

Start/Ende: Omalo oder Shenakho
Typ: Hinweg
Zeit: Juni bis Oktober
Dauer: 1½ bis 2 Stunden
Aufstieg: 350 Meter (von Omalo)
Maximale Höhe: 1950 (Shenakho)
Schwierigkeitsgrad: einfach, aber ein langer Aufstieg
Mobilfunksignal: oben, in der Schlucht eher schlecht

Zusammenfassung

Eine schnelle, oft notwendige Wanderung zwischen den zwei Hauptdörfern Tuschetiens. Der **Fluss** wird von einem 250 Meter tiefen Canyon geteilt und musste bei meinem ersten Besuch mit Fahrzeugen durchquert werden. In den frühen Sommermonaten ist das Schmelzwasser manchmal zu hoch, sogar für die großen Kamazi-Trucks. Inzwischen löst die neue **Brücke** das Problem. Wenn Sie in Shenakho übernachten, bietet es sich an, die Wanderung **gleich nach der Ankunft** zu machen (vertreten Sie sich Ihre Beine nach 6 Stunden in einem 4x4 von Kakheti über den Abano-Pass). Bitten Sie den Fahrer, Sie an der Brücke rauszulassen und Ihr Gepäck weiter nach Shenakho zu bringen. Seien Sie unbesorgt, es ist nahezu unmöglich, sich zu verlaufen.

Wegbeschreibung

Start in Omalo: Gehen Sie vom Zentrum aus in südöstlicher Richtung am „Flughafen" vorbei (leeres Feld neben einem großen Gebäude), auf zwei unfertige Betonbauten zu, nicht weit vom Canyon entfernt. Die näher gelegene ist die niemals fertiggestellte Sesselliftstation der Sowjets. Der Pfad beginnt gleich links davon (GPS N 42° 22.030 E 45° 38.413, Höhe 1850 Meter) und scheint sich nach ca. 300 Metern zu teilen. Folgen Sie der oberen Route den gesamten Weg hinunter zur Brücke und auf der anderen Seite wieder hinauf. Sie kreuzt die Straße ein paar Mal, aber der weiterführende Weg ist stets einfach zu erkennen. Wenn Sie plötzlich merken, dass Sie abwärtsgehen, haben Sie ihn verpasst – Sie befinden sich dann aber auf einem fast genauso schönen Weg. Wenn Sie auf der anderen Seite oben angekommen sind, folgen Sie dem Feldweg durch die Weiden geradewegs hinein ins malerische Shenakho.

Start in Shenakho: Verlassen Sie das Dorf auf der Straße Richtung Omalo bis zu dem Punkt, an dem sie in den Wald hineinführt. Dort sehen Sie einen Pfad, der rechts ab führt (GPS N 42° 22.092 E 45° 39.162, Höhe1920 Meter). Folgen Sie ihm hinunter (er trifft einmal kurz auf die Straße) und auf der anderen Seite nach Omalo.

Shenakho

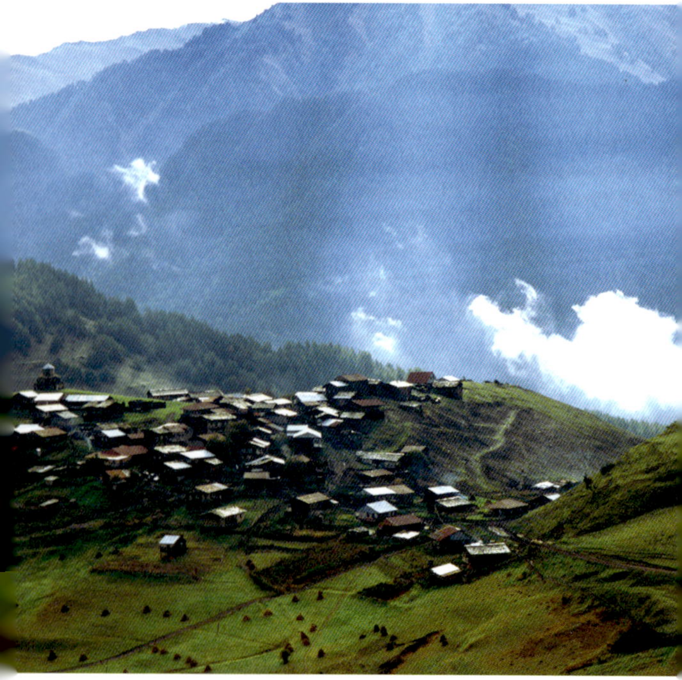

Touren 34/35 Shenako zum Sonekhi-Kamm und Mobilfunkmast

Start/Ende: Shenako
Typ: Teil-Rundweg
Zeit: Juni bis Oktober
Dauer: 4 Stunden und 6½ Stunden
Aufstieg: 550 Meter und 800 Meter
Maximale Höhe: 2700 Meter
Schwierigkeitsgrad: mittel (Tour 34); mittelschwer (Tour 35)
Mobilfunksignal: größtenteils

Zusammenfassung

Eine **großartige Wanderung für Vogelliebhaber** und jene, die sich gern nahe dem Himmel aufhalten – **„sonekhi" bedeutet „Blitzeinschlag".** Die Route führt durch einen Wald zu einem fantastischen **Gipfel auf 2500 Meter,** von dem aus man fast ganz Tuschetien sehen kann. Der Aufstieg führt einen Bergkamm entlang, der, obwohl er bewaldet ist, plötzlich atemberaubende Aussichten in beide Richtungen offenbart.

Während Sie zwischen Bäumen und moosbewachsenen Steinen abtauchen und dabei stetig hinaufsteigen, bringt Sie der Weg auf starke und intensive Weise der Natur näher. Flechten hängen von den Kiefern herunter wie Bärte, und am Boden folgt uns ein Schwarzspecht und hackt Nachrichten in die Baumstämme, während sein rotes Käppchen auf- und abwippt. Ich wollte diesen Weg „den Nasmyth" benennen, wegen meiner Bewunderung für ihn, doch meine Begleiter machten mich darauf aufmerksam, dass dies etwas anmaßend sei in einer Gegend so alt wie Tuschetien. Dennoch wurde sie eine Art Routine für mich für jeden Besuch Tuschetiens.

Tour 35 folgt lediglich demselben Kamm weiter hinauf, der aus den Bäumen hinaussteigt und auf den Shavkvishtana-Kamm („schwarzer Sand") führt, dessen höchster Punkt auf 3200 Metern liegt. Dies aber ist wegen seiner anfänglichen langsamen Strecke durch den Wald an einem einzigen Tag kaum zu schaffen – deswegen bin ich ihn nur bis zu dem **Mobilfunkmast** gegangen, der sich auf etwa drei Vierteln des Wegs hinauf befindet. Die besonders Schnellen aber können problemlos noch weiter gehen.

Wegbeschreibung

Für beide Wanderungen verlasse ich **Shenakho** auf der Straße nach Omalo, biege nach etwa 300 Metern auf den Feldweg nach rechts ab und folge ihm hinauf (GPS N 42° 22.207 E 45° 39.372, Höhe 1950 Meter). Der Weg erreicht schließlich den Wald und verschwindet dort. Verzweifeln Sie jedoch nicht, fortan gilt die Regel: **Folgen Sie dem Kamm.** Halten Sie sich im Wald links und Sie gelangen zu ihm, dann bleiben Sie auf ihm oder in seiner Nähe. Zwei Stunden später tauchen Sie aus dem Wald 500 Meter höher auf und gelangen auf seinen **höchsten Punkt** (GPS N 42° 23.168 E 45° 39.762, Höhe 2500 Meter), neben einer **Gedenktafel** für einen Tuschen, der im Abchasen-Krieg starb.

Sie werden sehen, warum er diesen Ort so sehr liebte. Abends segeln Bart-, Mönchs- und Gänsegeier, Königsadler und/oder andere Falken auf der Thermik vorbei, die von der fast vertikalen westlichen Flanke des Bergs Sonekhi aufsteigt. Die **alte Omalo-Festung** erleuchtet in dem Licht direkt darunter. Die Täler von Pirikiti und Gometsari öffnen sich im Westen, Dagestan ist im Osten deutlich zu sehen und der tschetschenische Grenzkamm im Nordwesten.

Tour 35 (schwieriger) beginnt an dieser Stelle. Ihr Ziel ist deutlich zu sehen – der Mobilfunkmast etwa 200 Meter höher und anderthalb Kilometer weiter Richtung Norden. Die Regel „Folge dem Kamm“ kann noch immer gelten, ist aber anstrengender. Nach dem anfänglichen Abstieg vom Sonekhi-Gipfel beginnt etwa 50 Meter unterhalb (Richtung Osten) eine Art Pfad (einfacher zu laufen). Schließlich tauchen Sie oberhalb der Baumgrenze auf und treffen neben einer weiteren Gedenktafel auf den Pfad nach Diklo – für einen Tuschen, der an dieser Stelle im Jahr 1967 erschossen wurde. Biegen Sie nicht ab, sondern gehen Sie weiter hinauf und Sie gelangen auf dem Kammrücken bald zu einer **Schäferhütte.** Seien Sie vorsichtig – die **Hunde** sind nicht weit. Sie begannen zu bellen, also warteten wir auf den Schäfer. Als dieser auftauchte, winkten wir und er rief sie zurück. Erst dann setzten wir unseren Weg fort. Als wir an der Schäferhütte Wasser tranken, entdeckten wir, dass von dort aus über 1000

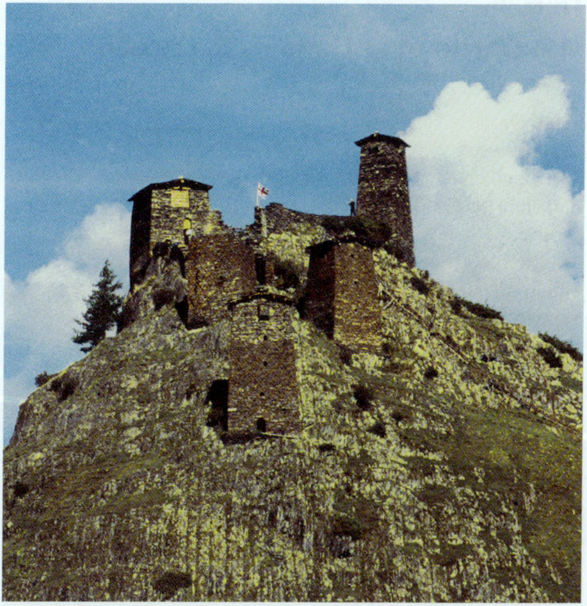

Schafe bewacht wurden, die regelmäßig Gefahr liefen, von Wölfen gerissen zu werden (darum auch die vielen Geier). Gehen Sie den steilen Weg weiter hinauf zum **Mobilfunkmast,** bewundern Sie die Aussicht, dann kehren Sie um zum Sonekhi-Gipfel.

Hinunter – beide Wege. Folgen Sie nicht dem Kamm. Schlagen Sie stattdessen eine andere Richtung ein, ungefähr 45 Grad östlich (oder links – Richtung Shenako) des Kamms und bergab. Es gibt keinen richtigen Pfad. Passieren Sie die spärlichen Bäume und schließlich gelangen Sie auf die offen gelegenen Weideflanken des Bergs. Shenako ist unten deutlich zu sehen. Gehen Sie geradewegs den offenen Berghang hinunter. Manche Wanderer **finden den Abstieg beschwerlicher als den Aufstieg** – also gehen Sie langsam, rasten Sie zwischendurch und genießen Sie den fantastischen Ausblick. Der Abstieg ist in 45 Minuten zu schaffen – aber besser in einer Stunde.

Die alte Omalo-Festung

Tour 36
Von Dartlo über Dano nach Chesho

Start: Dartlo
Ende: Chesho
Typ: Hinweg
Zeit: Juni bis Oktober
Dauer: 4½ Stunden
Aufstieg: 400 Meter
Maximale Höhe: 2150 Meter
Schwierigkeitsgrad: mittel
Mobilfunksignal: unregelmäßig

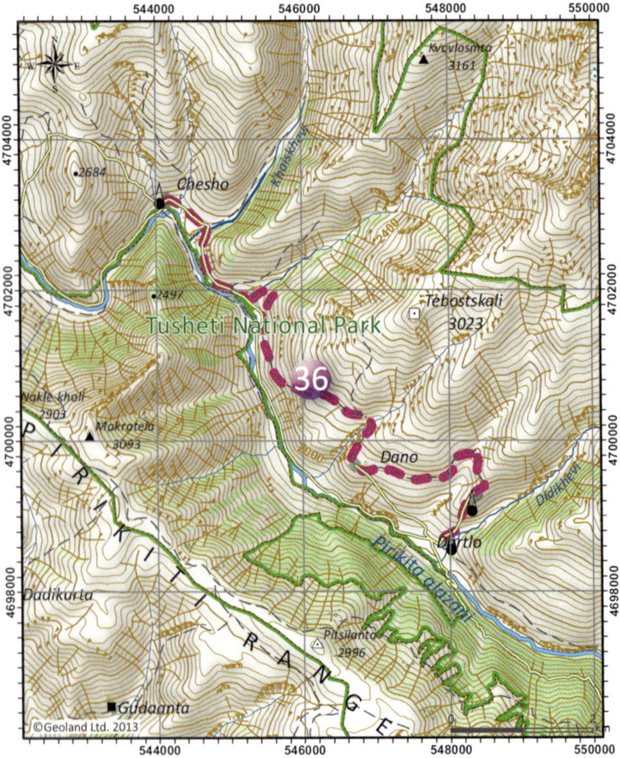

Zusammenfassung

Die Wanderung beginnt mit einem Besuch des klassischen Dorfes **Dartlo am Alazani-Fluss am Fuße des Pirikiti-Tals.** Sie führt serpentinenartig an den **Türmen** aus dem 12. bis 14. Jahrhundert vorbei und steigt steile 350 Meter hinauf ins direkt darüber gelegene idyllische Nest **Kvavlo** – zu erkennen an seinem einzigen **Wachturm,** der den Horizont unterbricht. Die Route verläuft dann parallel zum Berghang, an diversen Höfen vorbei ins abgeschiedene Dorf **Dano** mit seinen spektakulären heidnischen „khati" – mit Hörnern verziert und auf der Hochebene des Dorfes so platziert, dass sie sogleich ins Auge stechen. Anschließend verläuft der Pfad an der Bergflanke entlang und steigt langsam in die Talebene ab, von wo aus er dem mehr und mehr einsamen Feldweg ins Dorf **Chesho** folgt (und zu dessen Unterkünften). Ein erstklassiger Weg.

Wegbeschreibung

Gehen Sie durch das **Dorf Dartlo (1800 Meter)** bergauf zum höchstgelegenen Haus, wo ein Pfad links hinaufführt. Er führt dann serpentinenartig in die Grasweiden, von wo aus Sie geradeaus weiter aufwärts gehen, bis Sie auf den **Hauptweg nach Kvelo** treffen. Folgen Sie diesem die gesamte Strecke (es ist weiter, als es aussieht) zum Turm (GPS N 42° 26.622 E 45° 35.215, Höhe 2150 Meter). Dahinter liegt das kleine Nest Kvelo, und ein gut erkennbarer Weg führt nach Westen, mehr oder weniger eben. Folgen Sie diesem bis nach Dano – gehen Sie an den Hunden an Gela's Homestead „Governor" am benachbarten Hang vorbei. Beachten Sie die

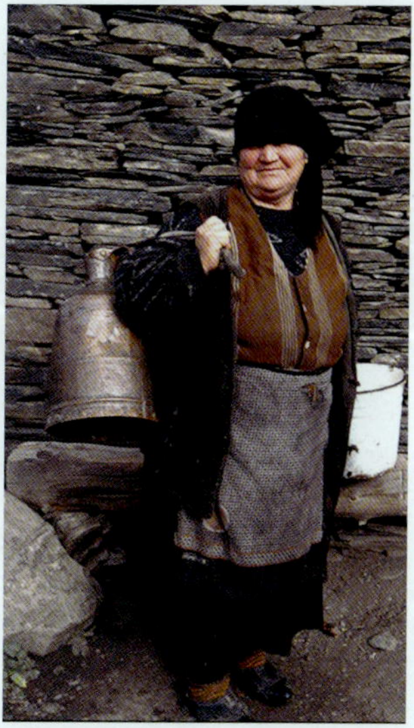

Heiligstätte (zu Ehren von Yaksari), die sich auf dem Hügel oberhalb von Kvavlo befindet. Besuchen Sie in **Dano** unbedingt den großen **„khati“.** Das Dorf ist ebenfalls das Zuhause der berühmten **tuschetischen Sängerin Lela Tataraidze** (ihre CD mit tuschetischen Liedern ist nur zu empfehlen).

Von Dano aus führt der Weg um eine Schlucht herum, überquert einen Bach und teilt sich schließlich nach ungefähr 600 Metern (GPS N 42° 27.036 E 45° 33.894, Höhe 2130 Meter). Nehmen Sie den unteren Weg. Dieser steigt dann langsam ab und im nächsten Tal wieder kurz hinauf, bevor er schließlich im Zickzack zurückführt und hinab zur Straße am Pirikiti-Alazani-Fluss. Folgen Sie ihr Richtung Westen und innerhalb einer Stunde sind Sie in **Chesho.**

Oder: Sie gehen einfach die Straße entlang durch das Tal zurück bis Dartlo und seinen herrlichen Restaurants.

Trägerin einer Papacha (Hut)

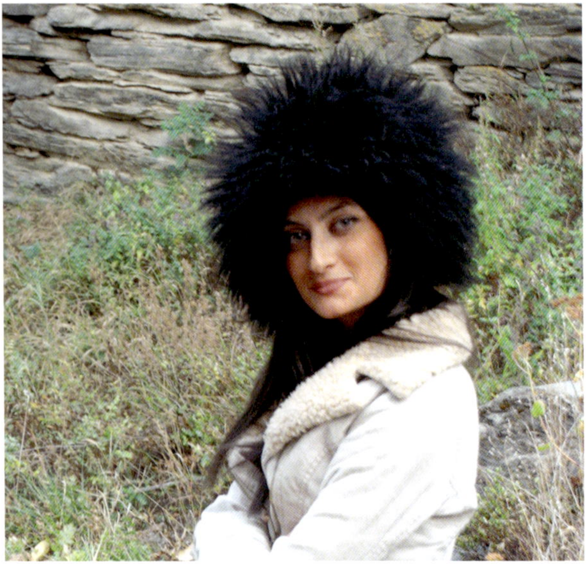

Tour 37
Girevi und Herho

Start/Ende: Girevi, an den gegenüberliegenden Seiten
Typ: mehr oder weniger eine Richtung
Zeit: Juni bis Oktober (während der Schneeschmelze im Juli etwas schwieriger)
Dauer: 4½ Stunden
Aufstieg: 400 Meter
Maximale Höhe: 2250 Meter
Schwierigkeitsgrad: mittel (abgesehen vom Waten)
Mobilfunksignal: gelegentlich

Zusammenfassung

Wir haben diese Wanderung Anfang September unternommen, wenn die Flussspiegel niedrig sind, da man gelegentlich waten muss. Wenn Sie in der Lage und auch willens sind, **knietief durch einem ziemlich schnellen (und sehr kalten) Bergfluss zu gehen,** werden Sie am Ende der Wanderung würdig belohnt. Ich persönlich finde Waten belebend und mache es barfuß (so wird der Kreislauf angeregt). Sie besuchen den prächtigen **Wachturm bei Girevi** – der wohl schönste in ganz Tuschetien –, dann überqueren Sie zwei Flüsse, gehen bergauf an den Sterbehäusern und dem verlassenen Dorf Herho vorbei, einen Hang entlang hinunter bis zu der Stelle, an der sich früher der kleine Larovani-See befand – von einem massiven Erdrutsch erschaffen, aber kürzlich verschwunden. Am hinteren Ende des Sees trafen wir auf etwas, was sich nur als ein Teppich aus Frühlingsblumen beschreiben lässt (im September) und entdeckten auf der anderen Seite einige elegante Schneeformationen und Brücken aus noch nicht weggeschmolzenen Lawinenüberresten.

Wichtiger Hinweis: Im Juni/Juli und manchmal noch Anfang August sind die Flüsse dort **noch zu tief zum Durchwaten,** manchmal auch für die Überquerung mit einem **Geländewagen.** Dennoch ist es möglich, zu Fuß ins Dorf Girevi zu gelangen: einen kleinen Pfad entlang, der bei der ersten der zwei Flussüberquerungen unter der Klippe (rechts) hindurchführt, noch vor dem Dorf. Je nach Tiefe des Schmelzwassers ist es möglich oder eben nicht, das Dorf Herho zu besuchen sowie den ehemaligen Larovani-See hinter Girevi. Denken Sie daran, dass ein Geländewagen tieferes Wasser durchqueren kann als ein Mensch und ein gutes Pferd noch tiefer kommt als ein Jeep. In Girevi kann man sich **Pferde** für etwa 25 bis 30 Euro pro Tag ausleihen – und als Fähre gebrauchen. Eine andere Möglichkeit ist der Weg durch die weiter unten gelegene Gegend um den **Parsma-Larovani-See** – dabei überquert man den Fluss nur einmal, über die neue **Brücke bei Parsma,** verpasst allerdings Girevi.

Wegbeschreibung

Die Wanderung beginnt bei dem herrlichen **Wachturm auf der anderen Seite von Girevi.** Gehen Sie zum Fluss hinunter, ohne das Dorf zu betreten. Suchen Sie sich dort eine geeignete Stelle mit niedrigem Wasserstand zum **Hindurchwaten** (es wird jedes Jahr eine andere sein). Halten Sie nach Stellen Ausschau, an denen Sie den gesamten Weg hinüber Steine sehen können und die Strömung am langsamsten ist – normalerweise an breiteren

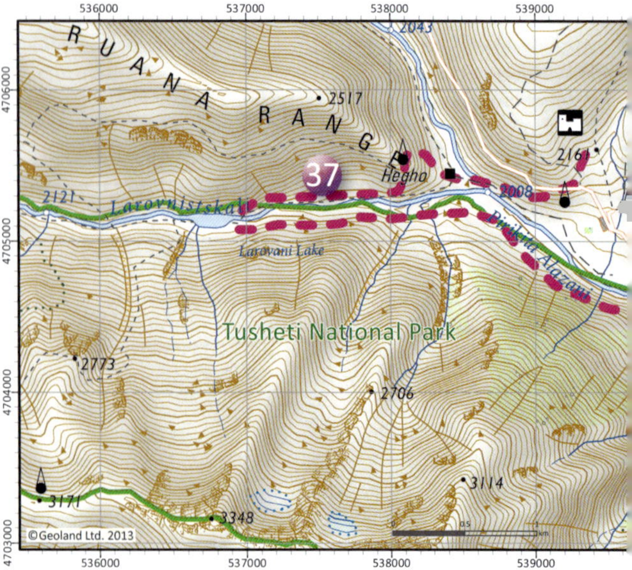

Abschnitten. Gehen Sie langsam hindurch und stellen Sie Schritt für Schritt sicher, dass Ihr Fuß ausreichend Halt hat, bevor Sie den anderen anheben. Sicherer ist es, wenn Sie Ihre Schuhe anbehalten und einen Stock verwenden (dieses dritte Bein hat mich mindestens einmal gerettet) – ich bevorzuge es allerdings barfuß. Das idyllische Dorf **Herhro und sein Turm,** die sich auf dem Sporn zwischen den zwei Flusstälern geradeaus befinden, sind bereits zu sehen. Gehen Sie direkt darauf zu und überqueren Sie den kleineren Fluss an seinem Fuß (GPS N 42° 29.971 E 45° 28.084, Höhe 2025 Meter).

Steigen Sie den Kamm des Sporns nach oben, wo Sie die **Sterbehäuser** sehen (direkt unterhalb der größeren Ruinen des Hauptdorfes) – manche haben sogar noch menschliche Totenschädel in den Regalen. In den vergangenen Jahrhunderten kam die Dorfbevölkerung dorthin, um zu sterben. Gehen Sie weiter zum oben gelegenen Wachturm. Es gibt einen einfacheren Pfad, der auf der rechten Seite des Hügels hinaufführt, er lässt aber die Sterbehäuser aus. Richtung Norden führt das Tal weiter nach Chontio (Startpunkt einer herrlichen 4-Tages-Tour nach Shatili in

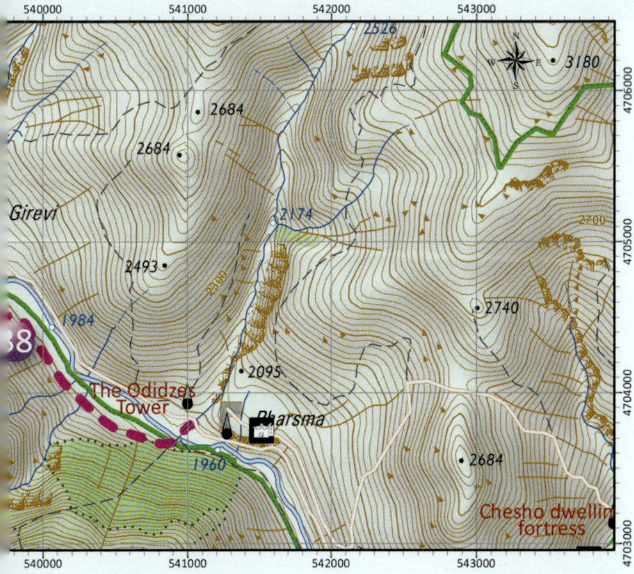

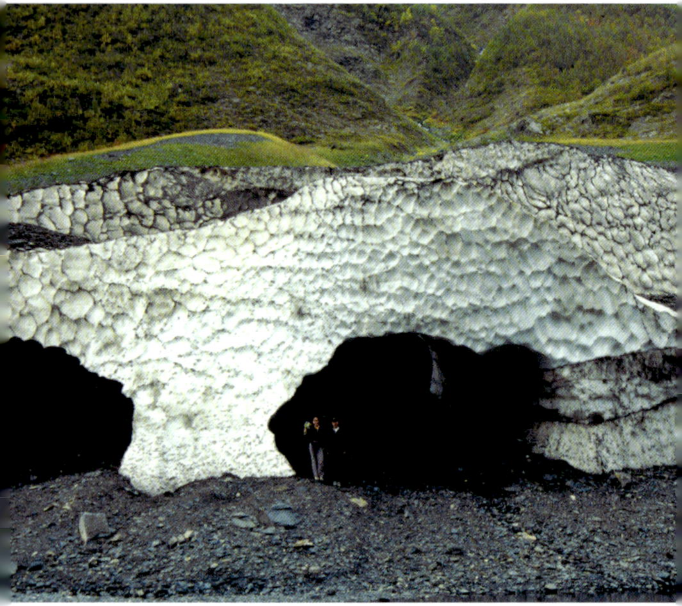

Chewsuretien). Steigen Sie wieder hinab zum Larovani-Alazani-Fluss, aber durchqueren Sie ihn nicht. Gehen Sie am Flussbett entlang weiter aufwärts und kurz bevor eine Klippe ein Weitergehen unmöglich macht, sehen Sie einen Pfad, der rechts den Hang hinaufführt (GPS N 42° 29.970 E 45° 27.961, Höhe 2025 Meter). Dieser folgt dem Fluss hoch zum ehemaligen Flussgebiet ungefähr 50 Meter oberhalb des Tals.

Zurück – Gehen Sie den Weg, den Sie gekommen sind.

Lawine neben dem ehemaligen Larovani-Fluss

Tour 38
Von Parsma zum einstigen Larovani-See

Start/Ende: Parsma
Typ: hin und zurück
Zeit: Juni bis Oktober
Dauer: 4½ Stunden
Aufstieg: 300 Meter
Maximale Höhe: 2100 Meter
Schwierigkeitsgrad: mittel bis schwer
Mobilfunksignal: gelegentlich

Zusammenfassung

Eine zweitbeste, trockene Option zur zuvor geschilderten Wanderung. Sie verpassen Girevi und Herho, sehen sie aber zumindest über den Fluss hinweg. Der Weg folgt dem **Pirikiti-Alazani-Fluss** die gesamte Strecke von Parsma bis zum Gebiet des einstigen Larovani-Sees auf seiner Südseite. **Ein Hindurchwaten ist nicht nötig.** Am Larovani-See angekommen, wird der Weg schwierig und führt über steilen und losen Schieferschutt. Gegenüber von Girevi steigt er oberhalb des Flusses steil an, verläuft dort etwa einen Kilometer, ehe er schließlich ins Tal des Hauptflusses hinabführt.

Wegbeschreibung

Parken Sie am Fuße des Dorfes **Parsma** (oder Sie übernachten gleich dort) und überqueren Sie den Fluss auf seiner neuen Mini-Golden-Gate-Brücke. Kaum angekommen auf der anderen Seite, ist der Weg offensichtlich – folgen Sie dem Fluss stromaufwärts bis zu dem Punkt, an dem er auf den zweiten Feldweg trifft: hinein ins Dorf **Girevi.** Dort ragt eine steile Klippe links neben dem Fluss empor und zwingt sie dazu, den Hang des grasbewachsen Sporns entlangzuklettern, ungefähr 50 Meter, bevor die Straße ins Wasser hinabführt (GPS N 42° 29.802 E 45° 28.369, Höhe 2010 Meter). Steigen Sie ungefähr 75 Meter hinauf, dann nehmen Sie den Pfad, der den Hang oberhalb der Flussklippen entlangführt. Folgen Sie diesem mehr als einen Kilometer zum hinteren Ende von Girevi, dann steigen Sie gemächlich ins Flusstal hinab. An einer Stelle teilt er sich (GPS N 42° 29.621 E 45° 28.707, Höhe 2080 Meter), gegenüber des Dorfeingangs.

Der Pfad beginnt steil anzusteigen, halten Sie nach ungefähr fünf Metern aber Ausschau nach einem kleineren, der nach rechts abführt. Er ist weniger stabil, erspart Ihnen aber den steilen Aufstieg auf dem Hauptweg (ich weiß nicht, wohin er führt, da wir dem kleineren Pfad folgten und so auf gleicher Höhe blie-

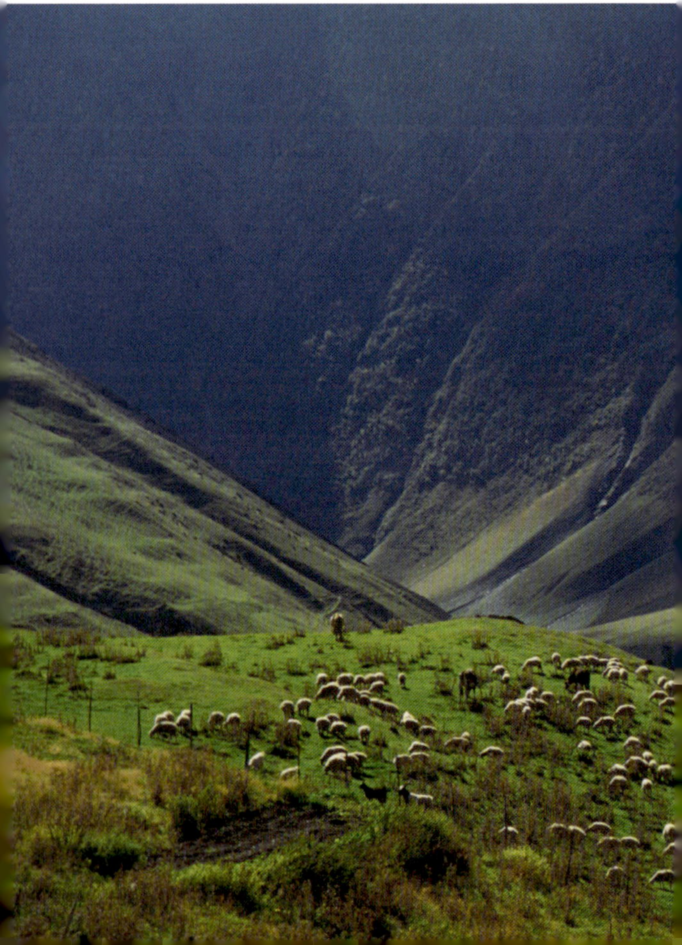

ben). Kaum sind Sie unten im Flusstal angekommen, halten Sie sich links, und folgen Sie dem Tal des Larovani-Flusses bis hinauf zu dem großen erdrutschbedingten Geröll; dann kraxeln Sie das Schiefergestein entlang hoch zur **ehemaligen Seelandschaft.**

Zurück – Gehen Sie denselben Weg wieder zurück.

Parsma-Schafe

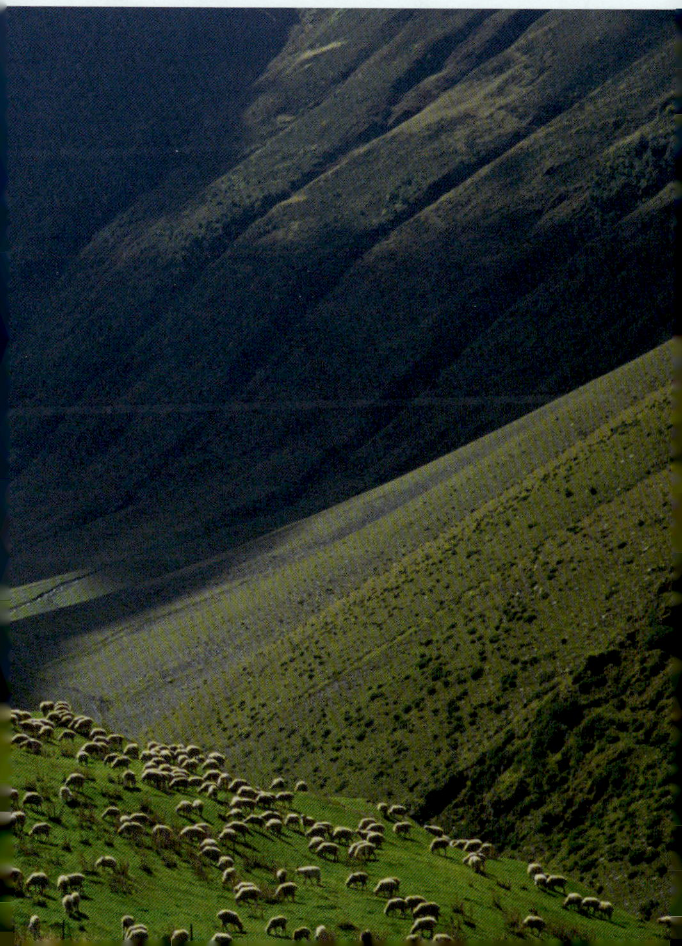

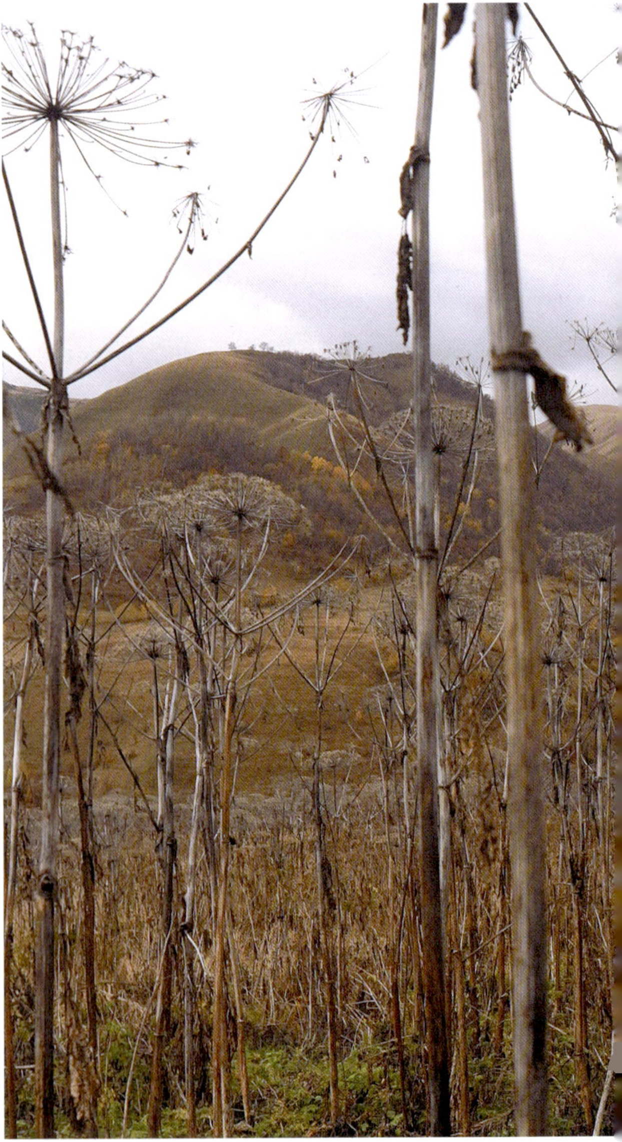

Chewsuretien (Khevsureti)

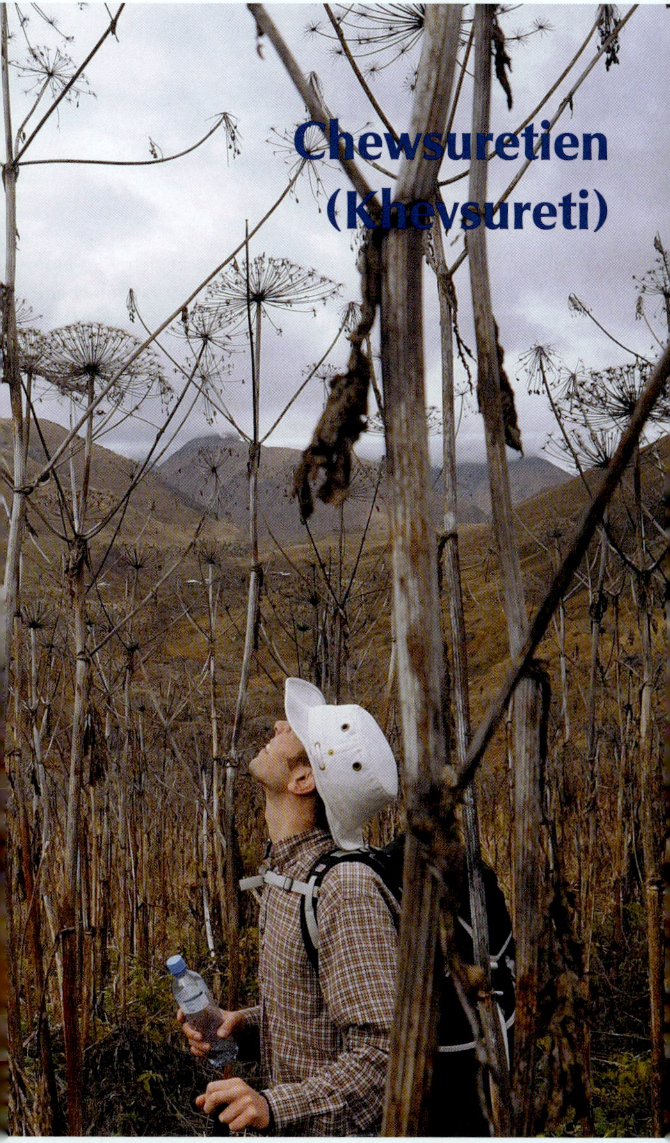

Chewsuretien (Khevsureti)

Einleitung

Die Region Chewsuretien (Khevsureti) erstreckt sich vom Norden in den Süden des Kaukasus, seine **Grenze zu Tschetschenien** wird allerdings von russischen Truppen schwer bewacht – und verhindert dadurch, was zu Zeiten der Sowjets eine herrliche Wanderung hinunter ins Argun-Tal war, vorbei an den tschetschenischen Dörfern, die mit **enorm vielen Türmen** ausgestattet sind. **Shatili** ist berühmt für seine **architektonisch einzigartigen Häuser,** die Festungen ähneln (wo ein Turm in ein Schlafsaal-ähnliches Gästehaus umgebaut wurde).

Chewsuretiens Norden ist umgeben von hohen Bergen, welche die Wandermöglichkeiten begrenzen (abgesehen von dem klassischen Aufstieg ins Dorf Mutso). Wie die **Tuschen** sind auch die Chewsuretier im Grunde **heidnisch,** aber mit einer kleinen noch immer ursprünglichen Bevölkerung. Ihre Kultur ist, leider, fast nur noch in Museen zu sehen (wie in dem Museum in Barisakho mit seinen herrlich bestickten Tuniken). Die hier beschriebenen Wanderungen befinden sich im **südlichen Teil** der Gegend vor dem Pass, eine circa zweistündige Fahrt von Tiflis entfernt (von Shatili gute vier Stunden).

Kapitelstartseite:
Doug McMillan von der Britischen Botschaft inspiziert den Wald Hogweed im Oktober. Diese einheimische Pflanze wurde von frühen englischen Entdeckern vom Kaukasus nach Großbritannien importiert

Touren 39/40
Roshka

Start/Ende: am Straßenrand gleich nach der Abzweigung hinter Roshka
Typ: Hin- oder Rundweg.
Zeit: April bis Dezember (Tour 39); Mai bis November (Tour 40)
Dauer: 4/5 Stunden und 8/9 Stunden
Aufstieg: 650 Meter und 1250 Meter
Maximale Höhe: 2600 Meter
Schwierigkeitsgrad: mittel (Tour 39) und mittel/anstrengend (Tour 40)
Mobilfunksignal: ziemlich gut, nur nach oben hin weniger

Zusammenfassung

Vorgestellt werden sie hier als zwei Wege, tatsächlich aber sind es drei, da es möglich ist, den ersten Teil der längeren Route auszulassen, indem man bis ins Dorf Roshka hinauffährt (in einem Geländewagen) und erst dort beginnt. Jeder Weg fühlt sich gänzlich anders an; der untere ist größtenteils bewaldet, bis Sie über der Baumgrenze 40 Minuten unterhalb von Roshka herauskommen und dort auf den **surrealen Bärenklau-Wald** stoßen, der im Sommer und Herbst seine volle Größe erreicht (seien Sie vorsichtig, der Saft beinhaltet einen Reizstoff). **Roshka,** gerade noch unter 2000 Metern gelegen, ist eines der höher gelegenen, permanent bewohnten Dörfer, drei Stunden von Tiflis entfernt.

Die erste Route **(Tour 39)** ist **herrlich abwechslungsreich;** sie beginnt bei einem wilden Fluss und steigt dann durch einen Wald hinauf zu einem atemberaubenden Kamm, bevor sie zum Schluss durch Bergweiden nach Roshka führt. Von dort an verändert sich die Welt mit einem Mal in ein weites, ehemals gletscherartiges Tal, übersät mit haushohen Felsbrocken. Nach einer Stunde sehnen Sie sich nach einem Baum, während Sie auf Ihr Ziel zugehen: die **„bunten Seen"** (tatsächlich eher so groß wie Teiche) unter den mit Schnee bedeckten Gipfeln des Chaukhis und dem **Roshka-Pass (3338 Meter).**

Die zweite Route **(Tour 40)** ist nicht so spektakulär wie die Juta-Wanderung auf der anderen Seite des Passes, aber die drei bunten Seen sind ein würdiges Ziel. Brechen Sie früh morgens auf, wenn Sie den langen Weg gehen wollen; wir mussten die letzte Stunde einmal im Mondlicht hinabsteigen (Ende Oktober) – nicht zu empfehlen, vor allem wenn der Mond nicht zu sehen ist.

Wegbeschreibung – für beide Wanderungen

Der **Startpunkt** ist essentiell, doch recht einfach zu finden. Folgen Sie der Straße nach Shatili hoch zur Abbiegung nach Roshka (ungefähr zwei Stunden von Tiflis entfernt), dann gehen Sie um die Ecke zur Brücke über den Fluss und den Park (oder verlassen Sie dort die Marschutka) (GPS N 42° 31.639 E 44° 56.135, Höhe 1350 Meter). Der Pfad beginnt direkt hinter der Stelle, an der die zwei Flüsse zusammenlaufen, und führt über eine Fußgängerbrücke, die anhand ihres bemalten Betonpfostens zu erkennen ist. Diese ist die kürzere Route **(Tour 39),** zu Fuß und für Packpferde geeignet, hoch nach Roshka (dauert zu Fuß die Straße entlang eine gute halbe Stunde länger). Gehen Sie Richtung Wald und beginnen Sie den Aufstieg. Nach unge-

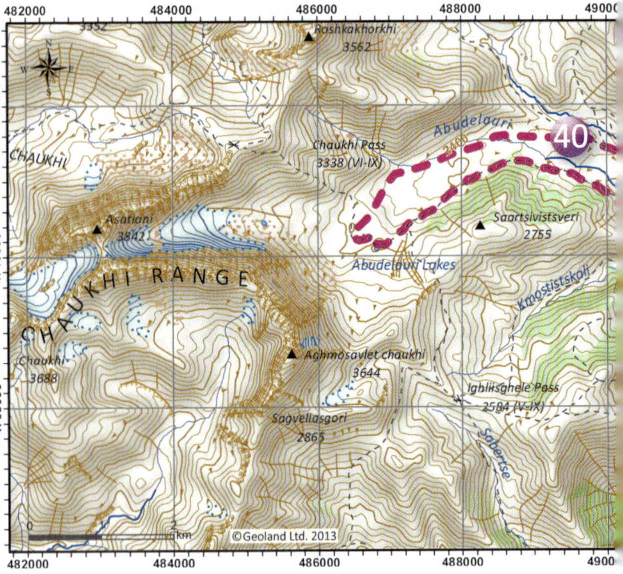

fähr zehn Minuten haben Sie die Wahl: entweder geradeaus weitergehen oder rechts abbiegen. Beide Wege führen nach Roshka, der Weg geradeaus (oder links) ist schneller, aber einiges steiler und gelegentlich etwas kraxelig. Ich empfehle Ihnen, rechts abzubiegen. Der Weg führt im Zickzack den Hügel hinauf. Schließlich gelangen Sie oberhalb der Baumgrenze auf einen Kamm, wo der im Kaukasus endemische **Bärenklau** beginnt. Sie befinden sich im Haupt-„wald“, sobald das Dorf **Roshka** zu sehen ist. Gehen Sie hindurch, hinein in die Alm und weiter ins Zentrum des Dorfes und zum Fluss.

Dort können Sie sich entscheiden, ob Sie weitergehen oder über die Shatili Road den Rückweg antreten. Entweder nehmen Sie denselben Weg zurück, den Sie gekommen sind, oder Sie folgen dem Feldweg auf der anderen Seite des Dorfes (länger, aber dadurch wird die Route zum Rundweg).

Tour 40: Überqueren Sie den Fluss, finden Sie den Pfad, der die linke Seite des Tals hinaufführt (Höhe 1980 Meter), dann folgen Sie ihm die Bergflanke entlang bis zum ersten See – ungefähr zwei Stunden (GPS N 42° 32.379 E 44° 50.199, Höhe 2570 Meter).

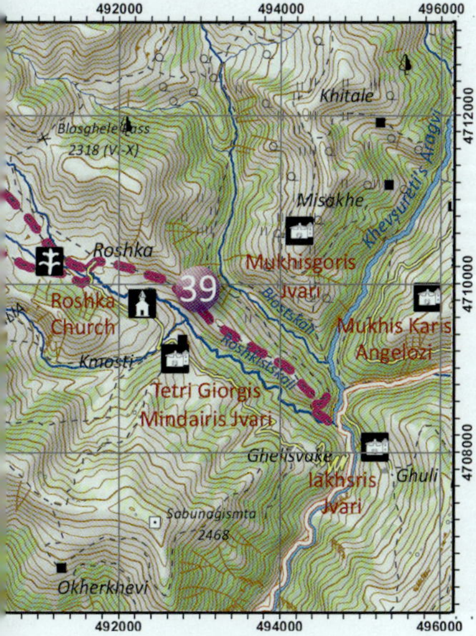

Hinunter: Entweder auf dem Weg, den Sie gekommen sind, oder (besser) Sie gehen durch die Nordseite des Tals und finden den Pfad, der durch das Talzentrum hinunter bis nach Roshka führt.

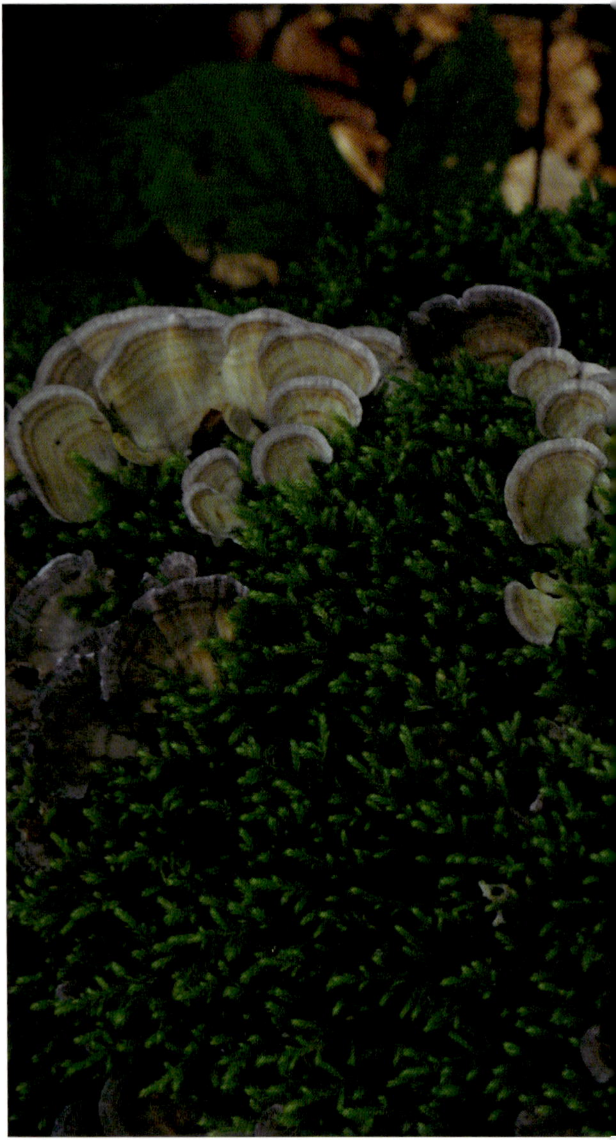

Lagodekhi

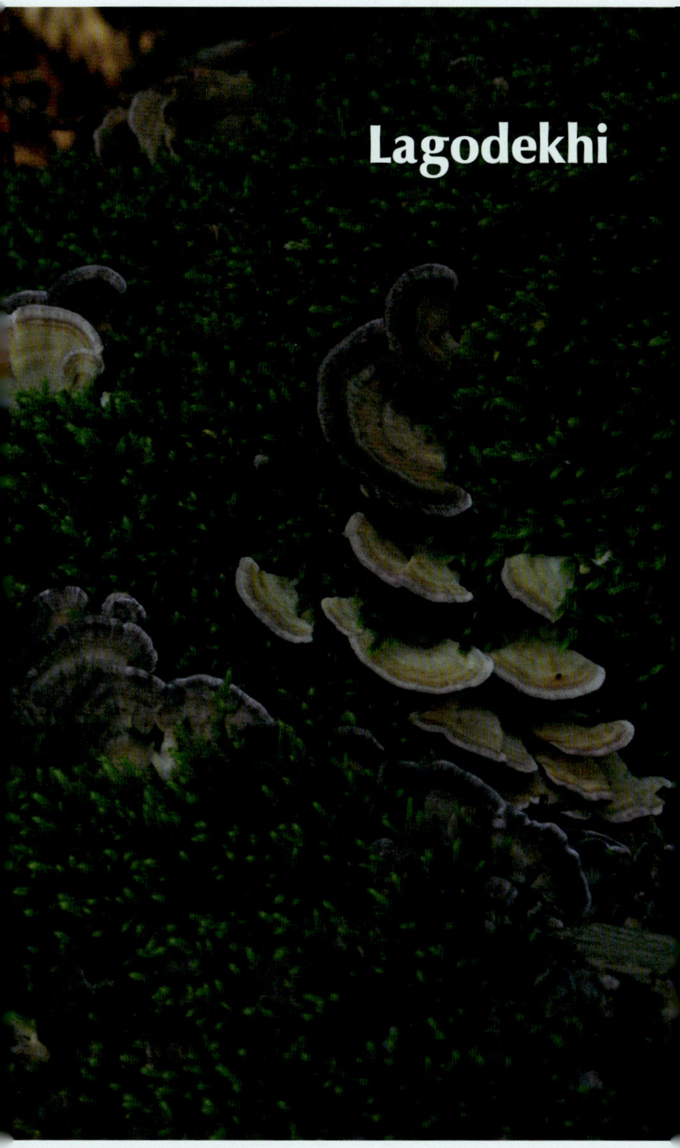

Lagodekhi

Einleitung

Eins von **Georgiens üppigsten Waldgebieten** und ein **großer Nationalpark** (gegründet 1912), seither auf Georgiens Liste der Naturschutzgebiete. Vorzügliche Wälder voll Hainbuchen, Orient-Buchen, Georgianischen Eichen *(Quercus iberica)* sowie Mischwälder verschönern das Wandern und bieten pro verrottetem Baumstumpf **mehr Pilzarten, als ich irgendwo sonst auf der Welt gesehen habe.** Beginnend auf niedrigen 470 Metern Richtung Osten (hoch zur Grenze nach Aserbaidschan/Dagestan) und baumlose 3500 Meter hinauf bietet Lagodekhi eine Vielzahl an markierten Wanderwegen und besitzt ein hervorragendes Besucherzentrum. Und 8 km von diesem entfernt befindet sich mein Lieblingsweg zum Wasserfall.

Kapitelstartseite:
Pilze kommen zahlreich im gesamten Nationalpark Lagodekhi vor

Tour 41
Der hohe Wasserfall

Start/Ende: Eingang zum Tal
Typ: hin und zurück
Zeit: ganzjährig
Dauer: 5/6 Stunden (inklusive Mittagspause)
Aufstieg: 400 bis 500 Meter
Maximale Höhe: 1025 Meter (oberhalb des Wasserfalls)
Schwierigkeitsgrad: mittel mit (auf Wunsch) schwieriger Erweiterung
Mobilfunksignal: keins, abgesehen vom Anfang

Zusammenfassung

Die Route ist belebend und das ganze Jahr über recht einfach zu bewandern. Sie folgt dem Verlauf des **Ninoskhevi-Flusses** hinauf zum **dramatischen Wasserfall.** Im Sommer baden die Einheimischen in dem Pool neben der donnernden 25 Meter hohen Kaskade. In der südöstlichsten Ecke Georgiens gelegen ist die Höhe des Startpunkts dieser Wanderung ungewöhnlich niedrig. Dies führt zu sehr steilen und hohen Talseiten, die stetig näherrücken, bis sie schließlich aufeinandertreffen, nur vier Meter breit am Kopf des Wasserfalls. Eine der **dramatischeren Fluss-Wanderungen,** die ich kenne, da Bäume, Wurzeln usw. in den absurdesten Positionen miteinander verwoben und aneinander gefesselt den Boden des Tals dekorieren. Manche wurden spontan als Brücken verwendet – um vom Frühjahrshochwasser weggeschwemmt oder ummodeliert zu werden. Das Ergebnis: **Die Route verändert sich Jahr für Jahr** und einige der **genialen Baumbrücken,** versehen mit hineingeschlagen Stufen und Geländer (wir haben vier gesehen), verschwinden vorübergehend. Am besten informieren Sie sich vorher bei der Verwaltung von Lagodechi – die Nummer finden Sie unter https://apa.gov.ge –, wenn Sie im späten Frühling oder im frühen Sommer anreisen, da sie dann eventuell weggespült wurden.

Lagodekhi bietet aber auch zahlreiche andere hervorragende Wege (mit weniger Brücken) in der Nähe. Bei **Nässe** verängstigen die Baumbrücken womöglich Wanderer mit weniger Balance. Während unseres Trips hat es allerdings geregnet und dank des Geländers an den Brücken hatten wir keine Probleme. Der Weg hinauf dauert unanstrengende 2½ Stunden, etwas weniger sind es hinunter.

Wenn gewünscht, können Sie der Wanderung etwas mehr Würze verleihen, indem Sie **weitere 20 Minuten hinaufsteigen** zum Kopf des Wasserfalls. Dieser Abschnitt ist zwar sehr steil und wurde als „schwierig“ eingestuft, freiliegende Baumwurzeln fungieren jedoch hervorragend als Leiterstufen und ermöglichen den Aufstieg. Die Abenteuerlustigen können über die **„Stufen des Todes“** hinabspähen und anschließend in einer angeneh-

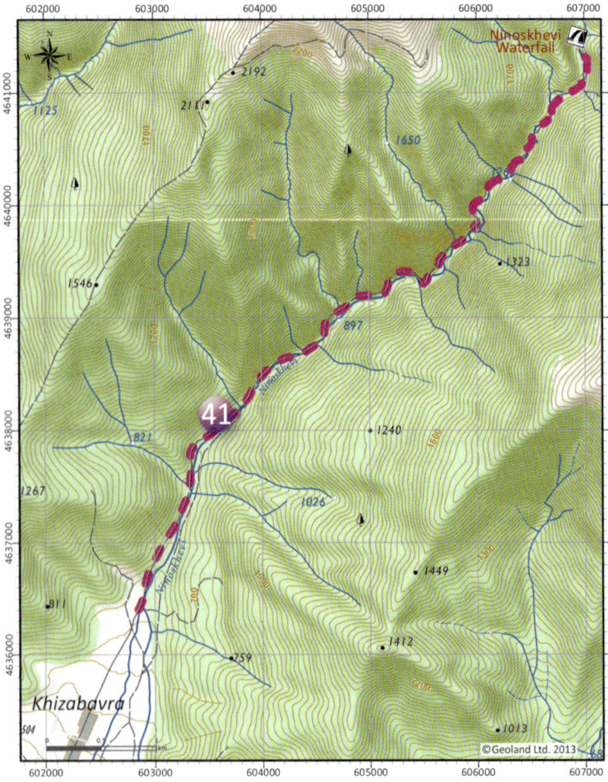

men und natürlichen Picknickecke neben dem oberen Fluss zu Mittag essen. An dieser Stelle sind Sie gerade mal 7 km von Dagestan entfernt und zwölf von Azerbaidschan (Osten).

Wegbeschreibung

Den Startpunkt zu finden, ist mit der hervorragenden (zur Zeit kostenlosen) **Karte** zu lösen, die im **Besucherzentrum** oberhalb der Stadt Lagodechi erhältlich ist – ungefähr 8 km vom Beginn des Wegs entfernt (16 hin und zurück). Um sich den Weg zu sparen (oder sollte das Zentrum geschlossen sein, keine mehr vorrätig haben oder sich die Adresse der Website ändern), machen Sie das Folgende: Fahren Sie (vielleicht mit einer Maruschtka) die Hauptstraße Richtung Lagodechi und der Grenze zu Aserbaidschan entlang. Passieren Sie die Telavi-Tsnori-Kreuzung ungefähr 3 km westlich von Lagodechi und fahren Sie dann 1 km weiter, bis Sie zu einer Bushaltestelle auf der linken Seite kommen, direkt vor einer Flussbrücke. Dort befindet sich ein Schild, das links in Richtung Gurgeniani zeigt (zur Zeit nur auf Georgisch), sowie ein kleines braunes Symbol, das zum Wasserfall führt. Fahren Sie durch Gurgeniani hindurch und weiter zum Ende der Straße. Dort parken Sie. Auf der anderen Seite des Feldes, wo die Bäume beginnen, befindet sich die **Informationstafel** der Route.

Der Weg ist bergauf und bergab durch helle **weiße und rote Linien markiert,** die auf Steine und Baumstümpfe gemalt wurden (die älteren sind weiß und gelb). Wegen der schwindelerregenden Bergflanken ist ein GPS-Signal dort nur schwer zu empfangen – Wegpunkte gibt es also keine (mit Ausnahme vom **Startpunkt** bei GPS N 41° 52.146 E 46° 14.165, 575 Meter). Versuche, abseits vom markierten Weg zu laufen, enden für gewöhnlich damit, dass man ihn komplett zurückgehen muss – auch als wir einmal auf halbem Wege zurück auf einen Waldweg links vom Fluss abdrifteten. Ausnahmsweise bot uns dieser einen angenehmen Schutz vor Regen und brachte uns anschließend freundlicherweise zum steinigen Flussbett zurück. Gegen Ende des Abstiegs kommt man schnell vom Weg ab und driftet nach rechts in die Wälder oberhalb des Pfads und der Wasserversorgungsleitung des Dorfes. Ich rate aber davon ab, es sei denn, Sie möchten einen steilen Hang hinunterklettern, um zum ursprünglichen Weg zurückzukommen.

Schwierige Erweiterung für Bergziegen: Der Weg zum Kopf des Wasserfalls ist ziemlich offensichtlich – gerade so sichtbar klettert er rechts den Hang hinauf. Ziemlich steil, manchmal fast vertikal, und gerade wenn Sie denken, dass Sie angekommen sind, halten sich hinterhältige Schlingpflanzen auf dem Boden versteckt und versuchen, Sie zum Stolpern und über die Kante zu bringen. Machen Sie langsam und genießen Sie ihr Picknick wenn Sie oben angekommen sind. Kalkulieren Sie eine Stunde mehr mit ein.

Anmerkung: Das **Lagodekhi Protected Area Visitor Centre** ist hervorragend, ausgestattet mit einem Museum, Filmen, Karten und reizenden Englisch sprechenden Mitarbeitern. Dort kann man Pferde mieten, einen Bergführer finden und genaue Informationen erhalten. Für Tagestrips wird kein Ausweis benötigt. Es gibt mindestens vier weitere markierte Routen in dem Park, sollte dieser (für mich der beste) überflutet sein. Für die Wanderung von Matsimi nach Machis Tsikhe entlang der Grenze zu Aserbaidschan benötigen Sie eine Kopie Ihres Ausweises.

Der Wasserfall mit seiner 25 Meter hohen Kaskade

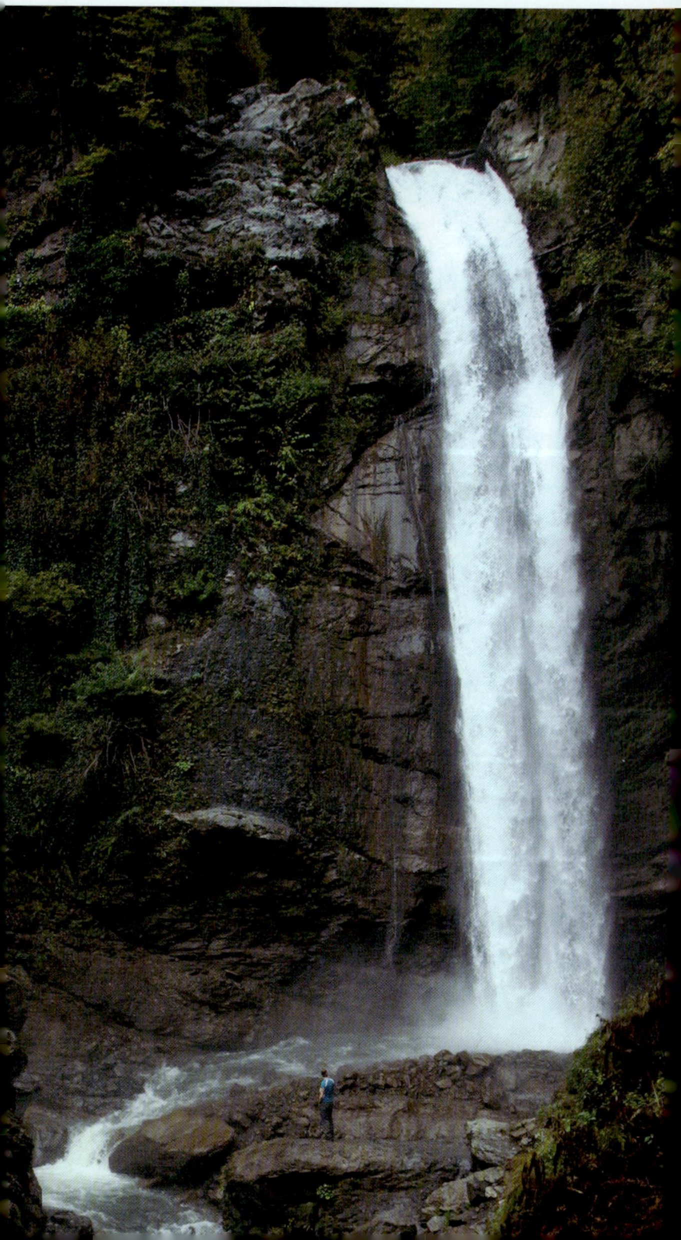

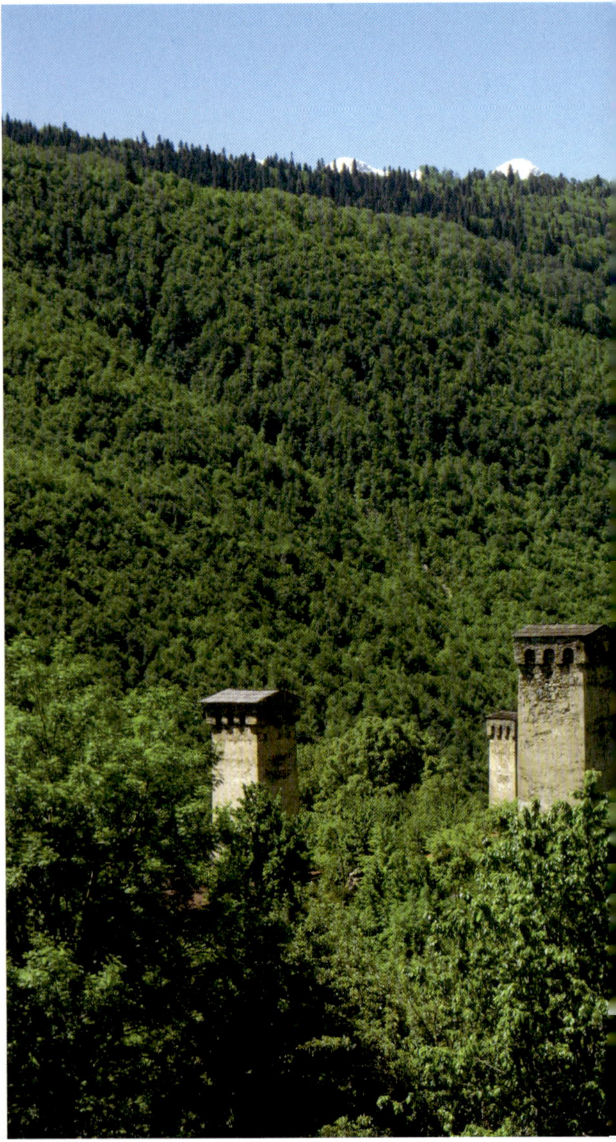

Swanetien

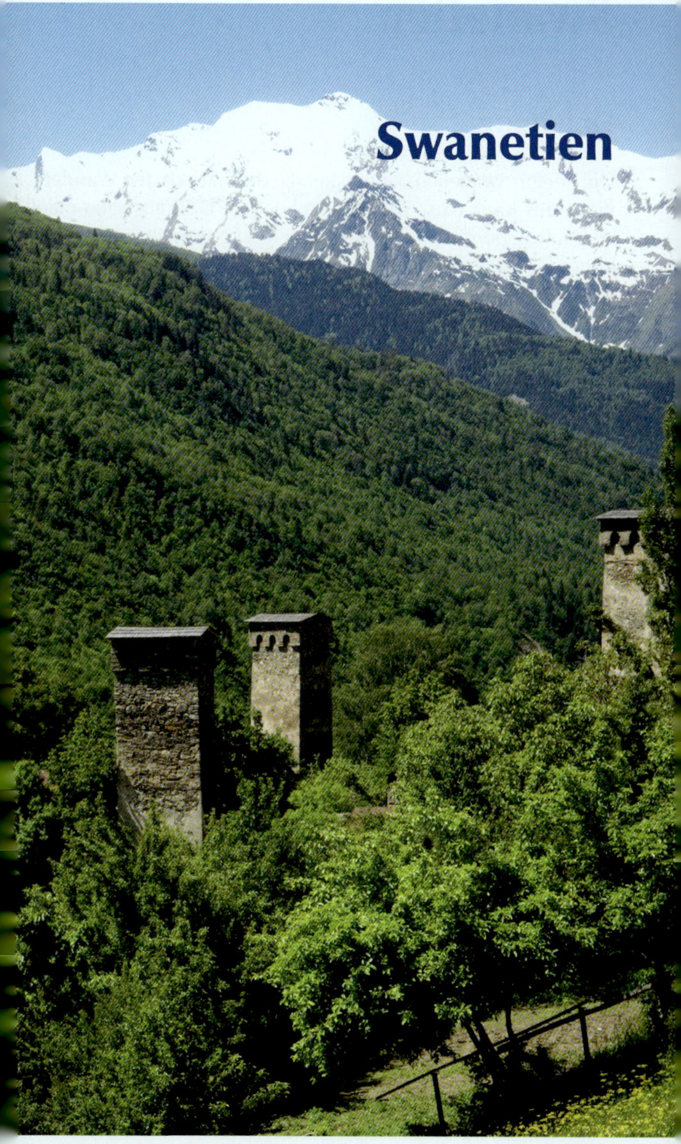

Swanetien

Einleitung

Die Region Swanetien beheimatet die **dramatischsten Wanderwege des Kaukasus.** Von praktisch jedem Dorf aus kann man bergaufwandern - und ein Königreich durchgängig weißer und hoher Gipfel, Weiden voller Azaleen, Gänseblümchen und Almenrausch betreten, mit Steintürmen aus dem 11. bis 13. Jahrhundert, die wachend auf die Täler hinabblicken. Dem entgegen steht ein **Klettererparadies** voller hoher Gipfel (viele über 4500 Meter) und Klippen, die in den Wolken tanzen.

Swanetien ist aber nicht nur ein Paradies für Wanderer, sondern auch ein **kulturelles Zentrum;** seine vielen kleinen Kirchen besitzen herrliche Fresken und Ikonen aus dem 12. Jahrhundert - einige wurden inzwischen in verschiedene Museen gebracht. Viele Georgier empfinden Swanetien nicht nur als **die schönste Gegend des Landes,** sondern auch als seine **authentischste.** Heimische Traditionen sind dort lebendiger als anderswo - dazu gehört allerdings auch das Banditentum.

Im Jahr 2003 kam der Tourismus in Swanetien durch das organisierte Ausnehmen einiger Reisegruppen praktisch zum Erliegen (mit Ausnahme von Individualreisenden und Kletterern). Anfang 2004 setzte die neue Saakaschwili-Regierung ein eindeutiges Zeichen. Sie flog eine spezielle Helikopter-Staffel hinein und „beseitigten" eine der Haupt-„Mafia"-Familien. So wurde das deutliche Signal gesendet, dass sie diese abgelegene Gegend unter ihrer Autorität sehen (wie zur Zeit der Sowjets). Daraufhin kehrte der Gruppentourismus im Jahr 2004 zurück und hatte sich 2005 wieder erholt. Swanetien befindet sich nun wieder vollends auf den Karten der Wanderer.

Kapitelstartseite:
Das Dorf Lenjeri

Vor ein paar Jahren begann die Regierung ein umfangreiches **Bauprogramm in Mestia,** bei dem sie einige architektonische „Statements" traf, die der Historie der Stadt nicht angemessen waren. Es brachte jedoch auch Verbesserungen und verpasste beispielsweise den grausigen sowjetischen Bauten eine neue Fassade, errichtete ein **Touristenbüro** und zahlreiche **Hotels.** Eines dieser „Statements" ist eine moderne Polizeistation in Form eines Turms, aber, sehr symbolträchtig, mit einem Knick in der Mitte. In keinem anderen Kapitel dieses Buches war ich mir der herrlichen Wanderwege, die ich nicht aufnehmen konnte, so sehr bewusst wie in diesem.

Geschichte

Swanetien ist der lebende Beweis von Georgiens altehrwürdigen Technik **kulturellen Überlebens.** In langen, felsigen Tälern gelegen, bewahrten die vielen swanischen Dörfer Georgiens schönste Schätze und Ikonen über die vielen Zeiten der Besetzung hinweg. Manche Täler wurden nicht einmal entdeckt. Die robusten **swanischen Türme,** die aus dem Boden sprießen wie zahlreiche Mini-Festungen, wären für jeden Eindringling ein erschreckender Anblick gewesen. Die Swanen sind ein **stolzes und unabhängiges Volk.**

Sie bezeichnen sich selbst als die „ersten" Georgier – ihre **Sprache „Swanisch",** einer der vier markantesten Dialekte des Georgischen, soll dem ursprünglichen Georgisch am ähnlichsten sein. Wie bei vielen alten Sprachen sind die Ursprünge unbekannt. Manche Wörter haben Ähnlichkeit mit dem Sumerischen – aber die Wissenschaftler postulieren selten mehr als vage Verbindungen. Georgier aus Tiflis können die Swanen nicht verstehen – viele aber kennen einige der schönen swanischen Volks- und Schlaflieder. Manche werden auch ausdrücklich zum Heilen verwendet.

Die **Wurzeln der Kultur Swanetiens** sind extrem alt und scheinen sogar mit den griechischen Mythen zu verschmelzen. In Homers Legende von Jason und den Argonauten finden sich sonderbare Verbindungen zwischen dem Goldenen Vlies und der swanischen Technik des Goldwaschens mit Hilfe von Schaffellen. Strabon zufolge verfügten die Swanen im ersten Jahrhundert vor Christus über eine mächtige Armee. Das orthodoxe

Christentum ist dort sehr stark, heidnische Elemente überlebten dennoch unter den heimischen Gepflogenheiten – wie Tieropfer und komplexe Beerdigungsrituale.

Viele der **Kirchen** in Swanetien besitzen herrliche **Fresken** aus dem 12. Jahrhundert, eine (in Lengeri) hat an der Außenseite sogar ein heidnisches Fresko aus dem 14. Jahrhundert (das Amirani zeigt, wie er den Geist einer Berggöttin erschlägt).

Der **markante, zinnenartige swanische Turm** ist einzigartig im Kaukasus. Die meisten traditionellen swanischen Familien (die Namen enden auf „-iani“) haben ihren eigenen Turm, oft auch mehrere. Diese schützen nicht nur vor Lawinen, sondern auch vor anderen Swanen, denn Blutrache ist dort noch immer nicht ausgestorben. Das **Museum** in Mestia ist einen Besuch wert und, wenn geöffnet, auch das Turm-Museum in Ushguli.

Heute erlebt Swanetien eine berechtigte **Renaissance des Tourismus** und der Bevölkerungsschwund der Region ist beendet. Die Erbauung des ersten **Skilifts** seit der Zeit der Sowjets oberhalb von Mestia ist ein gutes Zeichen und der Ruf der Region als gefährlich scheint inzwischen wie ein lang zurückliegender Traum. Nun gibt es sogar einen zweiten, unterhalb von Tetnuldi, und so hat Swanetien plötzlich im Winter Skitouristen.

Die Berge

Über dem gesamten Mestia-Tal herrscht der Berg **Ushba** – ein **4710 Meter** hoher Zwillingsgipfel, der sich auf verlockende Weise vor fast allen Dörfern versteckt, Ausnahmen bilden Becho und Mazeri. Der sogenannte Matterhorn des Kaukasus' ist einer der verführerischsten und tödlichsten Gipfel in Europa. Zum Beobachten und Fotografieren ist er hervorragend, aber zum Besteigen – heimtückisch. Ushbas Nordspitze wurde zum ersten Mal im Jahr 1888 erklommen, es dauerte aber weitere 42 Jahre und zahlreiche Versuche, ehe die höhere Südspitze bezwungen werden konnte. Heute gibt es auf dem Ushba über 50 Wege, aber nur zwei 4B-er (die einfachsten). Man sagt, er besitze mehr als zehn 6B-er (der schwierigste Grad), inklusive des berühmten „sarke“ („Spiegel“) auf der Nordspitze, eine 1200 Meter hohe Felswand, von der Teile überhängen. Er tötet fast jedes Jahr.

In Swanetien liegen zudem der höchste Berg Georgiens, der **Shkhara (5200 Meter),** der von Ushguli aus bestiegen werden kann, sowie der schöne Pyramidenberg **Tetnuldi** (4974 Meter). **Elbrus** (5642 Meter), Europas höchster Berg, liegt gerade über die Grenze in Russland, doch die Sicht auf ihn wird von hohen Kämmen blockiert. Um ihn zu sehen, steigen Sie von Ushguli aus den Khalde-Pass hinauf (nicht in diesem Buch beschrieben). Möchten Sie mehr über die Geschichte der Region erfahren, fragen Sie nach dem **privaten Alpin-Museum** in Misha Khergiani, das auf Anfrage öffnet.

Lage

Swanetien besteht aus einem oberen und einem unteren Teil. Dieser Abschnitt behandelt lediglich Ober-Swanetien mit seiner Hauptstadt **Mestia** (etwa 2500 Einwohner). Die 6- bis 8-stündige Fahrt von Tiflis wurde durch den Bau einer neuen **Straße** deutlich verbessert, die nach der riesigen Enguri-Staumauer beginnt und dem peitschenden Enguri-Fluss den gesamten Weg das Tal hinauf nach Mestia folgt. Manche nehmen den Nachtzug nach Zugdidi und von dort eine Marschrutka (Mini-Bus) nach Mestia hinauf. Sie können die gesamte Strecke von Tiflis mit Marschrutkas zurücklegen, dies aber ist äußerst zermürbend. Viele Touristen mieten einen 4x4 mit Fahrer. Gelegentlich fliegt ein kleines Flugzeug von Tiflis dorthin, ist aber wetterabhängig.

Unterkünfte gibt es in Mestia ausreichend und bis vor kurzem fanden sich diese überwiegend in freundlichen Homestays – wie bei Nino Ratiani oder in meinem Lieblingshaus, bei Dato Jorjeliani mitten im Zentrum. Die Stadt hat inzwischen auch einige Hotels, darunter das umgebaute Intourist, das nun in Tetnuldi umbenannt wurde. Ich bevorzuge aber immer noch Homestays, bei denen man die volle persönliche swanische Gastfreundlichkeit erfährt.

Wandern in Swanetien

Wie in der Einleitung dieses Buchs erwähnt, wird der obere Kaukasus seit Jahrtausenden bewohnt und bewirtschaftet. Das Ergebnis ist ein **Netzwerk gut ausgebauter und oft verschachtelter Wege im Hochgebirge. Aber:** viele sind nicht im westlichen Sinne markiert, sondern einfach nur bekannt. Durch die

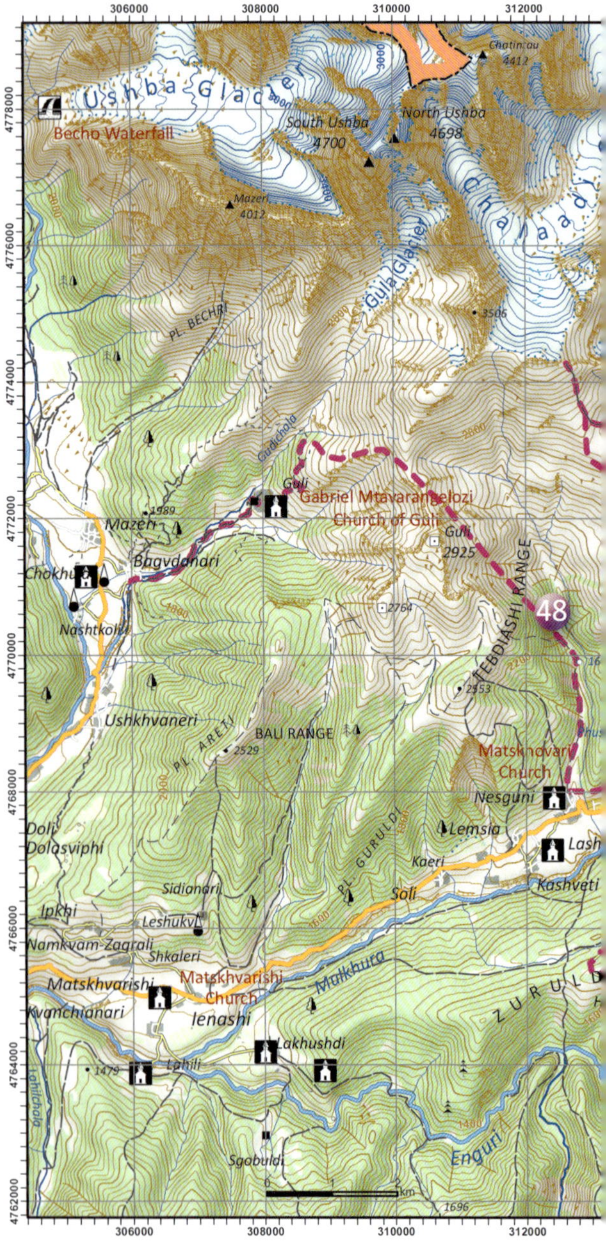
Ushba Glacier
Becho Waterfall
South Ushba
4700
North Ushba
4698
Chatin-tau
4412
Mazeri
4012
Gula Glacier
Chalaadi
3506
PL. BECHRI
Gudichola
Guli
Gabriel Mtavarangelozi
Church of Guli
Guli
2925
1989
Mazeri
Bagvdanari
Chokhuli
Nashtkoli
2764
TEBDIASHI RANGE
48
2553
Ushkhvaneri
BALI RANGE
PL. ARETI
2529
Matsknovari
Church
Nesguni
Lemsia
Lashtkhveri
Doli
Dolasviphi
PL. GURULDI
Kaeri
Kashveti
Sidianari
Soli
Ipkhi
Leshukvi
Namkvam-Zagrali
Shkaleri
Matskhvarishi
Matskhvarishi
Church
Mulkhura
ZURULDI
Kvanchianari
Ienashi
Lakhushdi
1479
Lahili
Lahilchola
Enguri
Sgobuldi
1696
km

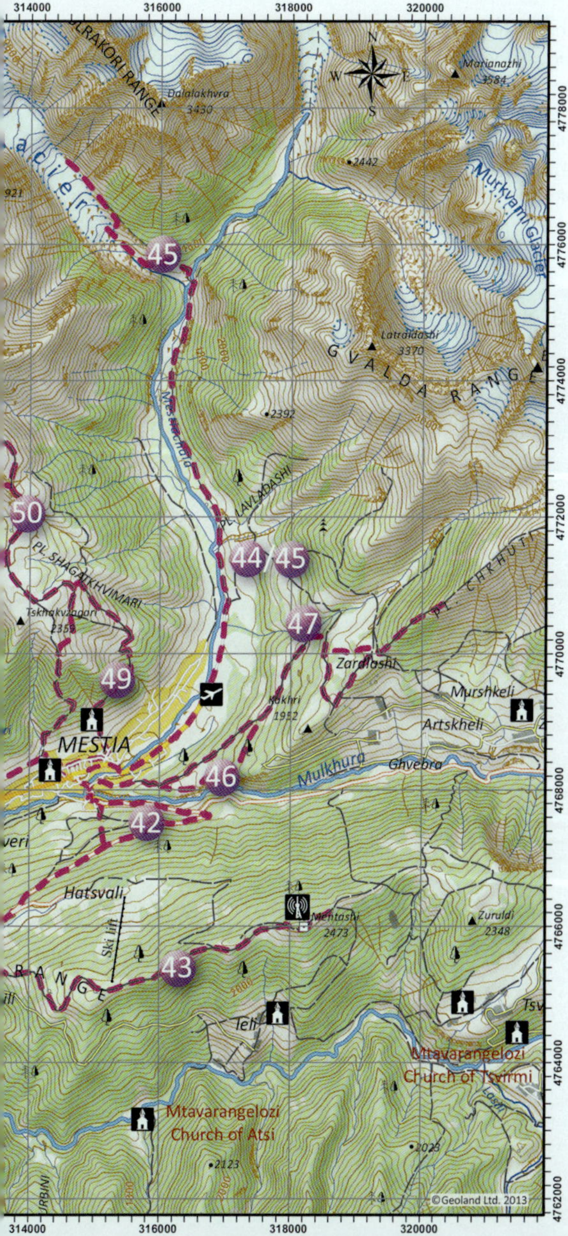

Dalalakhvra 3430
Marianazhi 3584
Murkvam Glacier
Latraidashi 3370
GVALDA RANGE
2442
2392
PL. LAVLADASHI
PL. SHAGATKHVIMARI
Tskhakvzagan 2359
PL. CHKHUTI
Zardlashi
Murshkeli
Artskheli
Kakhri 1952
MESTIA
Mulkhura
Ghvebra
Hatsvali
Ski lift
Mentashi 2473
Zuruldi 2348
RANGE
Ieli
Mtavarangelozi Church of Tsvirmi
Mtavarangelozi Church of Atsi
2123
2023
©Geoland Ltd. 2013

besonders hohen, steilen Täler sind manche zudem unter Lawinen begraben oder wurden im Frühjahr weggespült – insbesondere weiter oben liegende. Große Hangrutsche können zu deutlichen Wegänderungen führen. Manchmal führen Wege zu plötzlichen Graten, wo einige Abschnitte während des Frühjahrs eingebrochen sind. Die oben gelegenen Pfade werden nicht instand gehalten (wie in den Pyrenäen), sie werden schlichtweg von den Schäfern und ihrem Vieh angepasst.

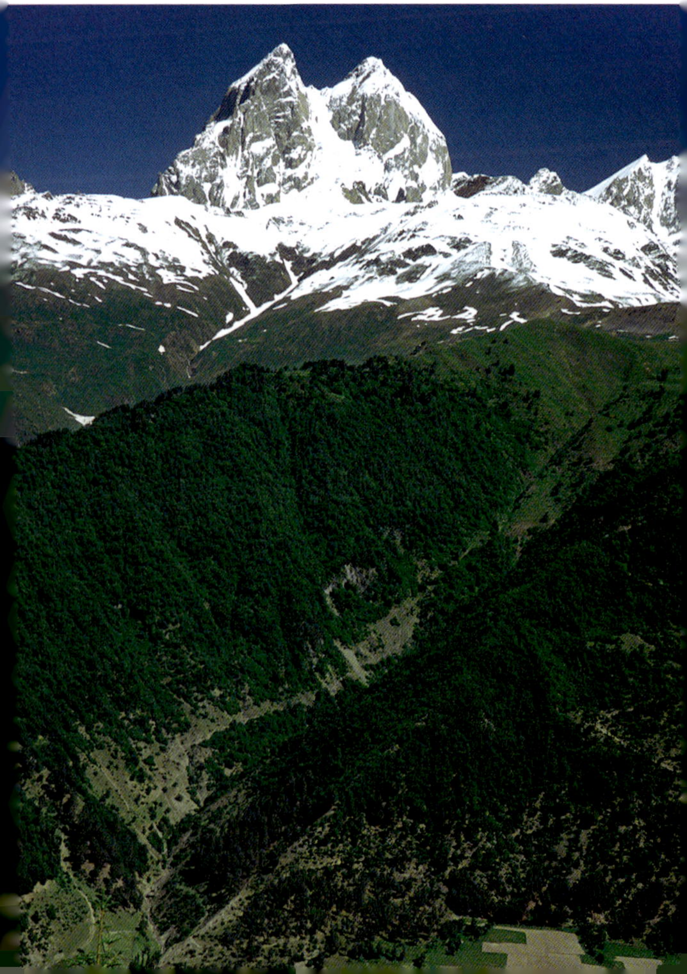

Seit der ersten Ausgabe dieses Buches wurden verstärkt Maßnahmen ergriffen, einige der **Hauptwege auszuschildern** – mit wechselndem Erfolg. Ich bin daraufhin versuchsweise den herrlichen Ushba-Gletscher-Weg gelaufen und bewusst nur den Farbtupfern gefolgt. Es war ok. Aber die Farbe warnt nicht vor diversen recht riskanten Stellen, wie einem 50 cm breiten Vorsprung, den man entlangklettern muss (aus genau diesem Grund befindet sich die Route nicht in diesem Buch). Wenn Sie mutig sind und den Weg dennoch wandern wollen, finden Sie ab dem oberen Maseri gute Markierungen. Er dauert acht Stunden.

Tour 42
Der Sessellift

Start/Ende: Mestia
Typ: Rundweg
Zeit: April bis November
Dauer: 2 bis 2½ Stunden
Aufstieg: 200 bis 300 Meter
Maximale Höhe: 1700 oder 1875 Meter
Schwierigkeitsgrad: einfach mit schwierigem Abstieg oder einfach mit Nutzung des Sessellifts
Mobilfunksignal: durchgängig

Der Ushba (4710 m): Im frühen 20. Jh. schenkte der einheimische Prinz Dadeshkeliani diesen Berg einer schönen deutschen Sekretärin. Sie war dort mit einem Bergsteigerteam angereist – und der verzauberte Prinz übergab ihr den Giganten in der Hoffnung, im Gegenzug ihre Hand zu erhalten. Nachdem sie sicher wieder in Deutschland angekommen war, erzählte man sich bald, dass sie zu ihrem Berg bei den Swanen zurückgekehrt sei ...

Zusammenfassung

Eine kurze, aber zufriedenstellende Route für **Wanderer mit wenig Zeit.** Auf dem Weg erwarten Sie Aussichten auf die Gipfel des Ushbas (von Mestia aus nicht zu sehen), die bis hinters Gipfelkreuz ragen; er führt Sie vorbei an einer herrlichen 75 Meter hohen Kieferklippe oberhalb des tosenden Mulkhura-Flusses, folgt einem Pfad in Wälder hinein und erlaubt Aussichten auf die Stadt und das Tal; anschließend führt er wieder hinunter und zurück nach Mestia unterhalb der führenden Seile des Sessellifts (oder in einem Sessel). Zahlreiche schöne Farben im Herbst.

Wegbeschreibung

Verlassen Sie den **Hauptplatz** auf der Ushguli Straße. Überqueren Sie beide Brücken, passieren Sie das große Museum und folgen Sie weiter dem Weg. Die Häuser liegen bald hinter Ihnen und der Pfad steigt behutsam hinauf auf den Berghang oberhalb des wilden Mulkhra-Flusses. Nach circa 15 Minuten erscheint die dramatische **Kieferklippe** zu Ihrer Linken und kurz danach teilt sich der Weg. Der untere führt Richtung Mulakhi und Ushguli, der obere nach Yeli und zum Fernsehsender. Nehmen Sie den oberen. Er steigt durch den Wald, und bald sehen Sie die Zwillingstürme des Ushbas hinabspähen. Wandern Sie ungefähr 25 Minuten weiter und halten Sie Ausschau nach den **Seilen des Sessellifts,** die den Weg oberhalb kreuzen.

Wenn Sie an der Stelle angekommen sind, haben Sie **die Wahl:** Entweder folgen Sie dem asphaltierten Weg für eine weitere Stunde zur Hauptstation (mit Café) hinauf und nehmen dann den Lift nach unten (achten Sie darauf, vor 18 Uhr dort anzukommen, bevor der Lift schließt). Oder biegen Sie sogleich rechts ab und gehen Sie den steilen Hang hinunter (einfacher zwischen den Bäumen auf der rechten Seite). Schließlich gelangen Sie in ein ebeneres Gebiet, wo Sie auf einen Pfad treffen, der von rechts herunterführt. Dieser verläuft wesentlich angenehmer nach links und sich durch die Wälder schlängelnd hinunter zur Basisstation. Dort angekommen, gehen Sie geradeaus weiter abwärts. Der Weg kommt bald auf der Ushguli Straße an – biegen Sie einfach links ab und gehen Sie zurück hinunter in die Stadt und hinein in eines von **Mestias** zahlreichen und stets wachsenden exzellenten Restaurants und Bars.

Tour 43
Zum Fernsehsender

Start/Ende: Mestia
Typ: hin und zurück (auch: Teilrundweg über den Skilift)
Zeit: Mai bis Oktober
Dauer: 6/7 Stunden (5/6 Stunden, wenn Sie den Skilift nehmen)
Aufstieg: 900 Meter
Maximale Höhe: 2400 Meter
Schwierigkeitsgrad: mittel
Mobilfunksignal: so gut wie überall

Zusammenfassung

Einige der schönsten Aussichten der gesamten Mestia-Region sind auf dem Kamm dieser Route zu finden. Sie schlendern für gute 1,5 km auf dem **„Dach der Welt"** entlang – und können an einem guten Tag von dort sämtliche höchsten Gipfel Swanetiens sehen. Für den eifrigeren Wanderer ist dies eine **hervorragende Einführung in die Region.** Von sämtlichen Wandertouren werden Sie auf dieser bei gutem Wetter am meisten belohnt.

Die hier beschriebene Route folgt einem einzigen **Feldweg** – obwohl der neue Skilift die Möglichkeit zu einem kleinen **Rundweg** bietet. Ich persönlich bevorzuge den Feldweg für beide Richtungen, da er zu Lichtungen mit wunderschönen Aussichten führt. Wenn der Skilift geöffnet ist, kann der Wanderung damit etwas Anstrengung genommen werden.

Wegbeschreibung

Folgen Sie **Tour 42** in Richtung der ersten Sessellift-Station. **Aber:** Auf dem Kamm angekommen, folgen Sie nicht dem linken Asphaltweg zur Hauptstation; gehen Sie geradeaus weiter hinunter in ein flaches Tal und auf der anderen Seite wieder hinauf den Kamm entlang. Der Weg ist zur Zeit unbefestigt. Beachten Sie die gelben Azaleen, deren Duft das gesamte Tal berauschen kann, sowie Ushbas Zwillingsgipfel, die langsam auftauchen wie ein Paar Hasenohren aus einem Zauberhut. Folgen Sie diesem Pfad den gesamten Weg hinauf zur zweiten (Gipfel-)Station mit Café. Achten Sie darauf, dass Sie aufwärts und links gehen. Der

Weg teilt sich an einer Stelle und führt rechts hinunter nach Yeli. Nehmen Sie diesen nicht ... **Oben angekommen,** gönnen Sie sich Kaffee und Kuchen und folgen Sie anschließend dem Weg den Kamm entlang nach Osten bis zum Fernsehsender – ich nenne ihn die **„Allee der schönen Aussichten".** Beachten Sie die Kleine Alpenrose (weiß-gelbe Blüten im Juni/Juli) entlang des Gipfels. Erst kürzlich habe ich einen neuen, wunderbaren Weg gefunden, der vom Fernsehsender aus weiter den Kamm entlang bis zur Ushguli Straße führt (zwei weitere Stunden). Dann benötigen Sie aber eine Mitfahrgelegenheit nach Hause – es sei denn, Sie machen eine Kehrtwende und nehmen den Lift nach unten. Bedenken Sie, dass der obere Lift vor dem unteren schließt (informieren Sie sich über die Öffnungszeiten). Der Abstieg beginnt **sehr steil** und führt hinab zu den Weiden (gleich rechts vom Fernsehsender) – anscheinend gibt es dort auch einen einfacheren Weg links vom Mast.

Hinunter – gehen Sie den Weg zurück, den Sie gekommen sind, oder nehmen Sie den Skilift.

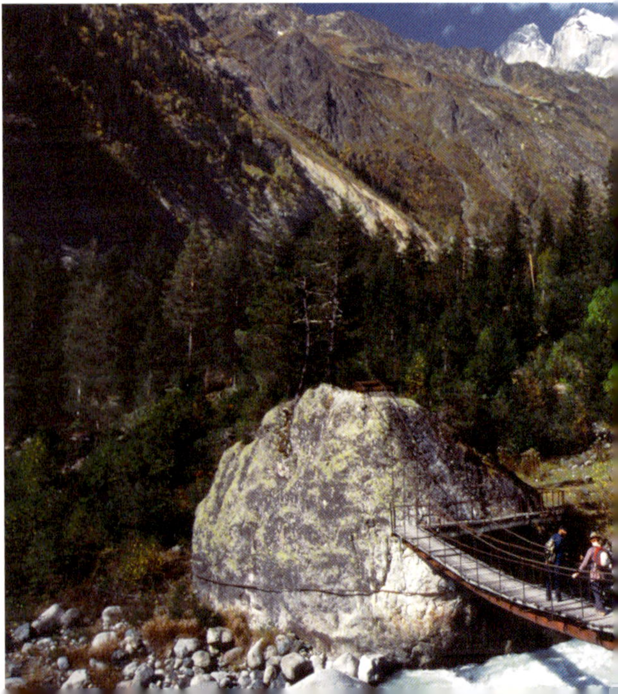

Touren 44/45
Zum Chalaati-Gletscher

Start/Ende: Mestia
Typ: hin und zurück
Zeit: Mai bis Oktober
Dauer: 4 bis 10 Stunden (hängt von der Wahl Ihres Transportsmittels ab)
Aufstieg: 300 oder 600 Meter
Maximale Höhe: 2000 oder 2300 Meter
Schwierigkeitsgrad: einfach (Tour 44); schwer (Tour 45)
Mobilfunksignal: schlecht, nur am Anfang (um Mestia herum)

Brücke zum Chalaati-Gletscher

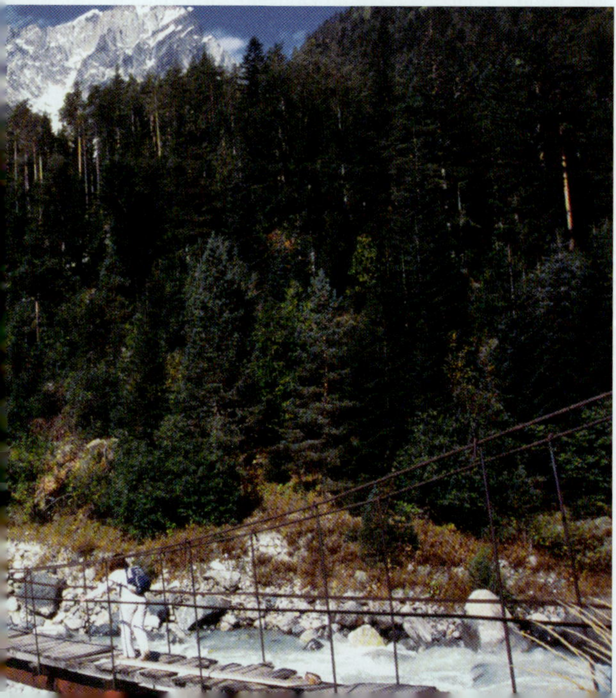

Zusammenfassung

Eine lange, sehr angenehme Halbtages- oder Tageswanderung – mit einer **optionalen abenteuerlichen Erweiterung.** Diese einfache Strecke führt Sie durch das Tal des Mestia-Flusses mit Ausblicken auf den hinabspähenden Ushba bis hinauf zur Zunge des Chalaati-Gletschers. Wenn Sie möchten, können Sie die Moränenseite hinaufklettern in Richtung der dramatischen Eisklippe (halten Sie sich aber möglichst fern von der Gletscheroberfläche). Dieser **zweite Abschnitt** sollte nur von Wanderern gewagt werden, die über **gute Balance** verfügen und die Geduld, langsam und vorsichtig auf die Felsbrocken zu steigen – viele sind lose. Eine besondere Ausrüstung ist dennoch nicht nötig. Wenn Sie sich auf diesen Abschnitt wagen, sollten Sie bis zur Hängebrücke fahren und den ersten, flachen Teil der Wanderung auslassen. So haben Sie ausreichend Zeit, um den interessantesten Teil der Route zu erreichen – die **Eisklippen.** Anschließend kehren Sie nach Mestia zurück (vier Stunden). Wir haben uns zum halben Weg zur Brücke bringen lassen, mussten aber dann die letzten 2 km im Dunkeln zurücklaufen – wenn auch auf einer Asphaltstraße. Ich bin den Weg auch schon mit dem Fahrrad gefahren.

Wegbeschreibung

Folgen Sie der (geschotterten) **Hauptstraße** aus Mestia hinaus in Richtung Flughafen und an ihm vorbei. Am Ende der Asphaltstraße gehen Sie den Feldweg den gesamten Weg bis zum schmalsten Punkt des enger werdenden Tals, wo es endet (ungefähr 7 km). Kurz davor erhaschen Sie erste Blicke auf den Chalaati-Gletscher, wie er den links liegenden Chatin Tau hinunterstürzt (Ihre Richtung). Nach der Wasserkraftanlage überqueren Sie den Fluss über die von den Sowjets gebaute **Hängebrücke** direkt hinter der Stelle, an der zwei Flüsse ineinanderfließen (achten Sie auf lose Bretter). Manchmal begegnen Sie dort Grenzsoldaten; einen Pass benötigen Sie jedoch nicht. Folgen Sie dem Pfad weiter rechts hinauf durch die Wälder neben dem Chalaati-Gletscher und den gesamten Weg bis zur **Gletscherzunge.** Der Pfad ist ziemlich offensichtlich. Weiter oben verschwindet der Wald und Sie können den Gletscher deutlich sehen – folgen Sie nun einfach den gemalten **Markierungen.**

Beachten Sie auch die wichtigen Markierungen auf den Felsen, welche den **Gletscherschwund** anzeigen.

Tour 45: Wenn Sie mit dem Gesicht zur Gletscherzunge gewandt davorstehen, gehen Sie die steile Felsklippe rechts hinauf. Halten Sie sich fern von der Gletscheroberfläche. Oben angekommen, gehen Sie die rechte Seite für ungefähr 2 km hinauf in Richtung der **Eisklippen.** Beachten Sie, dass die Geröllfelsen oft lose sind – treten Sie also vorsichtig auf und eilen Sie nicht. Abwärts zu gehen ist schwieriger – lassen Sie sich also Zeit.

Zurück – gehen Sie den Weg zurück, den Sie gekommen sind. Wir haben von den Eisklippen ganze vier Stunden nach Mestia zurück gebraucht – ohne Pausen.

Warnung: Wenn Sie bei der Gletscherzunge angekommen sind, bleiben Sie nicht direkt unter dem Eis stehen, da gelegentlich große Brocken abfallen (besonders an sonnigen Nachmittagen, wenn die Eismasse schmilzt) – mit möglichen fatalen Folgen.

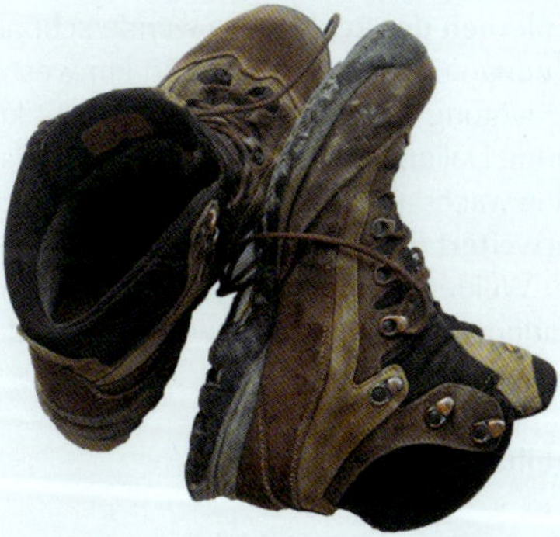

Touren 46/47
Die Alpine Lodge, Weiden und der Kamm

Start/Ende: Mestia, Hotel Tetnuldi
Typ: Teilrundweg
Zeit: April bis November/Oktober
Dauer: 3/4 oder 5/6 Stunden
Aufstieg: 300 oder 950 Meter
Maximale Höhe: 1700 oder 2350 Meter
Schwierigkeitsgrad: einfach und mittel
Mobilfunksignal: mehr oder weniger permanent

Zusammenfassung

Ein einfacher, schöner **Spaziergang** hinauf in die unteren Weiden auf der östlichen, gegenläufigen Seite des Mestia-Tals, auf Wunsch mit einer großen Erweiterung. Eine gute Wanderung **zum Kennenlernen der Region,** die wunderschöne Aussichten in zwei Richtungen bietet; eine etwa 20 km westwärts das Tal hinunter in Richtung Latale; die andere etwa 12 km nach Norden in Richtung Daligora-Massiv und Chalaati-Gletscher. Und all dies unter den wachsamen Augen des Ushba und des Tetnuldi.

Tour 47 erweitert dieses Erlebnis, indem sie weiter hinauf in die höheren Weiden führt und schließlich auf den **Kamm** mit hervorragenden Rundum-Aussichten, insbesondere auf den Chalaati-Gletscher.

Wegbeschreibung

Beginnen Sie am **Tetnuldi-Hotel** (ehemals Intourist) und gehen Sie unterhalb des einstigen Rückzugsorts der Präsidenten hinaus. Dort, wo die neue Straße vom Flughafen kommend links dazustößt, gehen Sie hinauf, am Hotelkomplex vorbei, bis sich der Weg teilt. Nehmen Sie die **rechte** Abzweigung, die bald zu einem herrlichen Passgang wird und an kleinen eingezäunten Weiden vorbeiführt. Nach ungefähr zehn Minuten lauert 50 Meter rechts die dramatische **Schlucht des Mulkhra-Flusses.** Einen **Umweg** auf jeden Fall wert, seien Sie aber vorsichtig und gehen Sie nicht zum Rand, ohne diesen zu überprüfen – oft befinden sich dort lediglich ein paar Torfhaufen ohne etwas darunter. Passieren Sie die neuen Hütten und steigen Sie anschließend sich links haltend hinauf in die **Wälder** (auf GPS N 43° 02.435 E 42° 45.094, Höhe 1551 Meter). Der Pfad mündet bald in einem Beet aus Azaleen. Nach einem 30-minütigen Bad in himmlischem Parfüm (im Juni) tauchen die Ruinen der Alpine Lodge direkt unter Ihnen auf – ein Symbol aus der sowjetischen Periode, als Swanetien für Touristen hergerichtet wurde. Diese ist seit langem verlassen und inzwischen von Kühen eingenommen. Hier haben Sie **die Wahl:** Entweder gehen Sie an der Lodge abwärts und kehren entlang ihrer langen Einfahrt nach Mestia zurück (ein 3-stündiger Rundweg) – oder Sie gehen weiter in die höheren Weiden und ...

Tour 47: Gehen Sie auf dem leicht ansteigenden Pfad weiter durch die **unteren Weiden.** Ungefähr 100 Meter bevor er steil in eine Schlucht mit reißendem Fluss abfällt, gehen Sie hinauf in

Fresko in der Kirche Laghumi, nahe Mestia

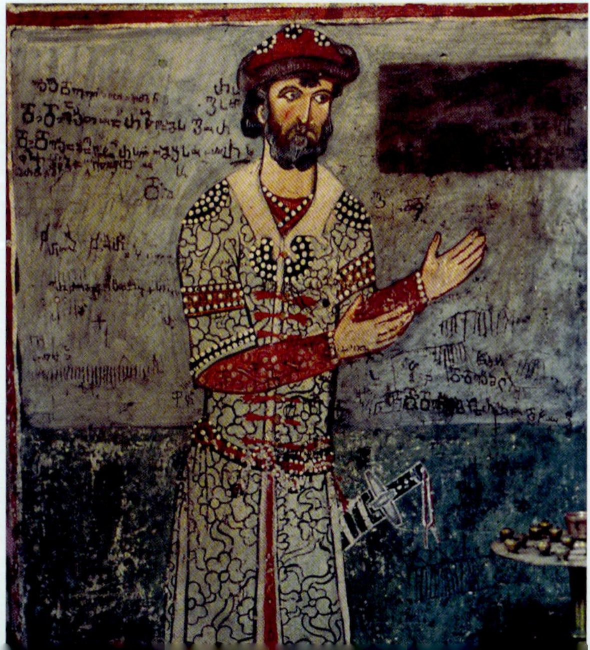

das **offene Feld** zu Ihrer Rechten (GPS N 43° 03.479 E 42° 46.052, Höhe 1766 Meter). Am oberen Ende befindet sich ein Tor mit einem Pfad, der in ein dahinterliegendes Waldstück führt. Nehmen Sie ihn. Der Pfad steigt 200 Meter lang steil auf und trifft dann auf einen Feldweg. Biegen Sie rechts ab. Nach ein paar hundert Metern öffnet sich der Weg in **Hochweiden. Merken Sie sich diesen Ort,** denn hier werden Sie auf dem Rückweg wieder vorbeikommen.

Zunächst aber folgen Sie dem Pfad, bis er einen Hügel hinaufsteigt und westlich Richtung Mularkhi weiterverläuft. Bald treffen Sie auf einen **ehemaligen See,** der heute fast nur noch Gras, Schilf und Frösche beheimatet. Folgen Sie dem Pfad bis zum Ende des Sees; genießen Sie die herrliche Aussicht, dann biegen Sie links ab und folgen dem Kamm aufwärts. Nehmen Sie auf keinen Fall den Feldweg, der plötzlich ins Tal eintaucht. Dem Pfad ist ziemlich einfach zu folgen, meistens den Kamm entlang, dann sinkt er zunächst nach rechts ab und verläuft schließlich über den Kamm nach links. Gehen Sie weiter, bis er in eine weitere Weide mündet. Zu Ihrer Rechten finden Sie eine **Quelle** (GPS N 43° 03.385 E 42° 46.497, Höhe 2030 Meter). Füllen Sie Ihre Flaschen und gehen Sie dann weiter hinauf bis gerade oberhalb der Quelle, wo ein Pfad den Hügel von links aufsteigt. Oben angekommen, ist eine Kapelle zu sehen, rechts nur einen Steinwurf entfernt, sie versteckt sich zwischen den Tannen.

Entweder lassen Sie den Weg **hier enden** oder Sie gehen nach links weiter hinauf auf den **Kammweg.** Gehen Sie hinauf, so weit Sie möchten – ich empfehle bis gerade über die **Baumgrenze** zu gehen (eine halbe Stunde).

Hinunter: Gehen Sie zur **Quelle** zurück und von dort weiter. Nehmen Sie dieses Mal nicht den unteren Weg, aber werfen Sie einen Blick durch die Bäume geradewegs nach unten und Sie erkennen eine offene Weidefläche etwa 100 Meter weiter abwärts. Dort verläuft ein Pfad durch die Bäume, der zu einem Tor führt. Steigen Sie hinüber und bald überblicken Sie eine riesige Weide – wie eine Tischdecke, die in hoher Höhe vor der großartigen Kulisse dampfender Berge ausgelegt wurde. Wandern Sie sie hinunter zu ihrer niedrigsten Stelle und halten Sie sich an der scharfen Kurve leicht rechts. Dort treffen Sie auf **den unteren Pfad,** der hinaufführt (an der bereits erwähnten Stelle). Gehen Sie den Weg zurück, den Sie gekommen sind, und kehren Sie auf Tour 46 zurück nach Mestia.

Tour 48
Von Maseri nach Mestia – der Guli-Pass

Start: Dorf Maseri
Ende: Mestia
Typ: Hinweg
Zeit: Juni bis September
Dauer: 11/12 Stunden
Aufstieg: 1400 Meter (in einem unbarmherzigen Rutsch)
Maximale Höhe: 2950 Meter
Schwierigkeitsgrad: strapaziös
Mobilfunksignal: schwankend bis zur Spitze oder unten im Mestia-Tal

Zusammenfassung

Diese Strecke ist **enorm und zermürbend – aber fantastisch.** Sie bringt Sie nah an das **Ushba-Massiv** heran und bietet lebhafte Eindrücke des spektakulärsten Berges im Kaukasus. Während Sie sich auf den langen, beschwerlichen Weg hinauf zum Pass machen, rückt die Südspitze bedrohlich wachsend näher. Sie können die Routen der Kletterer sehen und folgen ihnen sogar gelegentlich auf ihrem Weg – und dann eröffnet sich plötzlich auf der **Passhöhe (2950 Meter)** das gesamte Mestia-Tal mit all seinen hohen, sich weit erstreckenden Gipfeln.

Der Abstieg ist **steil, aber nicht beängstigend.** Wir folgten dem Tal den gesamten Weg bis hinunter zur Straße, nahmen dann einen herrlichen Pfad durch die Wälder (oberhalb der Straße) nach Mestia – dieses letzte Stück ist unmöglich zu beschreiben (ich hatte einen **einheimischen Führer** dabei, was hier keine schlechte Idee ist). Am einfachsten ist es, über die asphaltierte Hauptstraße zurück nach Mestia zu gehen – oder sich mitnehmen zu lassen. Dies ist eine **gigantische Strecke.** Die meisten legen sie in zwei Tagen zurück und zelten oben in den Bergen. Guli bedeutet „Herz“ auf Georgisch – und Sie brauchen ein starkes. Gehen Sie diesen Weg am besten bei **viel Tageslicht** (also besser nicht im Oktober), es sei denn, Sie sind sehr fit und ein schneller Wanderer. Seit ich diese Route das erste Mal ging, sind Beschilderungen aufgetaucht mit swanischen Wanderzeiten (schnell). Auf dem Weg gibt es ebenfalls Farbmarkierungen. Erdrutsche und andere Umwege sind dennoch immer möglich. Der Weg führt in **höhere Gefilde,** somit ist Höhe ein Faktor. Wir sind am ersten Juli direkt unterhalb des Passes auf Neuschnee gestoßen – informieren Sie sich also vorab über die **Schneelage,** insbesondere im Juni.

Wegbeschreibung

Starten Sie direkt vor **Maseri** (50 Minuten Fahrt von Mestia, das Becho-Tal hinauf). Nach dem Metallkreuz, das sich neben der Straße befindet, biegen Sie rechts ab. Es ist ausgeschildert. Gehen Sie das Tal zwischen den zwei Flüssen hinauf, folgen Sie den Jeep-Spuren den ganzen Weg bis zu den Ruinen des Dorfes **Guli.** Von dort geht es hinter der kleinen Kirche weiter hinauf. Gehen Sie weiter aufwärts und schlagen Sie mehr und mehr links ein in Richtung der sich immer deutlicher abzeichnenden Klippen des südlichen Ushbas. Folgen Sie dem Wanderpfad hinauf in das große, leere Tal, über dem ein kleiner Gletscher thront, der von der Südspitze des Ushba hinunterstürzt und zunehmend größer erscheint. Kurz vor der letzten Schäferhütte biegen Sie rechts ab und gehen geradewegs, serpentinenartig, den Berg hinauf. Nach mühsamen anderthalb Stunden – Sie nähern sich allmählich dem Gipfel – sollten Sie sich langsam rechts halten, um zum Rand eines Kamms zu gelangen (sind Sie zu früh rechts, bleiben Sie unter einer Klippe stecken und müssen umkehren). Bald taucht der flache Guli-Pass auf, doch zunächst müssen Sie den oberen Teil eines Schiefertals durchqueren bis zum Gras – das letzte Stück Anstrengung, das Sie bis nach ganz nach oben bringt.

Dieses war teilweise noch schneebedeckt, als ich einmal im Juli dort war. Inzwischen lief ich nur noch auf Reserve, doch glücklicherweise sagte mein Fremdenführer immer wieder **„Wir sind bald da“** – ein Trick, der mir nach oben verhalf. **Die Aussicht ist atemberaubend,** und Sie sehen, wie der Pfad links weiterführt hinauf zur spektakulären Coruldi-Hochebene (eine der besten Aussichten, die Wanderer auf dem Ushba zu sehen bekommen können – erfordert aber eine Nacht in einem Zelt).

Der Rest des Weges führt **abwärts,** mehr oder weniger geradeaus. Das Tal direkt vor Ihnen führt hinab ins Inguri-Tal und ist ziemlich offensichtlich. Gehen Sie hinunter ins Herz des Tals,

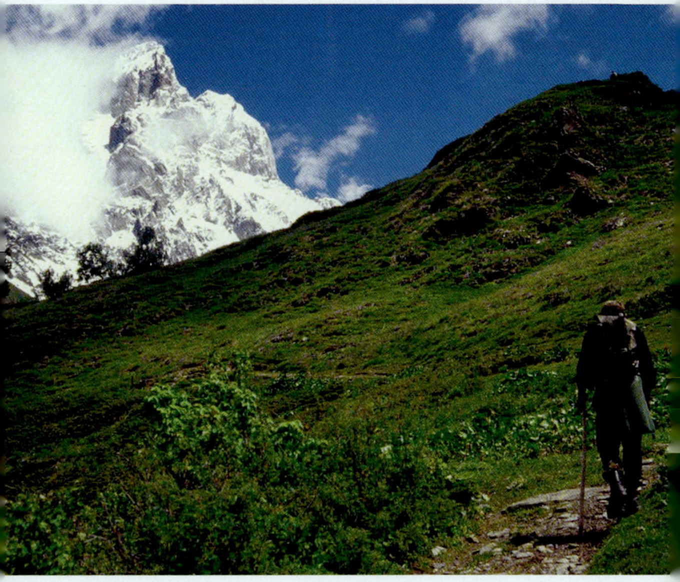

und nehmen Sie nicht den Pfad, der die Seiten durchquert – es sei denn, Sie möchten noch weiter gehen (und wieder hinauf) zum Kreuzgipfel – und dann runter nach Mestia (links quer hinüber). Inzwischen hatte ich genug.

Unten angekommen, treffen Sie auf die **Straße nach Mestia,** auf die Sie links einbiegen und die letzten paar Kilometer nach Hause zurück laufen. Der Weg hinab ist genauso anstrengend wie der Weg hinauf (ungefähr 1500 Meter) – und geht ziemlich auf die Knie. Versuchen Sie ihn nicht, es sei denn, Sie sind abgehärtet! Viele laufen ihn in umgekehrter Richtung.

Zura führt hinauf zum Guli-Pass Richtung Berg Ushba

Tour 49
Das Mestia-Kreuz

Start/Ende: Mestia
Typ: Rundweg oder hin und zurück
Zeit: Mai bis Oktober
Dauer: 4/5 Stunden
Aufstieg: 900 Meter
Maximale Höhe: 2350 Meter
Schwierigkeitsgrad: mittel
Mobilfunksignal: durchgängig

Zusammenfassung

Eine **harte, aber schöne Strecke** zum Kennenlernen der Gegend, die auf fast dem gesamten Weg **herrliche Aussichten** in alle Richtungen bietet. Das Kreuz steht direkt oberhalb von Mestia und ist vom Hauptplatz aus zu sehen, fast einen Kilometer weiter oben. Es steht stolz direkt in der Biegung der Talkurve, sodass Sie von ihm aus nahezu alles sehen können. Dies ist der Startpunkt einer weiteren Route für Kletterer Richtung Ushba, der Berg aber wird erst mit Erreichen des Kreuzes sichtbar. Dies wird mehr als belohnt durch das überwältigende Panorama der Berge Banguriani, Daligora und Tetnuldi auf mehr oder weniger dem gesamten Trip.

Die Ankunft am **Kreuz** ist überraschend, denn von der Stadt aus sieht es nicht sehr hoch aus – tatsächlich sind es aber über vier Meter, die guten Aufschluss geben über die erreichte Höhe (und die Aussichten).

Wegbeschreibung

Wie bei allen Wanderrouten ist der **Startpunkt** von enormer Bedeutung; bei dieser ist er aber recht einfach zu finden. Verlassen Sie Mestia auf der breiten, vom Hauptplatz aus am östlichsten gelegenen Straße Richtung Laghumi. Die Straße verläuft für etwa 300 Meter schnurgerade, an den paar Geschäften vorbei, und bevor sie leicht nach rechts abfällt und hinunter zur Flussbrücke führt, stößt eine weitere von unten dazu und zweigt nach links ab (GPS N 43° 02.430 E 42° 43.479, Höhe 1443 Meter).

Nehmen Sie sie. Der Weg führt geradewegs hinauf ins alte Dorf. Es gibt mehrere Möglichkeiten, aber mit **„geradewegs hinauf"** fahren Sie am besten.

Bald sollten Sie unter einem alten Torbogen hindurchkommen, der mit einem Turm verbunden ist, dann geht es weiter hinauf und raus aus dem Dorf. Die letzte große Abzweigung nach rechts führt hinüber zum Turm- und Hausmuseum (einen Besucht wert) – biegen Sie aber nicht ab. Gehen Sie den nun zunehmend steilen, offenen Weg „geradewegs hinauf", an einer winzigen Kapelle vorbei (links) bis hinauf zur Spitze des felsigen Wasserbeckens, wo der Pfad nach rechts weiterverläuft.

Hier beginnt nun das beste Stück zum Kreuz – und der Aufstieg verliert etwas an Schwere, indem er einer beständigen nordöstlichen Route den Hang des Kreuzhügels entlangführt, mehr und mehr nördlich durch das Mestia-Tal. Der Pfad ist ziemlich offensichtlich (häufig von Rindern genutzt) und mündet schließlich in den Feldweg, der zum Kreuz hinaufführt. Folgen Sie ihm für einige Minuten. Sobald er beginnt, nach links abzufallen, neben zwei Toren, die in Weiden hineinführen (GPS N 43° 02.391 E 42° 45.092, Höhe 1922 Meter, auf der gegenüberliegenden Seite der Straße), haben Sie **die Wahl:** Entweder folgen Sie dem Weg bis zum Kreuz (am einfachsten, aber am wenigsten lohnend) – oder Sie nehmen den steilen Pfad, der rechts hinaufführt. Dieser verläuft steil aufwärts, bietet aber herrliche Aussichten auf die Berge Daligora und Banguriani – die gesamte Strecke über bis zu den ersten Hütten des Sommerdorfes. Dort verbinden sich Häuser und Wege, also folgen Sie einem nach links und hinauf.

Meine **Lieblingsroute** von dort führt weiter aufwärts, auf dem Kammrücken an weiteren Häusern vorbei (jetzt nah), dann, wenn Sie das Kreuz sehen können, etwas unterhalb und links ab, gehen Sie hinunter. Der **Ushba** ist nun den gesamten Weg über deutlich zu sehen. Sie können ebenfalls einem Pfad hinunter folgen, durch ein paar Tannen, um wieder auf den ersten Feldweg zu gelangen, und dann hoch zum Kreuz. Beide Möglichkeiten beginnen in beinahe der gleichen Höhe wie das Kreuz – erfordern also nichts an mehr Anstrengung.

Hinunter gibt es mehrere Möglichkeiten. Eine führt die gesamte Strecke einen Feldweg entlang – diese ist länger, folgt aber einem anderen Weg und bringt Sie etwas weiter nördlich ins Tal des Mestia-Flusses. Anschließend folgen Sie ihm einfach durch das Dorf Laghumi zurück nach Mestia. Sie können auch einfach den Weg hinabsteigen, den Sie hinaufgekommen sind – den Pfad entlang (was ich empfehle, weil man dieselbe herrliche Aussicht hat, nur aus anderer Richtung) oder Sie steigen einen anderen, völlig neuen, sehr steilen Pfad geradewegs hinunter nach Mestia. Dies geht am schnellsten und bringt Sie westlich ins Stadtzentrum. Sie finden ihn, indem Sie den Kamm ein paar Minuten vom Kreuz weg hinauflaufen und dabei aufmerksam nach links schauen. Ein Stück weiter oben sollten Sie einen kleinen Pfad sehen, der hinunterführt und dann wieder links abbiegt hinein in die Wälder. Diese Route ist ebenfalls ziemlich offensichtlich, ist jedoch einen Großteil der Strecke von Bäumen umgeben (und gewährt plötzliche spektakuläre Aussichten). Die Richtung ist ziemlich einfach, da Sie Mestia fast immer sehen können – zur Orientierung. Am Fuße landen Sie in einem weiteren kleinen Tal, das von einem Bach ausgeht – und sich als zweiten Pfad ausgibt. Folgen Sie diesem geradewegs hinunter auf die Hauptstraße, dann biegen Sie links ab nach **Mestia.**

Reiter in Swanetien

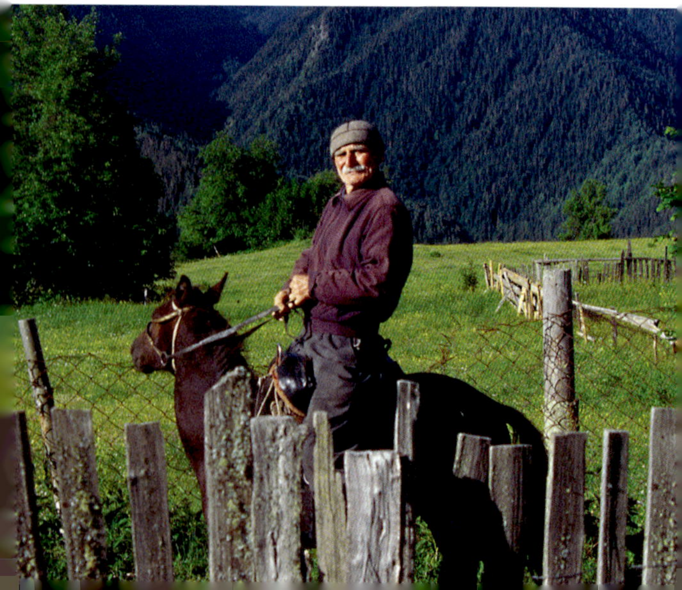

Tour 50
Der Coruldi-Kamm

Start/Ende: das Kreuz oberhalb von Mestia
Typ: hin und zurück mit Rundweg auf halber Strecke.
Zeit: Juli bis Oktober
Dauer: 7 Stunden (oder 9, wenn Sie nach Mestia zurück laufen)
Aufstieg: 900 Meter
Maximale Höhe: 3300 Meter
Schwierigkeitsgrad: schwer und anstrengend
Mobilfunksignal: permanent

Zusammenfassung

Diese Tour ist **die wohl spektakulärste**, die hier vorgestellt wird, aber auch die **schwierigste und zuweilen gefährlich.** Klettern müssen Sie nie (keine Ausrüstung erforderlich), aber **oft steile Felswände** entlangkraxeln. **Höhe** ist ebenfalls ein Faktor (ab etwa 2500 m spürbar) – Sie sollten also fit sein. Sobald Sie aber oben auf dem Kamm angekommen sind, ist all dies vergessen. Die **Aussicht auf die Eisfelder** ist schlichtweg umwerfend. Sie sehen hinab auf zwei riesige Gletscher – den Gletscherbruch des Ushbas und den Chalaati-Gletscher. Der Turm von Chatin Tau (4368 m) erhebt sich direkt vor Ihnen wie ein Schicksalsberg – und über allem herrscht der Ushba, der sich nun ehrfurchterweckend nah befindet. Dieser Ort ist so hoch – und so gar nicht für Menschen gemacht –, dass er den Atem raubt. Dort oben werden Sie **auf drei Seiten von Felsen und Eis bedroht;** auf der vierten öffnet sich die gigantische leere Fläche des Mestia-Tals und erstreckt sich bis hin zum Tetnuldi. Allmählich entwickeln Sie ein Gespür für Wind und Wetter, wie es Bergsteiger besitzen. Ich wurde auf diesem Kamm einmal von einem Schneesturm überrascht (siehe Exkurs „Wo Wanderer sich fürchten, den Fuß aufzusetzen"), der glücklicherweise weiterzog. Wir blieben jedoch nicht lang dort, da bereits ein zweiter aufzog.

Der schnellste Weg hinauf ist die gesamte Strecke über deutlich zu sehen, da sie sich oberhalb der Baumgrenze befindet. Nahe des Gipfels verläuft er jedoch steil und schwierig über lose Schieferbrocken. Felsbrocken blättern ab und können bis zu 100 m tief fallen – **also gehen Sie niemals direkt unter- (oder**

oberhalb) Ihrer Begleiter. Informieren Sie sich vorab über die **Schneeverhältnisse.** Zu viel Schnee wird Sie unterwegs aufhalten – auch wenn etwas davon beim Aufstieg, nahe des Gipfels, durchaus hilfreich ist.

Wegbeschreibung

Fahren Sie von Mestia aus mit einem Jeep zum Kreuz und dann weiter hinauf zur höchstgelegenen **Hütte auf der Sommerweide.** Das erspart Ihnen drei Stunden Plackerei und lässt Ihnen (oder zumindest mir) genug Puste für die Wanderung in großer Höhe. Jenseits der Hütte (neben einem kleinen Gebirgssee) führt der Weg hinab zu einer Reihe parallel verlaufener Pfade. Von unten können Sie Ihr nächstes Ziel deutlich erkennen – ein kurzer, recht flacher Kamm etwa einen Kilometer geradewegs über Ihnen. Mit einem Fernglas lässt sich auf dem Gipfel ein kleines Kreuz erkennen. Die Route ist klar – man folgt einem Kamm,

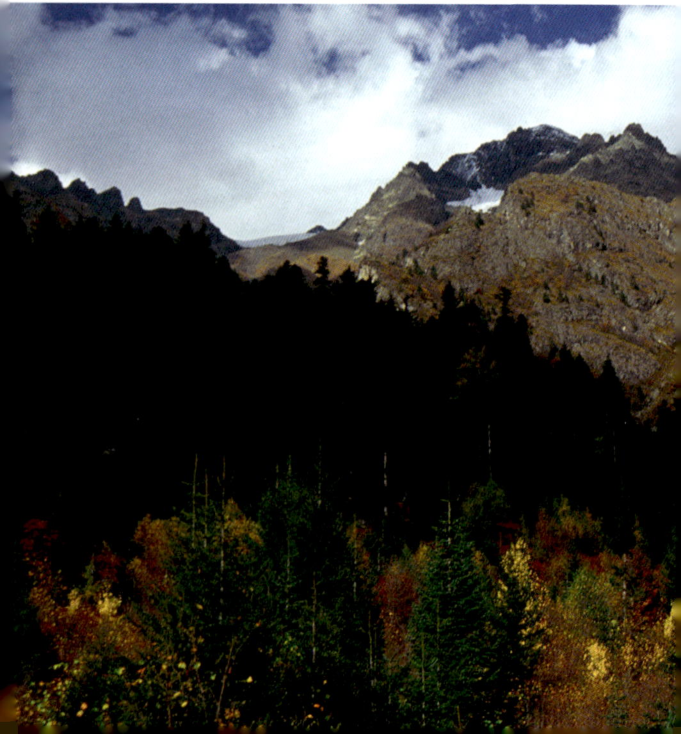

der links zum Guli-Pass führt, und steigt dann die letzten steilen Flanken zum **Coruldi-Kamm** hinauf.

Es gibt eine **weitere Wegmöglichkeit** für etwas Abwechslung - und herrliche Aussichten auf Banguriani und Darigora (oder falls es auf dem Kamm zu windig sein sollte). Nach ungefähr zwanzig Minuten von der Hütte aufwärts zweigt ein kleinerer Pfad rechts ab, weg von der direkteren Route zum Kamm hinauf. Folgen Sie ihm und der Aufstieg wird einfacher und ruhiger. Nach etwa 30 Minuten entdecken Sie zudem eine kleine **Quelle,** an der sich nach etwas Graben die Flaschen wiederauffüllen lassen.

Auch wenn der Weg von parallel verlaufenden Kuhpfaden begleitet wird, ist er recht logisch - nehmen Sie den größten, der

Das Becho-Tal

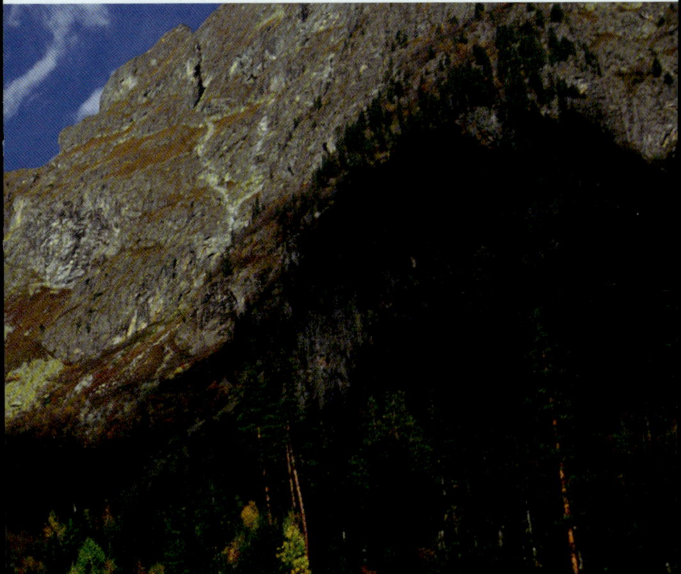

bergauf führt. Schließlich schlängelt er sich nach links hinauf zu einer **Reihe kleiner Seen.** Am hinteren Ende des letzten Sees ist der **Kamm** deutlich zu sehen - den nehmen Sie, um sich auf den letzten langen Aufstieg zum Coruldi-Kamm zu machen.

Nun wird es etwas schwieriger. Der Weg wird steiler und der Boden zerfällt in kleine Brocken bunten, aber endlos **rutschigen Schiefers.** Halten Sie den Fokus weiterhin auf den Kamm gerichtet, der sich gerade unterhalb und rechts vom Kreuz befindet - das nun mit bloßem Auge zu sehen sein sollte. **Schneefelder** machen den Aufstieg einfacher (und kälter). Die Füße rutschen weniger ab auf dem festen Schnee. Ein Mix aus beidem ist ideal - oben Schnee, unten Schiefer. Nach einigen beachtlichen Anstiegen öffnet sich eine kleine Hochebene. Direkt darüber liegt der **Coruldi-Kamm** - die Coruldi-Ebene befindet sich etwas links hinter dem Gipfel mit dem Kreuz.

Machen Sie die Wanderung nach dem ersten Schnee im Oktober oder vor dem letzten Schmelzen im Juli, werden Sie mit großer Wahrscheinlichkeit durch Schnee gehen, vermischt mit stellenweise bröckelndem Schiefer (Handschuhe, Sonnenbrille und eine Windjacke mit Kapuze sind zu empfehlen).

Die letzten **100 Meter hinauf zum Kamm** sind sehr steil und erfordern etwas Kraxeln. Das Gestein ist lose, seien Sie also vorsichtig und stellen Sie sicher, dass sich niemand direkt über oder unter Ihnen befindet. Wenn Sie plötzlich das Gefühl haben, dass es Ihnen nun reicht, taucht der **Kamm** plötzlich auf - mit einer der schönsten Aussichten, die Wanderer im gesamten Kaukasus erhaschen können (wie oben beschrieben). Ein herrlicher Platz für eine Mittagspause.

Hinunter. Der schnellste Weg zurück ist der, den Sie gekommen sind, aber ohne die Seen. Bleiben Sie die gesamte Strecke über auf dem Kamm. Ihr Jeep mag womöglich nicht auf Sie gewartet haben - es ist um einiges teurer, den Fahrer für den ganzen Tag zu buchen. In dem Fall folgen Sie dem Feldweg zurück nach unten oder nehmen Sie eine der Routen von Tour 49 zurück.

Anmerkung: Besonders fitte Wanderer schaffen die gesamte Strecke von Mestia aus womöglich an einem Tag. Tour 49 und 50 lassen sich beispielsweise **gut miteinander kombinieren.** Versuchen Sie dies aber nur im Juli oder August, wenn die Tage am längsten sind. Ich habe bislang nur eine Person getroffen, die es geschafft hat (ich selbst habe es einmal versucht und versagt).

Wo Wanderer sich fürchten, den Fuß aufzusetzen

Es gelang mir, meinen Gastgeber Gia davon zu überzeugen, mich in seinem Niva zum **Kreuz oberhalb von Mestia** zu fahren (der Startpunkt der Wanderung). Als wir aufbrachen, bemerkte ich, dass sich niemand zu uns gesellte. Dass man ein Auto hoch oben in den Bergen für ein paar Minuten – geschweige denn für Stunden – unbeaufsichtigt lässt, davon hat man noch nicht gehört. „Ist das mit dem Auto oben okay?", fragte ich zögerlich. „Okay", kam als flache Antwort. Da begriff ich warum – das hochgelegene Alpindorf war nun verlassen nach dem ersten Oktoberschnee eine Woche zuvor. Alle Kartoffeln waren geerntet, Schafe und Rinder unten und die Hütten würden bis zum Frühling verlassen sein. Die Einzigen, die sich nun noch hier rauf wagten, waren **total Verrückte, kauzige Jäger und Engländer.** Zunächst fuhren wir durch die Stadt, vorbei an der kürzlich niedergebrannten Polizeistation („Ja, wir wissen, wer das war ...") und dem „Schwimmbad" (ein aufgestauter Fluss neben der Straße), zum Flughafen mit seiner oft abgeweideten, grasbewachsenen Landebahn und dann wieder hinauf auf den Berg. An dem Kreuz empfing uns starker Sonnenschein und ich blickte aus dem Fenster des Niva, um den **Gipfel des Ushba** zu sehen. Obwohl er noch immer in weiße Wolken eingehüllt war, konnten wir die oberen Nadeln von Chatin Tau und den gesamten Daligora sehen. Ein gutes Zeichen. Wir waren uns einig, dass Ushba nun, nach vier gipfellosen Tagen, seine völlige zweiköpfige Pracht entfalten würde ...

Fünf Minuten später parkte Gia das Auto oben auf der Hochebene neben der letzten verlassenen Hütte – so groß wie etwa ein Gartenhaus. Gefährlich allein hockte sie auf der baumlosen Ebene auf 2300 Metern, umgeben von gähnenden Himmeln und leeren Tälern. Wie es ihr gelang, in den bösartig tobenden Winden auf dem Kamm zu bleiben, bleibt ein Mysterium. Sicher brauchte es nur einen Schubs und ihre dünnen Kartenhauswände würden ...? Im Norden verschwand eine bedrohliche schwarze Steintruhe in den Wolken – die Südspitze des Ushbas. Wir verschlossen den Niva und ich ging zum Pfad. Es fühlte sich seltsam an, auf dem Kamm zu stehen – dort, wo ich bei meinem früheren Versuch zwei Monate zuvor auf der Coruldi-Ebene erst nach drei Stunden Schwitzen angekommen war. Damals hatte ich es nur halb so weit geschafft – immer noch zwei Stunden unterhalb des Kamms –, bevor mir die Zeit davonlief. Doch nun war es erst 9.15 Uhr. Einfallendes Sonnenlicht schnitt durch das Mestia-Tal und traf alles aus beinahe rechtem Winkel; es war windstill und die Luft frisch, die Wolken lichteten sich auf allen Seiten. **Der perfekte Tag** – nur eine Frage von Minuten, bevor der Schleier weggeblasen würde und Ushba vor uns auftauchte, in voller Größe und lächelnd ... Ich inspizierte unser Ziel, den flachen **Coruldi-Kamm,** der etwa einen Kilometer weiter hinauf in der brennenden Sonne gut zu sehen war. Er schien dennoch sehr weit weg.

Wir brachen auf und gingen direkt den Kamm hoch, ohne Umweg zur Quelle (ganz entgegen meines eigenen Ratschlags). Gia lieh sich mein Fernglas und sagte „Viele Schnee, viele Schnee!", ging aber weiter. Der **Schnee** lag tief und rieselte auf die höher gelegenen Hänge, wurde zuvor vom Rand des Kamms geweht, um neben einem großen Abhang einen 30 cm langen Streifen nackter Erde zu hinterlassen – unser Pfad. Dankbar für dieses kleine Geschenk gingen wir weiter. Die Luft blieb unglaublich still für eine so ungeschützte Lage – alles fügte sich perfekt für diesen Tag. In meinem Kopf stellte ich mir scherzhaft vor, in einem Schneesturm nach unten zu eilen, während die Zeilen von Lou Reed sich wieder und wieder in meinem Kopf abspulten „Perfect day ... drinking sangria in the park ..."

Wir passierten die Seen mit nur wenig Schnee unter den Füßen – und begannen den ernsthaften Aufstieg die steilen Flanken hinauf zum Coruldi-Kamm. Mehr und mehr Schnee tauchte zu unseren Füßen auf, den ich so weit möglich versuchte, von meinen fast porösen Wanderschuhen fernzuhalten. Gia trug Wellington-Stiefel und tauchte bei jeder Gelegenheit in das weiße Pulver ein. Er riet mir, es ihm gleichzutun. Ich wich dem Schnee jedoch zunächst aus, bemerkte aber bald, dass ich nach jedem großen Schritt einen halben Schritt zurückfiel. „Folge mir; besser!", rief er, doch ich vermied es noch immer, bis sich schließlich vor mir ein großer Flicken Schnee ausbreitete. Ich hatte keine Wahl. Kaum hatte ich einen Fuß **in seine Fußstapfen** gesetzt, beschleunigte sich mein Schritt. Natürlich! Der Schnee verdichtete sich zu einer Mini-Treppe, nicht wie der Schiefer, der wie eine Lawine ständig zurückfiel. Zu meiner großen Überraschung machte diese gefährliche, rutschige Substanz den Aufstieg um einiges einfacher. Für Bergsteiger ist dies wahrscheinlich Allgemeinwissen, aber für diesen Wanderer war es eine großartige Entdeckung. Zum Glück hatte ich daran gedacht, meine **2-Dollar-Sonnenbrille** mitzunehmen, die Schneeblindheit verhinderte. Durch das orangefarbene, polarisierte Plastik verwandelte sich die Welt in eine dämmrige Filmkulisse, in der nichts echt erschien.

Dann aber geschah etwas Unerwartetes; die Sonne tauchte ab. Wie, nach einem so fabelhaften, ruhigen Start? Kein einziger Windhauch war auf unserem ungeschützten Kamm zu spüren, und dann plötzlich zogen Wolken aus dem Nichts auf. Gia schüttelte grimmig den Kopf. „Heute viel Schnee." Dann aber kehrte die Sonne zurück, verschwand erneut und begann ein Spiel mit meiner Sonnenbrille, die ich nun abwechselnd auf- und wieder absetzen musste. In der Zwischenzeit nahm der Wind heimlich zu.

Das nahm ich jedoch kaum wahr, da sich **die Höhe** langsam bemerkbar machte. Wir näherten uns 3000 Metern – meine Geschwindigkeit nahm ab und das Atmen wurde schwerer. Die Zeilen eines Punksongs durchwanderten irrsinnigerweise mein Gehirn: „Beat on the brat, beat on the brat with a baseball bat", und dann erreichten wir endlich eine kleine Hochebene. Noch nicht der Coruldi, doch zumindest zeichnete sich sein kleines Kreuz bemerkenswert groß gegen den Himmel ab.

Nun war es nicht mehr weit ... davon abgesehen, dass vor uns purer weißer Schnee lag und eine sehr steile Steigung die Wanderung in eine Kletterpartie zu verwandeln drohte. Wir waren wie zwei **Bergsteiger – ohne Ausrüstung** – in dieser breiten, weißen Schneelandschaft und stiegen bald steil nach oben. Die Fußstapfen im Schnee gaben überwiegend Halt – nur manchmal ließen sie mich bis zum Knie einsinken und vorwärts den Hang hinauffallen, sodass ich mich nicht in einen großen Schneeball verwandelte und wieder hinunterraste. Dank meiner orangefarbenen Sonnenbrille war alles gut. Nichts davon geschah wirklich. Ich lag zu Hause in meinem Bett und träumte all dies.

Wir überwanden den Hang und fanden uns vor einem sehr steilen und steinigen Gefälle wieder. Etliche Male brauchte ich drei, manchmal sogar vier Beine, um mich behutsam um instabile Felsbrocken herumzuwinden, wobei ich jeden einzelnen vorsichtig testete, da einige nachgaben. Gia befand sich etwa zehn Meter über mir, als es plötzlich knackte. Ich sah, wie er nach vorne taumelte, während sein linkes Bein einen großen Felsbrocken lostrat. Er stand auf dem Hang ohne jegliche Schwierigkeit, doch der Brocken stürzte hinunter – sich im Schnee drehend und knirschend nur drei Meter über mir. Eine deutliche Warnung, die ich in meinem orangefarbenem Traum nur vage wahrnahm ...

Wir gingen weiter und achteten nun mehr darauf, nicht direkt übereinander zu klettern. Und dann, als mir gerade alles zu viel erschien, rief Gia plötzlich von oben herab „Wir sind da!" und verschwand aus meinem Sichtfeld. In einem Ausbruch neuer Energie gesellte ich mich zu ihm auf den Kammrücken – um mich einer der **atemberaubendsten Aussichten** zu stellen, die ich je gesehen hatte.

Eine völlig neue Welt breitete sich vor mir aus. Ein Kilometer offene Fläche und direkt darunter zwei große Gletscher, in Wolken eingehüllt. Schnee und Eis lagen in einem gezackten, wütenden Teppich aus Kluften, Klippen und Einbrüchen. Beide waren etwa einen Kilometer breit und trafen sich irgendwo unten jenseits unserer Sichtweite. Direkt drüber befand sich der 4368 Meter hohe Chatin Tau – und wehte seine stolzen Felsstreben in und aus den Wolken. Dahinter lagen die wütenden Kippen des Ushbas, für so viele Kletterer der Ruf der Sirene – der neun Monate später einen meiner, und vieler anderer, engsten georgischen Freunde töten würde, Zaal Kikodze.

Plötzlich verspürte ich **pure Feindlichkeit** von diesem Ort ausgehen ... Menschen gehörten nicht hierhin. Ihn nur zu sehen, fühlte sich an wie ein Regelverstoß. Ich bekam das Gefühl, dass uns eine Strafe für diese Überschreitung bevorstand – und wir wahrscheinlich würden fliehen müssen. Für eine kurze Zeit war ich ein Wanderer geworden, der verbotenerweise das Gebiet von Bergsteigern betrat. Tatsächlich hatten wir gerade unser Mittagessen ausgepackt, als kleine Stücke weißen Kristalle auf unserem Chatschapuri auftauchten. Zunächst hielt ich sie für eine Art Salz, das aus dem Inneren der Tasche kam, doch als es sich schnell aufhäufte, wurde es deutlich: ein **seltsamer kristallartiger Schnee.** Bald hüpfte er vergnügt von meiner Windjacke und versammelte sich in meiner Kameratasche wie kleine Styropor-Bällchen.

Nun brauchten wir Handschuhe und ich fühlte, wie meine Füße in meinen durchnässten Schuhen **froren** – tatsächlich hatten meine Zehen jegliches Gefühl verloren. Ich zog Socken und Schuhe aus und massierte sie zumindest teilweise ins Leben zurück – und verspürte stechenden Schmerz, als sie wieder auftauten. Nun tanzte der Schnee teuflisch auf allem und trübte die Sicht. Ich verfluchte mich, dass ich nicht gleich nach der Ankunft ein Foto gemacht hatte – und betete, dass der Schnee aufhören würde. Gia sah hinauf in den Himmel und sagte „Sehr viel Schnee ...". Ich aber aß entschlossen weiter und fühlte, wie meine Füße an Schmerz verloren und wieder zu Füßen wurden. Und dann geschah plötzlich **ein Wunder.**

Der Schnee stoppte und ein kleiner Spalt Blau erschien im Himmel direkt über uns. Sogleich schoss eine Reihe **Sonnenstrahlen** hinunter und traf den Chalaati-Gletscher. Ich griff prompt nach meiner Kamera, doch bis ich die Klappe vom Objektiv entfernt hatte, war die Sonne verschwunden. Ich eilte ein paar Schritte zur Seite und spürte, wie steif meine Finger geworden waren – und dann begriff ich warum. Der Wind war wieder stärker geworden und bohrte sich nun wie Nadeln in meine Haut. Meine Kameratasche füllte sich erneut mit Styropor. Ich schüttelte sie aus und kehrte zu Gia zurück. Er sah besorgt aus, schlug aber nicht vor, zu gehen. Wie versprochen hatte er mich zu diesem fantastischen Ort gebracht – auch wenn der Himmel nun grau war und die Sicht verschwunden. Ich setzte meine Kapuze auf, um mich gegen die Nadeln zu verteidigen, die gegen das Plastik schlugen und meinen Kopf in eine Kesselpauke verwandelten. Ich hatte keinen Zweifel mehr – **wir wurden hinausgeworfen.** Ich spuckte, um die Geschwindigkeit des Windes zu testen – und die Spucke schoss mit 90 Grad aus meinem Mund. Schnell packten wir unsere Essensreste ein und brachen auf nach unten. Inzwischen hatte das Bohren Sturmstärke erreicht. Wegen der Schmerzen durch die Nadeln konnte ich mein Gesicht nicht mehr gegen den Wind richten. Ich sah Gias Gesicht, nun knallrot, doch glücklicherweise dienten uns unsere eigenen Fußstapfen als Pfad und bald waren wir wieder unten auf den unteren Coruldi-Flanken und glitten in großen, langen Schritten über den Schiefer. Kaum hatten wir den Kamm unterhalb der Seen erreicht, kam die Sonne wieder raus, um die Rückkehr der Helden zu feiern. Denn kamen wir nicht gerade von **einem Ort, den Wanderer normalerweise niemals betreten sollten ...?**

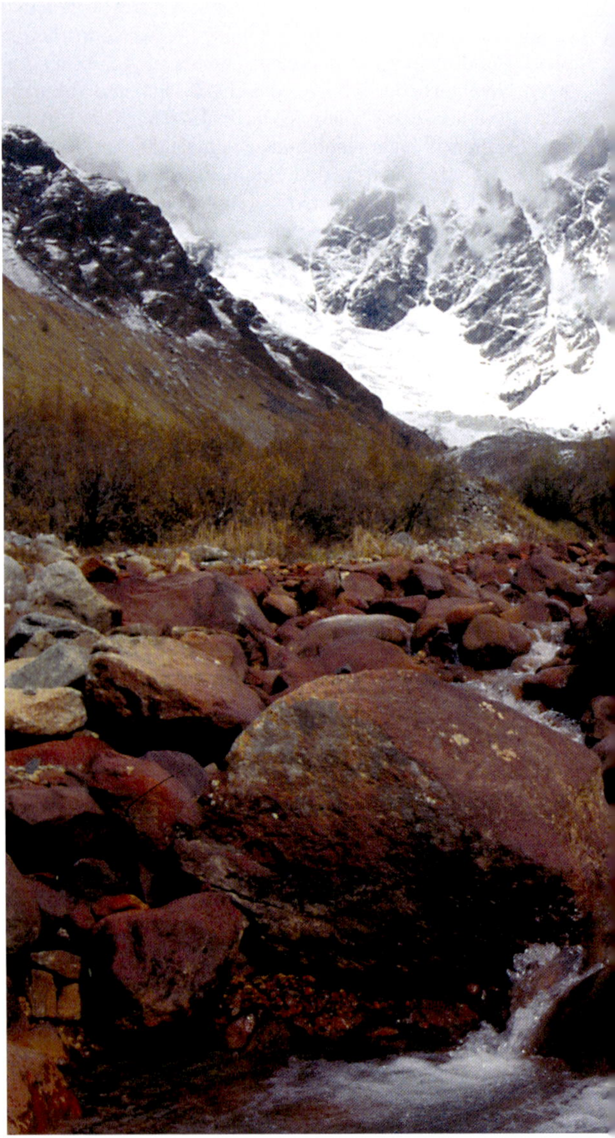

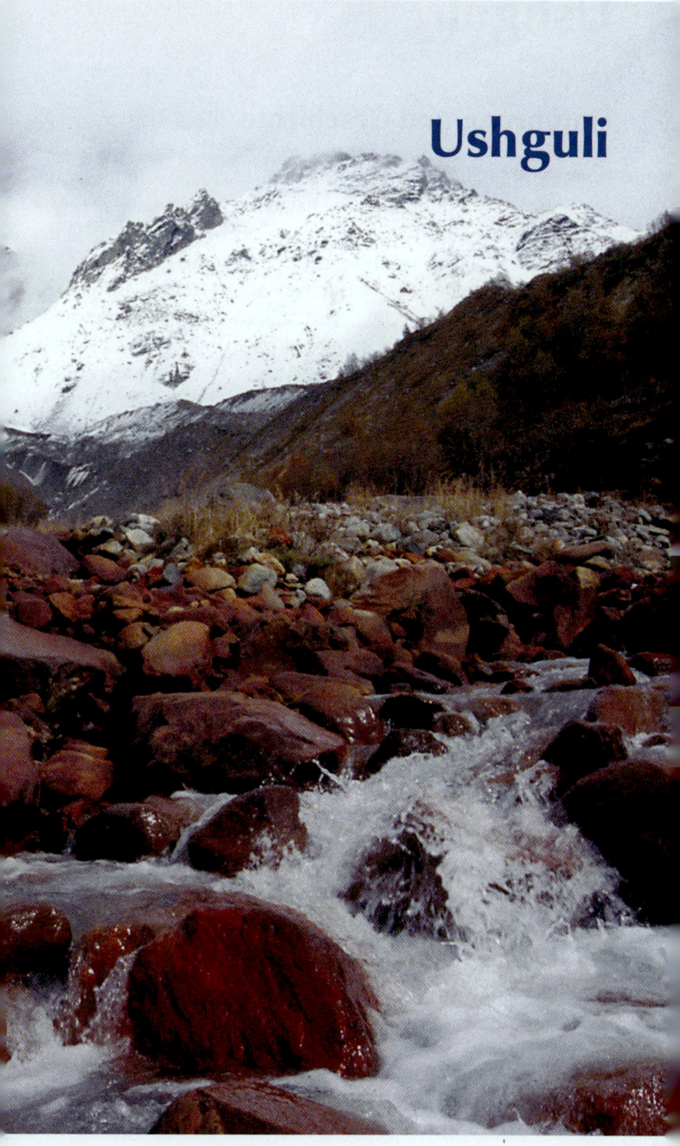

Ushguli

Ushguli

Einführung und Geschichte

Wenn Mestia ein gutes Beispiel dafür ist, wie die Kultur Georgiens über Jahrhunderte überlebt hat, dann ist Ushguli das geheime Herzstück ... wie sonst könnte man es nennen? Manche behaupten, Ushguli sei das höchste, durchgängig bewohnte Dorf Europas **(2150 Meter),** tatsächlich aber ist das Borchorna (2345 Meter) in Tuschetien. Es ist außerdem eines der ältesten; die Sockel einiger Türme stammen aus vorchristlichen Zeiten. Historisch gesehen ein bemerkenswerter Ort, ganz abgesehen von seinen herrlichen **Türmen aus dem 11. und 12. Jh.** 1993 wurde es wegen seiner **Altertümlichkeit** und seiner fantastisch **abgelegenen Atmosphäre** zum **UNESCO-Weltkulturerbe** erklärt. Etwas der Abgelegenheit verschwand dann mit dem Erscheinen des neuen Sendemasts nahe des Haupt-Wachturms.

Ushguli besteht aus **vier Dörfern** (das größte ist Chajhashi) und besitzt zwei kleine **Museen,** eins in einem Turm und eins in einem Haus. Diese sind unzuverlässig geöffnet und manchmal auch gar nicht. Wanderwege hingegen gibt es – und das zahlreiche. Hier werden, leider, nur drei aufgeführt. **Homestay-Unterkünfte** gibt es immer und oft auch Mitfahrgelegenheiten in den einheimischen Niva-Jeeps.

Lage

Die Ushguli-Dörfer liegen ungefähr zwei Autostunden von Mestia entfernt – wenn Sie unterwegs nicht anhalten (zu weit, um an einem Tag zu laufen). Der Weg hinauf aber ist wunderschön und interessant – mit den Dörfern **Nakipari** und **Kvala** und ihren berühmten Kirchen aus dem 12. Jahrhundert (samt herrlichen Fresken). Man kommt nur mit einem Geländewagen hinauf – oder mit einer zweitägigen Wanderung.

Kapitelstartseite:
Wasser fließt von der Gletscherzunge, im Hintergrund der Shkhara

Tour 51
Der Shkhara-Gletscher

Start/Ende: Ushguli
Typ: hin und zurück
Zeit: Mai bis Oktober
Dauer: 6 Stunden
Aufstieg: 300 Meter
Maximale Höhe: 2500 Meter
Schwierigkeitsgrad: einfach
Mobilfunksignal: nur am Anfang

Zusammenfassung

Diese recht einfache Wanderung bringt Sie zum Fuß von Georgiens höchstem Berg, dem **Shakhara (5200 m)** – und bietet fast die gesamte Strecke über herrliche Aussichten auf diesen Giganten. Die Wanderung an sich ist recht lang, aber größtenteils flach und führt durch ein breites, meistens baumloses Tal. Auf dem letzten Stück gehen Sie neben einem Fluss, der vom Gletscher hinabfließt. Das Ziel ist die **Gletscherzunge** – nicht so spektakulär wie der Chalaati – doch ein einfacher Blick hinauf auf die majestätischen Stein- und Schneekathedralen, die direkt in den Himmel hineinragen, entschädigt schnell dafür. Die Wanderung **kann verkürzt und intensiviert werden,** indem man das Tal mit einem Jeep passiert – und damit die weniger interessanten ersten anderthalb Stunden auslässt (bevorzugt).

Wegbeschreibung

Lassen Sie das letzte Ushguli-Dorf hinter sich und gehen Sie den Feldweg hinauf in Richtung Lamara-Kirche und -Turm – das Steingebäude oberhalb von **Zhibiani,** Ushgulis höchstem Dorf. Dahinter senkt sich der Weg leicht ab und trifft auf den Fluss des Shkhara-Gletschers – dieser führt Sie von nun an. Nach etwa 20 Minuten treffen Sie auf das erste und einzige wirkliche Hindernis dieser Wanderung – einen **Flussübergang.** Normalerweise befindet sich links eine enge Holzplankenbrücke. Sollten die Sommerfluten sie weggespült haben, bleibt Ihnen nichts anderes übrig, als die Schuhe auszuziehen, die Hosenbeine hochzukrempeln und sich ins Gletscherwasser zu begeben. Es ist aber nur ein kurzes Stück und ein Stock wird Ihnen helfen, die Balance zu halten. Kurz abtrocknen und schon sind Sie wieder auf dem Weg – nun das weite, baumlose Tal hinauf.

Folgen Sie von nun an die gesamte Strecke dem **Feldweg.** Dies ist der am wenigsten ereignisreiche Teil der Strecke, doch das sich bedrohlich nähernde schneebedeckte Massiv des Shkharas lässt Sie jede Routine schnell vergessen. Nach einer Stunde verläuft der Weg sozusagen im Sande, beziehungsweise scheint er in den Fluss zu münden. Bleiben Sie an dieser Stelle auf der linken Flussseite und folgen Sie ihm bis zu der Stelle, an der er sich teilt (ein anderer Fluss kommt von rechts hinzu). Halten Sie sich links und gehen Sie das Tal hinauf in Richtung des nun sichtbaren Shkhara-Gletschers. Dort befindet sich ein unebener Weg, der auf der linken Seite parallel zum Fluss verläuft. Sie können auch den Fluss entlangklettern, zwischen den hervorspringenden wundervoll rot-oxidierten Felsbrocken. An der Gletscherzunge angekommen – beachten Sie die Warnung von

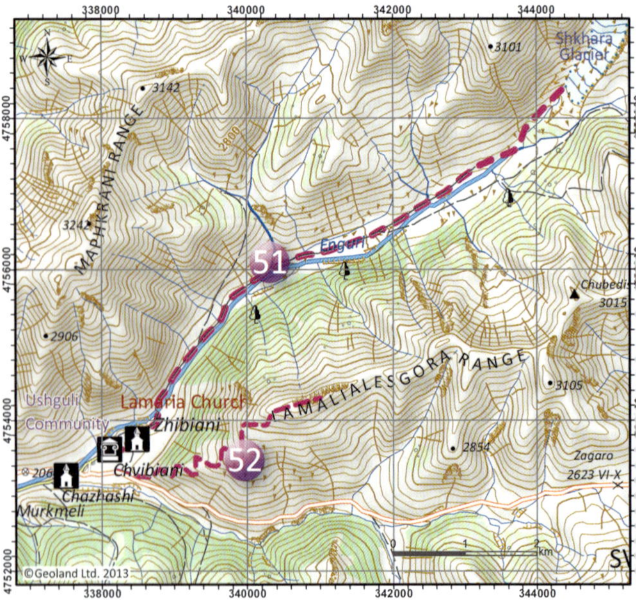

Tour 44 – bleiben Sie nicht direkt darunter stehen (Brocken können ohne Warnung hinunterstürzen).

Zurück. Folgen Sie einfach ihren Spuren – vergessen Sie aber nicht, sich ab und an umzudrehen, um einen Blick auf den zurückweichenden, aber dennoch herrlichen Shkhara in wechselndem Licht zu erhaschen.

Tour 52
Der Berg Lamara

Start/Ende: Dorf Chvibiani, Ushguli
Typ: hin und zurück
Zeit: Juni bis September
Dauer: 5/6 Stunden
Aufstieg: 900 Meter
Maximale Höhe: 3100 Meter
Schwierigkeitsgrad: einfach/mittel
Mobilfunksignal: durchgängig

Zusammenfassung

Eine der einfachsten Routen in diesem Buch, aber eine Wonne, sie zu bewältigen – **3000 Meter und ein umwerfender Ausblick** auf die Gipfelkette des Shkharas. Der Lamara ist der gigantische Hügel rechts von Chvibiani und Zhibiani, die höchstgelegenen Dörfer von Ushguli.

Wegbeschreibung

Der Lamara kann von fast überall in Ushguli in seiner Ganzheit betrachtet werden. Um den **Startpunkt** zu finden, suchen Sie nach dem Pfad, der im Zickzack den Hügel hinaufführt, und folgen Sie ihm zurück zum nächstgelegenen Haus – Sie können ihn bereits auf der Lentekhi Straße aufnehmen und zum Pass hinauffolgen, aber immer noch in Ushguli. Sobald Sie sich auf dem Pfad befinden, steigen Sie einfach weiter bis ganz hinauf. Dort können Sie die **Ebene** entlanglaufen so weit Sie möchten – und schließlich denselben Weg hinabsteigen, den Sie gekommen sind.

Tour 53
Adishi

Start/Ende: Ipari-Dörfer (auf halbem Wege zwischen Mestia und Ushguli)
Typ: hin und zurück
Zeit: Mai bis November (mit möglicherweise etwas Schnee)
Dauer: 6½ Stunden
Aufstieg: 500 Meter
Maximale Höhe: 2000 Meter
Schwierigkeitsgrad: einfach
Mobilfunksignal: durchgängig

Zusammenfassung

Diese einfache, aber herrliche Route beginnt auf halbem Wege nach Ushguli und führt über einen einfachen Feldweg einen Bergfluss entlang hinauf zu einem **weniger bekannten Schatz Swanetiens, dem Dorf Adishi,** auf einer klassischen Bergsteiger-Route zum Tetnuldi. Betrachten Sie dort die **Kirchen** (eine besitzt ein herrliches Außenfresko vom Heiligen Georg) und die Aussicht auf den **Tetnuldi,** der oberhalb wacht. Kehren Sie anschließend um – und machen Sie daraus eine einfache Ganztages-Wanderung. Die Wanderung kann auch drastisch abgekürzt werden, indem Sie sich nach Adishi bringen lassen und schlichtweg nach Ipari zurücklaufen. Einmal wurde ich in Ipari von einer Gruppe abgesetzt, die sich auf dem Weg nach Ushguli

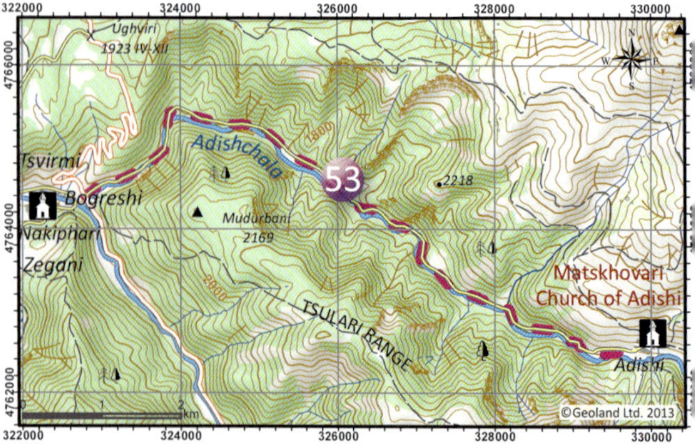

befand. Auf dem Rückweg sammelten sie mich erneut ein. Sechs Stunden hat es sie gekostet, Ushguli zu besuchen und zurückzukehren, was mir genug Zeit gab, das Dorf zu besuchen und den Abstieg zu machen.

Wegbeschreibung

Sie beginnt im Dorf **Bogreshi** im Komplex der **Ipari-Dörfer** (am Fuße des Zuruldi-Passes). Folgen Sie dem Feldweg links hinauf den Fluss entlang und dann wieder hinunter.

Blick hinab vom Dorf Zhibiani in Ushguli

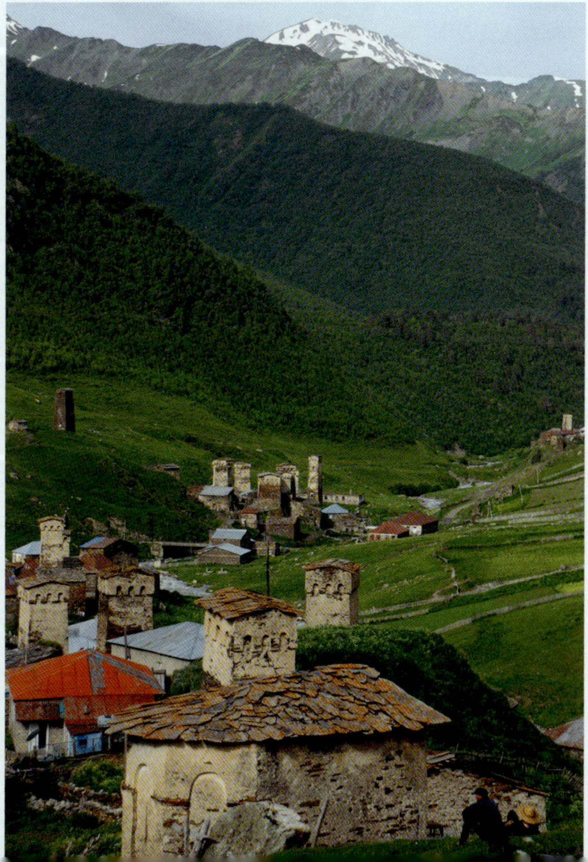

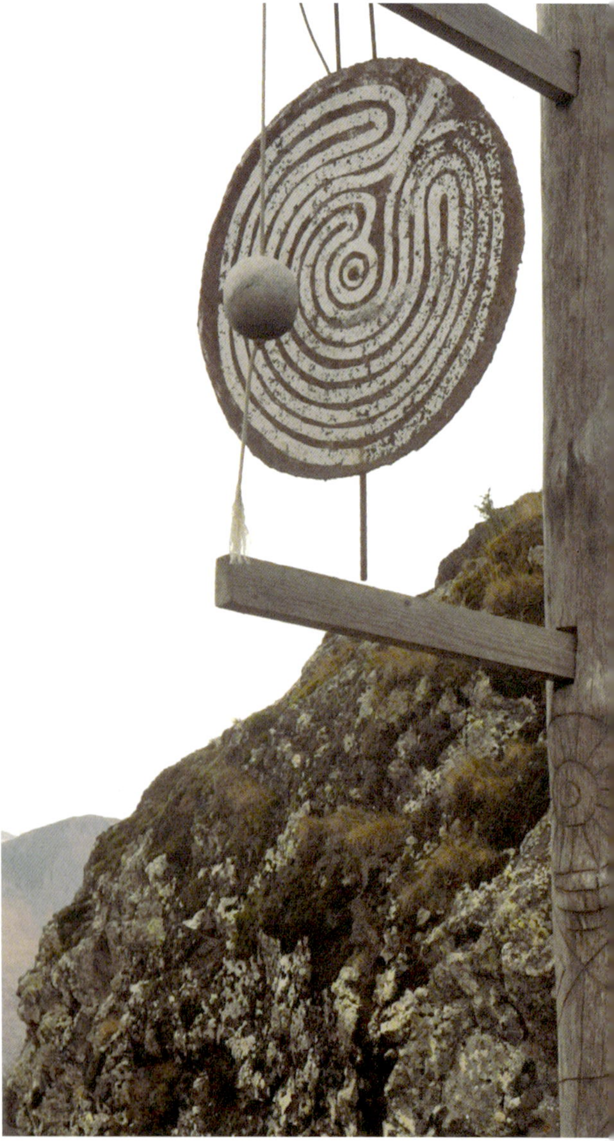

Anhang

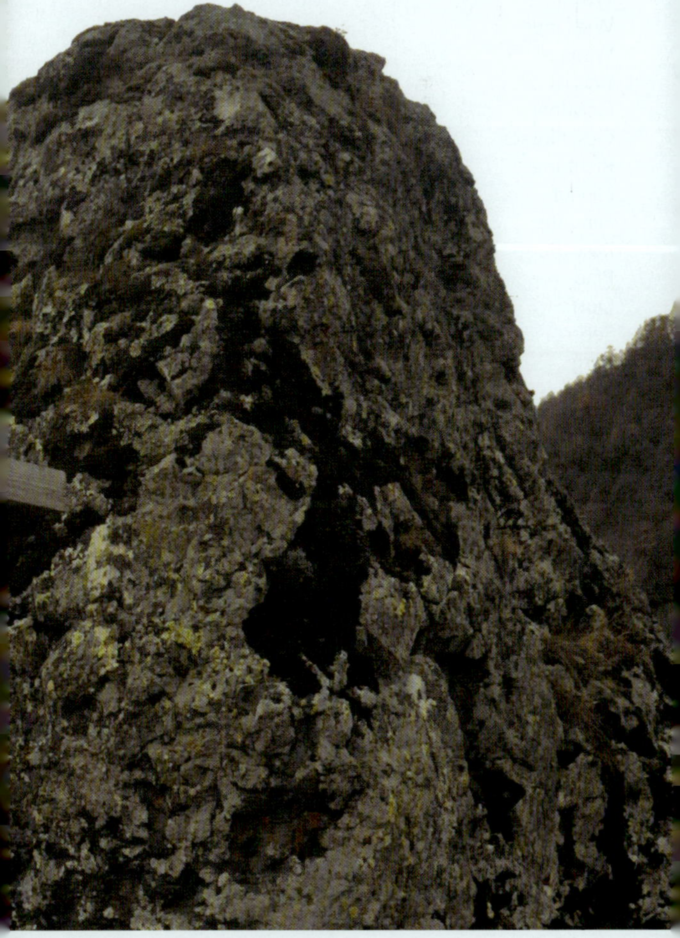

Glossar

Deutsch	**Georgisch**
Hallo	*gamardshoba*
Auf Wiedersehen	*nachwamdiß*
Danke	*madloba*
Freund/Freundschaft	*megobari/megobroba*
Wo ist ...?	*ßad ariß ... ?*
Wie lange ...?	*romeli ßaatia ... ?*
Wann ist ...?	*rodiß ikneba ... ?*
Was ist ...?	*ra ariß ... ?*
Geöffnet	*g'ia*
Geschlossen	*dak'et'ili*
Richtung	*mimartuleba*
Hinauf	*mag'la*
Hinunter	*dabla*
Pass (Berg)	*ug'eit'echili*
Pfad	*bilik'i*
Dorf	*ßopeli*
See	*t'ba*
Berg	*mta*
Tal	*cheoba*
Fluss	*mdinare*
Turm	*k'oschk'i*
Hund	*dsag'li*
Schnee	*towli*
Regen	*z'wima*
Wolke	*g'rubeli*
Eis	*qinuli*
Gletscher	*mqinwari*
Quelle	*z'qaro*
gut	*k'argi*
schlecht	*zudi*
schön	*lamasi*
schwierig	*dsneli*
leicht	*adwili*
gefährlich	*ßaschischi*
sicher	*ußaprtcho*
groß	*didi*
klein	*p'at'ara*

Hinweise zur Aussprache:

Stimmlose Mitlaute mit Apostroph (k', p', t', tsch', z') werden nicht behaucht, aber mit Kehlkopfverschluss und mit kurz angehaltenem Luftstrom gesprochen.

Die entsprechenden stimmlosen Mitlaute ohne Apostroph werden wie im Deutschen stark behaucht (wie in norddeutsch „Tee") und haben keinen Kehlkopfverschluss. Beide Aussprachearten sind bedeutungsunterscheidend.

Das stimmhafte g' (mit Apostroph) ist ein Reibelaut, der im hinteren Kehlkopf gebildet wird. Er entspricht dem deutschen oder französischen Zäpfchen-R wie in „Rose".

Das q ist das stimmlose Gegenstück dazu und wird nicht behaucht. Es klingt wie ein weit hinten in der Kehle gebildetes „k" mit nachklingendem „ch" (ach-Laut) und Kehlkopfverschluss.

Näheres zur georgischen Sprache im Sprachführer „Kauderwelsch Georgisch – Wort für Wort" von REISE KNOW-HOW.

Kapitelstartseite:
Chewsuretische religiöse Symbole oberhalb des Dorfes Roshka, Touren 39/40

Das komplette Programm zum Reisen und Entdecken

Reise Know-How Verlag

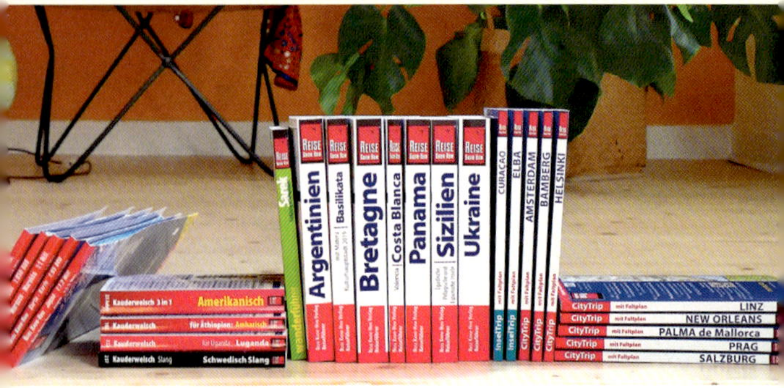

- **Reiseführer** – praktische Reisetipps von kompetenten Landeskennern
- **CityTrip** – kompakte Informationen für Städtekurztrips
- **CityTrip**PLUS – umfangreiche Informationen für ausgedehnte Städtetouren
- **InselTrip** – kompakte Informationen für den Kurztrip auf beliebte Urlaubsinseln
- **Wohnmobil-Tourguides** – praktische Reisetipps für Wohnmobil-Reisende
- **Wanderführer** – exakte Tourenbeschreibungen mit Karten und Anforderungsprofilen
- **KulturSchock** – Orientierungshilfe im Reisealltag
- **Die Fremdenversteher** – kulturelle Unterschiede humorvoll auf den Punkt gebracht
- **Kauderwelsch-Sprachführer** – schnell und einfach die Landessprache lernen
- **Kauderwelsch plus** – Sprachführer mit umfangreichem Wörterbuch
- **world mapping project**™ – aktuelle Landkarten, wasserfest und unzerreißbar
- **Reisetagebuch** – das Journal für Fernweh
- **Edition Reise Know-How** – Geschichten, Reportagen und Abenteuerberichte

Reisen? We know how!

Ortsregister

Der Autor

Peter Nasmyth ist seit 32 Jahren regelmäßig im Kaukasus unterwegs. Abgesehen davon, dass er Pionierarbeit bei zahlreichen Wanderungen geleistet hat, schrieb er als Journalist mehrere Bücher über die Region (sowohl Belletristik als auch Sachbücher), darunter das heute klassische „Georgia, in the Mountains of Poetry" (4. Auflage, 2018). Er ist Mitbegründer der englischsprachigen Buchhandlung und des Cafés „Prospero's" in Tiflis, gründete mehrere Wohltätigkeitsorganisationen und den neuen „National Trust of Georgia", dessen Vorsitzender er ist. Er lebt in London und Tiflis.

Danksagung

Dieses Buch wäre ohne die Hilfe meiner – alten und neuen – Freunde nicht entstanden, die sich der Landschaft Georgiens auf gleiche Weise verbunden fühlen. Jeder Name birgt entweder eine bereits lang andauernde Verbindung oder ein kurz zurückliegendes Engagement und würde einen eigenen Absatz verdienen. Es fühlt sich falsch an, sie lediglich aufzulisten, aber dennoch: die beiden Kakha Bakhtadzes, Nino Chanturia, Nick Erkomaishvili, Edna Fortescue, Ramas Gokhelashvili, Tony Hanmer, Mamuka Japaridze, Dato Jorjeliani, George Kalandadze, Saba Kiknadze, David Kikodze, Iain Lunt, Doug und Katie McMillan, Tako Megrelishvili, Nutsa Megvinetukhutsesi, Nino Migriauli, Giorgi Mikeladze, Natia Mouladze, Iralki Ugulava, Bakur Sulakauri, Iya Tabaguri, Patrick und Pauline Vaughn. Die Liste ist unvollständig und berücksichtigt längst nicht alle Wander- und Leidensgenossen, die mich auf diesen Mini-Abenteuern begleiteten.

Karten

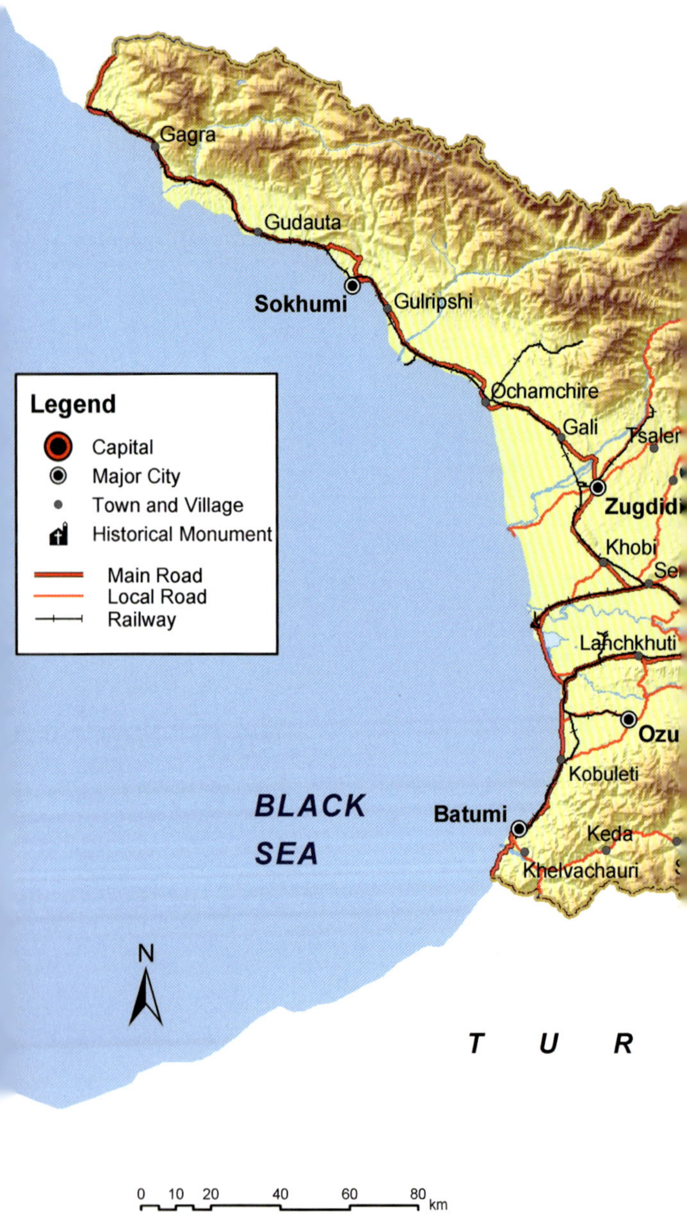
Gagra
Gudauta
Sokhumi
Gulripshi
Ochamchire
Gali
Tsaler
Zugdidi
Khobi
Se
Lanchkhuti
Ozu
Kobuleti
Batumi
Keda
Khelvachauri
BLACK
SEA
T U R
Legend
Capital
Major City
Town and Village
Historical Monument
Main Road
Local Road
Railway
N
0 10 20 40 60 80 km